U0453219

中国社会科学院刑法学重点学科暨创新工程论坛

社会治理中的刑事法治新课题

刘仁文 主编
焦旭鹏 张志钢 副主编

中国社会科学出版社

图书在版编目(CIP)数据

社会治理中的刑事法治新课题 / 刘仁文主编 . —北京：中国社会科学出版社，2021.10
ISBN 978-7-5203-9110-8

Ⅰ.①社…　Ⅱ.①刘…　Ⅲ.①刑法—研究—中国　Ⅳ.①D924.04

中国版本图书馆 CIP 数据核字（2021）第 185979 号

出 版 人	赵剑英	
责任编辑	许　琳	
责任校对	鲁　明	
责任印制	郝美娜	

出　　　版	中国社会科学出版社	
社　　　址	北京鼓楼西大街甲 158 号	
邮　　　编	100720	
网　　　址	http://www.csspw.cn	
发 行 部	010-84083685	
门 市 部	010-84029450	
经　　　销	新华书店及其他书店	
印　　　刷	北京君升印刷有限公司	
装　　　订	廊坊市广阳区广增装订厂	
版　　　次	2021 年 10 月第 1 版	
印　　　次	2021 年 10 月第 1 次印刷	
开　　　本	710×1000　1/16	
印　　　张	20.25	
字　　　数	322 千字	
定　　　价	118.00 元	

凡购买中国社会科学出版社图书，如有质量问题请与本社营销中心联系调换
电话：010-84083683
版权所有　侵权必究

前　言

本书是中国社会科学院刑法学重点学科暨创新工程年度论坛 2020 年的会议论文精选，共收入 19 篇文章和 1 篇会议综述。

之所以每年论坛都要在差不多时隔一年之后才出版论文集，是因为时下学界的考评指标偏重期刊论文，所以尽量让大家先发表，然后再在适当删减的基础上收入文集。对于期刊发表的论文和收入论文集的论文，到底孰重孰轻，可能并不能像我们现在这样简单视之。记得多年前我到香港城市大学参加一个亚洲死刑的会议，组织者是牛津大学退休教授、时任香港城市大学杰出访问教授的罗吉尔·胡德（Roger Hood）教授，由于当时我和国内另一名教授提交的论文内容有所交叉，胡德教授考虑到我翻译过他的《死刑的全球考察》一书，所以在会后他选编出版那次会议的文集时，优先将我的论文收入，而将另外那位教授的论文推荐给《香港城市大学法律评论》发表，我当时还觉得，如果让我选择，我宁愿选择自己的论文在境外的杂志上发表。不过如今看来，一本精致的牛津大学出版社出版的专题文集，确实更有收藏价值。

在实施完上一期的"社会变迁与刑法发展"三部曲科研计划后，从 2020 年起，我们的刑法学科又开始实施"社会治理与刑法发展"的新一期科研计划，准备再打造一个三部曲。本书定名为《社会治理中的刑事法治新课题》，是新的三部曲的第一部。全书的主要内容包括：一是《刑法修正案（十一）》及其草案的研讨，二是疫情防控与刑法，

前言

三是新型网络犯罪和互联网金融犯罪,四是刑事一体化与立体刑法学。纳入这些内容的主要考虑是:去年10月份开会时正值《刑法修正案(十一)》草案公开向社会征求意见阶段,该草案里的许多规定直接体现了社会治理的内容,呈现出刑法的刑事政策化之鲜明特点,理所当然成为当时会议讨论的一个热点;一场突如其来的新冠肺炎疫情给2020年烙下了永恒的印记,由此也引发出诸多刑法议题,如传染病防控的罪名适用及其立法完善、重大疫情期间刑事政策的掌握等;网络时代各种新型犯罪和疑难问题继续如影随形,对此做持续性的跟踪研究将是未来我国刑法学界的一个长期任务,我们的论坛和文集给它们留出席位实有必要;刑事一体化与立体刑法学不仅是刑法学的研究方法,也是刑法参与社会治理的应有思路。毫无疑问,这些成果都还只是初步的,期待在接下来的论坛和文集中,能有更深入的研讨和更精彩的产出。

一转眼,中国社会科学院实施哲学社会科学创新工程已逾10年,刑法学科作为法学研究所首批进入创新工程的重点建设学科,一路走来,这个年度论坛也坚持了十几年,相应的文集也出了十几本。坚持就是胜利,若干年后,当我们回首这一年一度的论坛,看看逐年的选题,回忆论坛上的切磋,翻阅一本本文集,相信应当有许多我们这个学术共同体的美好记忆。由衷感谢各界师友对我们的热情鼓励和支持,我们将本着"成就别人才能更好成就自己"的理念,以更加积极的心态来办好这一论坛。也借此机会,感谢焦旭鹏副研究员、张志钢副研究员、贾元助理研究员、孙禹博士后和会务组全体同学等对去年论坛成功举办的付出,感谢焦旭鹏副研究员和许琳副编审对本书出版的付出。

马上又将迎来月底的今年论坛,让我们到时见!

刘仁文　谨识
2021年国庆假期于北京西郊寓所

目　录

第一编　《刑法修正案（十一）》及其草案的研讨

关于《刑法修正案（十一）》（草案）中若干条文的商榷 ……………
　　　　　　　　　　　　　　　　　　　　　　　　　　黎　宏（3）
产权平等保护精神的贯彻与刑法修正
　　——以《刑法修正案（十一）》（草案）的相关规定为
　　　基础的思考 …………………………………… 王志祥（20）
环境刑事立法的正当性、限度与立法完善 …… 王秀梅　戴小强（34）
高空抛物"入刑"的正当根据及其体系性诠释 ……… 曹　波（49）

第二编　疫情防控与刑法

我国传染性疾病刑法治理体系的检视与完善 …………… 梅传强（65）
疫情防控中刑法规制的罪名竞合及法教义学分析 ……… 李晓明（79）
重大疫情期间刑法对谣言的合理规制 ………………… 欧阳本祺（94）
论妨害突发事件防控的犯罪行为之处罚 ……………… 汪恭政（104）

第三编　新型网络犯罪

论网络犯罪治理的公私合作模式 …………………… 江　溯（121）
网络数据犯罪的规范局限及拓展
　　——兼论《数据安全法》中禁止性规范的不足 ……… 王安异（137）
网络时代预防刑法的理性收缩
　　——意大利近三十年信息犯罪立法之提示 …………… 耿佳宁（153）
毒品犯罪网络化的刑事治理 ………………………… 胡　江（169）

第四编　互联网金融犯罪

指导性案例对网络非法集资犯罪的界定 …………… 王　新（193）
基于实质刑法观的股权众筹出罪路径研究 ………… 徐　彰（208）
论非法吸收公众存款罪之行为类型
　　——基于网贷背景下的教义学展开 …………………… 邹玉祥（222）

第五编　刑事一体化与立体刑法学

刑事案件另案处理的检视与完善 …………………… 刘仁文（237）
数据正义与技术治理的价值权衡 …………………… 单　勇（260）
美加引渡制度探析：以孟晚舟案为例 ……………… 冀　莹（276）
死刑问题的立体观察 ………………………………… 焦旭鹏（291）

附　录

"社会治理中的刑事法治新课题"学术研讨会综述 …… 李振民（305）

第一编

《刑法修正案(十一)》及其草案的研讨

关于《刑法修正案（十一）》（草案）中若干条文的商榷

黎 宏

一 问题意识

近年来的刑法修正的指导思想，可以说，从刑法是"保护犯罪人的大宪章"向刑法是"保护善良公民的大宪章"的方向转变。从文本的角度来看，无论是1979年《刑法》还是1997年修订的我国现行《刑法》，甚至到2010年为止的若干刑法修正案，基本上将刑法定位为"保护犯罪人的大宪章"，强调"罪刑法定"，秉持谦抑原则，在处罚上强调"轻轻重重"的两极化刑事政策。这一点，从刑法总则第十三条有关犯罪概念的"但书"规定，以及分则条文中个罪的成立，只有在"情节严重""数额较大""造成严重后果"等时才能成立的一点上便可窥豹一斑。按照上述要求，只有违法行为尚不能成立犯罪，只有在该违法行为造成一定后果或者伴随有严重情节时才能成立犯罪。但近十多年来，情况则发生了巨大变化。一方面，随着我国法治化意识的进一步增强，在我国已经实施了50多年、主要针对"大错不犯、小错不断、气死法院、难倒公安"但又"不够刑事处分"行为的劳动教养制度被废止，其中一部分行为被转入刑法规制范围中来。这种"小错不断、屡教不改"行为被纳入刑法规制范围，客观上瓦解了现行刑法历来所要求的成立犯罪必须"造成严重后果""数额较大"或者"情节严重"的观念;① 另一方面,风靡世界的"风险社会观"的兴起,也对刑法只有在危害后果发生之后才能被动介入的观念产生了一定的冲击。众所周知,启蒙运动之后所形成的近代刑法观的根本内容是,刑法是限制国家刑罚权任意发动的手段,强调只有在发生结果或者发生结果的危险出现之后,才能启动刑罚,这种以事后制裁为核心的刑法观中虽然也蕴含有预防的内容,但由于其强调事后的被动介入,因而被称为"消极的刑法预防观"。相反地,在以核能、互联网技术、基因技术等为代表的现代社会风险社会,危害结果一旦发生,便会造成无法挽回的巨大损失。因此,与其事后制裁,不如事先防范,强调从维护良好的社会秩序、保护善良公民的立场出发,以一般人为预防对象、将可能的犯罪消灭在萌芽状态,这种强调让一般人形成"不能犯罪、不敢犯罪、不想犯罪"的规范意识,从而保障社会安宁的刑法观,被称为"积极的一般预防观",并逐渐成为影响当今刑法立法的主流观念。处罚提前化、共犯正犯化、行政违法或者民事违法行为犯罪化等,就是其体现。现在正在酝酿讨论当中的《刑法修正案(十一)》(草案)(以下简称《草案》)也延续了这种在前几次的刑法修改中已有充分体现的基本思路。

但是,积极的一般预防刑法观在学界还是一个具有争议的问题,如认为预防刑法是社会需求的产物,虽具有种种合理性与优势,但预防总是和无节制相关,具有不确定性和难以捉摸、威胁和改变法治国的核心价值、模糊刑法干预社会的应有界限的危险的观点②就是其体现。特别是,现行

---

① 按照1957年8月3日国务院命令公布的《国务院关于劳动教养问题的决定》第一条,对于下列几种人应当加以收容实行劳动教养:(1)不务正业,有流氓行为或者有不追究刑事责任的盗窃、诈骗等行为,违反治安管理,屡教不改的;(2)罪行轻微,不追究刑事责任的反革命分子、反社会主义的反动分子,受到机关、团体、企业、学校等单位的开除处分,无生活出路的;(3)机关、团体、企业、学校等单位内,有劳动力,但长期拒绝劳动或者破坏纪律、妨害公共秩序,受到开除处分,无生活出路的;(4)不服从工作的分配和就业转业的安置,或者不接受从事劳动生产的劝导,不断地无理取闹、妨害公务、屡教不改的。

② 何荣功:《预防刑法的扩张及其限度》,《法学研究》2017年第4期。类似观点,参见刘艳红《我国应该停止犯罪化的刑事立法》,《法学》2011年第11期;齐文远《修订刑法应避免过度犯罪化倾向》,《法商研究》2016年第3期。实际上,国外也有类似见解。如日本学者松原芳博就认为,现代社会中,不确定因素很多,人们往往将漠然的不安集中于对犯罪的不安,并往往试图通过重刑化来象征性地消除这种不安,以求获得精神上的安宁。国家也能通过回应这种诉求以维持威信,进而获得国民的支持与服从。对此,我感觉,刑罚正成为国家自导自演、国民自我满足的手段。参见[日]松原芳博《刑法总论重要问题》,王昭武译,中国政法大学出版社2014年版,第10页。

的刑事立法方式,即根据需要,以修正案的方式,对刑法典的部分内容进行零敲碎打的修修补补,其中难免出现和现行刑法整体思路背离之处,即修正案中所贯彻的宗旨和现行刑法的基本立场之间出现脱节,从而使得立法者在修改刑法时骑虎难下、左右为难。这种情况在本次的《草案》具体条文的规定上,也有其体现。

以下,本文基于上述问题意识,对《草案》中的若干条文进行分析评价,并就其修改方式,略述己见。

二 具体问题及其修改

(一) 具体规定到底是为一般人提供行为规范还是为司法人员提供工作指南,宗旨不明

众所周知,刑法是国家制定或者认可,由国家强制力保障实施的行为规则,具有向其适用对象发出应当如何的"命令"或者不许如何的"禁止"的规范性质。这种规范,根据其适用对象的不同,有行为规范和裁判规范之分。前者以一般公众为适用对象,用以指引公民日常生活中的行为举止,如"不得杀人""不得盗窃"便是其例;后者以司法人员为适用对象,用以指导司法人员的裁判实践,如"故意杀人的,必须处死刑、无期徒刑或者十年以上有期徒刑""盗窃公私财物,数额较大的,或者多次盗窃、入户盗窃、携带凶器盗窃、扒窃的,处三年以下有期徒刑、拘役或者管制,并处或者单处罚金"便是其例。① 虽说刑法的行为规范性与裁判规范性应当合一或者说一致,不然会出现"侵害阅读刑法的国民的预测可能性"的问题,② 但从司法实践的实际操作来看,二者之间不可避免地存在

---

① [日]高义博:《刑法总论》,成文堂2015年版,第15页。一般认为,行为规范与裁判规范的区分,最初来自英国学者边沁。其认为,裁判规范是用来设立犯罪的,而行为规范是用来处罚触犯这项犯罪的行为人的,二者规范的行为不同,适用的对象也不一致。尽管如此,在适用的时候,我们告诉法官,按照法律规定将所有盗窃犯人处以绞刑,虽说这一规定并不直接适用于公众,但通常会以无形的方式警戒公众"不得盗窃",效果跟直接告诉公众"不得盗窃"的规范效果一样。参见[英]边沁《道德与立法原理导论》,时殷弘译,商务印书馆2017年版,第371—372页。

② 张明楷:《行为规范与裁判规范的分离》,《中国社会科学报》2010年11月23日第10版。

一定差别。这种差别，在行为人出于杀人意思而开枪，碰巧击中了正在准备向第三人开枪的杀人犯的所谓"偶然防卫"的场合，差别极为明显。按照裁判规范说，这种场合下，行为人的行为就是无罪，最多只能是故意杀人罪未遂。相反地，按照行为规范说，上述场合下的行为人构成故意杀人罪既遂。之所以会出现这种差别，主要是因为二者在适用对象、行为的判断时点、判断标准上存在差别。行为规范是针对一般人的行为举止的规范，告诉行为对象什么样的行为可以实施，什么样的行为不得实施，从而保证其具有预测自己行为后果的可能。因此，在适用行为规范时，在判断时点上，只能在行为时即事前；在判断标准上，只能依据一般人的标准；在判断材料上，只能以行为人所能认识到的事实为基础。相反地，裁判规范是针对司法工作人员的工作指南，在告诉司法工作人员什么样的行为属于违法、应当如何处罚，从而在保证对已经涉嫌违反刑法的公民进行处罚的一致性上具有重要意义。因此，在适用裁判规范时，在判断时点上，只能在裁判时即犯罪行为发生之后；在判断标准上，必须依据法官等司法工作人员的标准；在判断材料上，必须以裁判时所查明的全部事实为基础。①

就当前流行的积极的一般预防论而言，只有将刑法看作行为规范才能实现其宗旨和目的。因为，积极的一般预防论的基础是，通过确保对规范或者说法秩序的"信赖"，唤醒说不定会实施犯罪的"一般人"的规范意识，以确保来自说不定会成为被害人的"善良市民"的信赖。②换言之，积极的一般预防，实际上是对社会生活中连犯罪意思都没有的正常人的预防。这种观念与原来所说的"预防"，通常是指消极的一般预防，即对已经犯罪的人进行处罚或者抱有犯罪意思的潜在的犯罪人进行威慑，通过维持、唤醒其规范意识，而达到预防一般人犯罪的效果的理解相差甚远。由此说来，所谓积极的一般预防，实际上是将传统刑法论中预防的对象，从犯罪人、潜在的犯罪人，扩张到了日常生活中的一般市民。

既然如此，则刑法修正在具体法条的写法上，就必须假定其适用对象是社会一般人。在以社会一般人为对象而写作法条时，一个重要特征就

---

① ［日］高桥则夫：《刑法总论》（第3版），成文堂2016年版，第10、105页。
② ［日］松原芳博：《刑法总论重要问题》，王昭武译，中国政法大学出版社2014年版，第8—10页。

是，基本内容必须简洁，法条指向必须清楚，禁止什么或者命令什么，使社会一般人能看明白而不至于出现歧义。这就是所谓明确性的要求。否则，即便刑法中有规定，但还是难以实现其为一般人提供行为指南的目的。从这一点来看，《草案》中值得商榷之处不少。

如《草案》第四条在《刑法》中新增第134条之一，即在生产、作业中违反有关安全管理的规定，有下列情形之一，即关闭、破坏直接关系生产安全的监控、报警、防护、救生设备、设施，或者篡改、隐瞒其相关数据、信息的；因存在重大事故隐患被依法责令停产停业、停止施工、停止使用有关设备、设施、场所或者立即采取排除危险的整改措施，而拒不执行的；涉及安全生产的事项未经依法批准或者许可，擅自从事矿山开采、金属冶炼、建筑施工，以及危险物品生产、经营、储存、运输等高度危险的生产作业活动，情节严重的，"具有导致重大伤亡事故或者其他严重后果发生的现实危险的"，处一年以下有期徒刑、拘役或者管制。

应当说，《草案》第四条的规定，就不符合刑法规定属于行为规范的要求。从与《刑法》第134条的关系来看，上述规定，应当是《刑法》第134条即重大责任事故罪和强令违章冒险作业罪的未遂形态。因此，规定其成立，要求必须以"具有导致重大伤亡事故或者其他严重后果发生的现实危险"为限。但是，在实行行为之后，增加这个要求，会导致两个方面的问题：一方面，难以认定。本来，危险不是实害结果，是一种抽象的存在，其判断主要是基于具体环境中的行为事实，即"有无法定的足以侵害法益的行为事实"来判断。① 就本条的规定而言，在生产、作业当中，违反安全管理规定，实施关闭、破坏直接关系生产安全的设备、设施等行为，仅此就能够认定具有足以侵害法益的行为事实，而增加"现实危险"要求有画蛇添足之嫌；另一方面，有处罚过轻之嫌。按照我国《刑法》总则第二十三条的规定，对于未遂犯，可以比照既遂犯从轻或者减轻处罚。但《刑法》第134条第1款所规定的重大责任事故罪的基本法定刑为"三年以下有期徒刑或者拘役"；第2款所规

---

① 黎宏：《结果本位刑法观的展开》，法律出版社2015年版，第79页。

定的强令、组织他人违章冒险作业罪的基本法定刑为"五年以下有期徒刑或者拘役"。但本款对于上述具有"现实危险"的行为，仅仅处以一年以下有期徒刑、拘役或者管制，显然过轻。更为关键的是，"具有导致重大伤亡事故或者其他严重后果发生的现实危险"是一种需要综合事前存在以及事后所查明的全部事实，从专业技术的角度来查明的规范判断，而这种判断远不是一般人的能力所能及的。因此，增加这一要求，使得前面一般人都能看明白的行为规定，反而变得模糊不清了。实际上，从行为规范的角度来讲，上述条文中，只要规定在生产、作业中有上述违反有关安全管理的行为即为已足。

同样的情形，在《草案》第 7 条当中也存在。《草案》第 7 条规定，在《刑法》第 142 条后增加一条，作为第 142 条之一：违反药品管理法规，有下列情形之一，即生产、销售国务院药品监督管理部门禁止使用的药品的；未取得药品批准证明文件进口药品或者明知是上述药品而销售的；依法应当检验而未经检验即销售药品的；药品申请注册中提供虚假的证明、数据、资料、样品或者采取其他欺骗手段的；编造生产、检验记录的，"足以严重危害人体健康的"，处三年以下有期徒刑或者拘役，并处罚金；"对人体健康造成严重危害或者有其他严重情节的"，处三年以上七年以下有期徒刑，并处罚金。这里的"足以严重危害人体健康的"也有多此一举之嫌。因为，"足以危害人体健康"规定之后，本条便失去了其行为规范的性质，而变为一个裁判规范了。不仅如此，这一规定，还会导致本条处罚理由变得模糊。即本条到底是因为违反药品管理法规而处罚上述行为，还是因为药品本身足以严重危害人体健康而处罚上述行为，并不清楚。如果是因为"足以危害人体健康"，其法定刑太轻，还不如上述第 141 条、第 142 条。如果是因为"违反药品管理法规"，则只要具有违反药品管理法规的行为即足够，而没有必要以"足以严重危害人体健康"对其进行限定。这样限定，反而会削弱刑法的行为规范效果。

《草案》第 22 条中也存在同样的问题。该条规定，违反国家有关规定，有非法采集国家人类遗传资源；非法运送、邮寄、携带国家人类遗传资源材料出境的；未经安全审查，将国家人类遗传资源信息向境外组织、个人及其设立或实际控制的机构提供或者开放使用情形之一，危害公众健康或者社会公共利益,情节严重的,处三年以下有期徒刑、拘役或者管制,并处或者单处罚金;情节特别严重的,处三年以上七年以下有期徒刑,并处罚金。其中,"危害公众健康或者社会公共利益"可以删除。其不仅难以认定,有模糊行为规范的性质之嫌,而且,还和后面的"情节严重"意思重复。实际上,违反国家有关规定,非法采集国家人类遗传资源等行为本身就足以体现"危害公众健康或者社会公共利益",用不着重复规定。

同样的问题,在《草案》第28条当中也存在。该条规定,将《刑法》第408条之一第一款修改为,负有食品药品安全监督管理职责的国家机关工作人员,滥用职权或者玩忽职守,有瞒报、谎报、漏报食品药品安全事件,情节严重的;对发现的严重食品商品安全违法行为未及时查处的;未及时发现监督管理区域内重大食品商品安全隐患的;对不符合条件的申请准予许可,情节严重的;依法应当移交司法机关追究刑事责任不移交的,处五年以下有期徒刑或者拘役;造成特别严重后果的,处五年以上十年以下有期徒刑。本文认为,上述"情节严重"可以删除。理由如下:一是如果要体现对食药的严格监管和对食药犯罪的严厉打击,则在入罪门槛上,只要有"瞒报、谎报、漏报食品药品安全事件"即可,不用要求"情节严重"。而且,既然已是"安全事件",而非"安全行为",则表明该行为已经造成一定后果,因此,不用"情节严重"加以修饰;二是如果此种行为之后要求"情节严重",则在入罪条件上与另外三种行为,即对发现的严重食品药品安全违法行为未及时查处的;未及时发现监督管理区域内重大食品药品安全隐患的;依法应当移交司法机关追究刑事责任不移交的行为之间,会产生不平衡。

《草案》第2条当中也存在同样的问题。鉴于近年来乘客针对公交车驾驶员实施暴力,抢夺正在行驶中的公交车的方向盘的行为屡有发生的现实,《草案》第2条第1款规定,增设《刑法》第133条之二,"对行驶中的公共交通工具的驾驶人员使用暴力或者抢夺驾驶操纵装置,干扰公共交通工具正常行驶,危及公共安全的,处一年以下有期徒刑、拘役或者管制,并处或者单处罚金。""前款规定的驾驶人员与他人互殴,危及公共安全的,依照前款的规定处罚。"这一条本来是一个让社会一般人都非常清楚的规定，但加上"干扰公共交通工具正常行驶，危及公共安全"的要求之后，本条的意思就变得很模糊了。

本来，对行驶中的公共交通工具的驾驶人员使用暴力或者抢夺驾驶操纵装置，即针对在公共交通工具上抢夺方向盘、殴打驾驶人员的行为本身就是妨害安全驾驶，严重威胁道路交通安全的行为，即便不添加"干扰公共交通工具正常行驶，危及公共安全"的限制，从一般人的立场出发，也都会明白是"干扰公共交通工具正常行驶，危及公共安全"的行为。而且，因为上述规定是对客观事实的描述，因此一般人在理解上也不会产生歧义。但在增加"干扰公共交通工具正常行驶，危及公共安全"的限定之后，反而会导致意想不到的难题。因为，可能会有人认为，即便实施"对行驶中的公共交通工具的驾驶人员使用暴力或者抢夺驾驶操纵装置"的行为，也不一定会构成犯罪。因为，还要看该行为是不是"干扰公共交通工具正常行驶，危及公共安全"。这样，本规定所具有的为一般人的日常生活提供行动指导的价值就要大打折扣了。而且，本规定还会给社会一般人提供一种相互矛盾的指向。本来，最高人民法院、最高人民检察院和公安部联合在2019年1月11日印发的《关于依法惩治妨害公共交通工具安全驾驶违法犯罪行为的指导意见》中规定，对于乘客实施"抢夺方向盘、变速杆等操纵装置，殴打、拉拽驾驶人员"等具有高度危险性的妨害安全驾驶行为的，按以危险方法危害公共安全罪定罪处罚。按照《刑法》第114条的规定，以危险方法危害公共安全，尚未造成严重后果的，处三年以上十年以下有期徒刑。实务当中，对于此类案件，也均是以本罪名，予以较重的处罚的。但是，《草案》将实务当中已经被定型的抢夺方向盘、变速杆等操纵装置，殴打、拉拽驾驶人员的行为规定为一个比较轻的独立犯罪类型，表面上是强调了对该种行为的重罚，但实际上却是降低了对该种行为的评价，给人一种倒退的印象。特别是"前款规定的驾驶人员与他人互殴，危及公共安全的，依照前款的规定处罚"会大大限缩驾驶人员的正当防卫权，影响驾驶人员履行职责的积极性。因此，本条文到底希望达到一种什么样的社会效果，不十分清楚。

（二）相关行为到底是侵害公共安全还是妨害了社会管理秩序，模糊不清

我国刑法学的通常见解认为，犯罪的本质是侵害法益，刑法的任务是保护法益。因此，在立法当中，法益不仅具有没有侵害或者威胁法益的行为不能入罪的立法规制机能，也具有区分依据各种行为的立法目的、侵害性质而将各种犯罪加以区分的犯罪区分机能。公共安全与社会管理秩序，尽管同为集体法益或者说是抽象法益，但在我国刑法中，它们却分属两种不同法益。其中，所谓公共安全，就是指不特定或者多数人的生命、身体或者财产利益，危害公共安全的行为一旦实施，就会直接危及不特定或者多数人的生命、身体、财产，因此，其核心是不特定或者多数人的生命、身体或者财产安全；而社会管理秩序则是指国家机关或者有关机构对日常社会生活进行管理而形成的有序状态，其核心在于国家机关或者其他机构对社会日常生活的管理秩序。妨害这种秩序或许并不会直接危及不特定或者多数人的生命、身体或者财产，但扰乱秩序，会造成生活在社会中的人的惊恐不安，形成人格变异，放弃作为人的社会价值与尊严。因此，良好的社会秩序是维持正常社会秩序、纯洁社会风气的需要，值得刑法保护。①

从为实现积极的一般预防刑法观，刑事立法逐渐淡化其裁判规范色彩而强化其行为规范色彩的角度来看，《草案》第1条第1款的规定值得商榷。该规定的内容是"从高空抛掷物品，危及公共安全的，处拘役或者管制，并处或者单处罚金"。本条属于城市化进程中出现的公民行为失范的体现，为了形成人们在城市生活中的行为规范，将其规定为犯罪，并无不可。这一点，可以日本《轻犯罪法》第11条规定的抛掷危险物品罪为佐证。日本《轻犯罪法》中的"抛掷危险物品罪"的内容是，不尽相当注意，向有害他人身体或者物件之虞的场所抛掷、喷洒、发射物品，实施有害他人身体或者财产安全的抽象危险的行为。其中，所谓有侵害他人身体或者物件之虞的场所，指公共道路、广场、公园等公共场所。但是，抛物地点，包括自己宅邸以及建筑物的内部等。而且，通说认为，只要是属于

---

① 李希慧主编：《妨害社会管理秩序罪新论》，武汉大学出版社2001年版，第1—7页。

一般来说"有侵害他人身体或者物件之虞的场所",即便抛物行为的场所内当时碰巧没有其他人或者物,也不妨害本罪的成立。① 由于本罪被规定在《轻犯罪法》中,因此可以说,本罪属于典型的只要具有抽象危险即可成立的行为规范。

但《草案》将本罪放在《刑法》分则第二章"危害公共安全罪"中加以规定,并不妥当,建议将其放在"妨害社会管理秩序罪"一章中,在寻衅滋事罪之后加以规定。因为,高空抛物若危及公共安全的话,即危及不特定多数人的生命、身体、财产安全的话,至少是人身犯罪或者财产犯罪的未遂犯,其法定最高刑无论如何不止于拘役程度。实际上,高空抛物罪和危险驾驶罪的宗旨如出一辙,主要是让人们离开田园牧歌的生活方式,走上城市化的道路,住上作为城市化象征之一的高楼之后,要形成这样一种规范意识,即单纯的高空抛物行为,就是扰乱社会生活秩序的行为,不得实施。若有实际危及人身、财产的话,则另外构成侵犯人身、财产的犯罪。

同样的问题在《草案》第17条的规定中也存在。《草案》第17条规定,在《刑法》第246条后增加一条,作为第246条之一:"侮辱、诽谤英雄烈士,损害社会公共利益,情节严重的,处三年以下有期徒刑、拘役、管制或者剥夺政治权利。"从保护法益的角度来看,英雄烈士的事迹和精神是以爱国主义为核心的民族精神的真实写照,是维护祖国统一和民族团结的纽带,是实现民族复兴的动力,是实现人生价值的力量源泉,是中华民族共同的历史记忆和宝贵的精神财富。因此,将玷污、毁损英雄烈士特别是为了国家、民族利益已经牺牲的烈士的名誉作为犯罪加以规定,确实有其必要性。而且,国外刑法中也大多有保护死者名誉不受非法侵害的规定。②

但是,《草案》第17条的规定方式则存在严重问题。首先,本罪规定当中,存在相互矛盾之处。《草案》一方面将本罪规定在"侵犯公民人身权利、民主权利罪"一章之中,另一方面又要求成立本罪,必须以损害

---

① [日]伊藤荣树原著,胜丸充启修订:《轻犯罪法》,立花书房2014年版,第117—118页。
② 参见谢望原《关于〈刑法修正案(十一)草案〉第十七条修改完善的思考》,《中国法律评论》2020年7月13日。

"社会公共利益"这种超出具有一身专属特性的公民人身权利、民主权利的集体法益或者说抽象法益为成立要件，这岂不是意味着本罪属于"妨害社会管理秩序罪"了吗？其保护法益到底是公民个人的名誉权还是全社会对于英雄烈士的崇敬之情，并不清楚；其次，将本罪作为侵害公民人身、民主权利犯罪的话，存在认定上的困难。本条文中的"烈士"，按照《烈士褒扬条例》第8条和《军人优待抚恤条例》第8条，很容易认定，① 但"英雄"一词确实内涵丰富、外延宽泛，多维多面。不同历史时期、不同国家民族、不同价值观下，有不同理解。通常认为，所谓英雄，一是指本领高强、勇武过人的人；二是指不惧困难、不顾自己，为人民利益而英勇斗争，令人钦敬的人。② 但是，这种通常理解，具有极强的道德评价色彩，难以用法律语言进行严格定义。特别是在不同时代，有关英雄人物的评价褒贬不一，存在对具体英雄人物的评价此一时彼一时的现象。这种情况下，有关本罪的适用便会陷入困境；最后，"情节严重"的理解也比较困难。因为，"情节严重"是一个非常模糊的概念，难以把握。即便说要保护英雄烈士的名誉，但也不能妨碍对于历史、人物的报道以及发表相关历史性研究，除非行为人故意捏造事实或者披露虚假事实侮辱诽谤英雄烈士。

基于上述理由，对本条的修改，可以考虑两种思路：一种思路是，设立"侮辱、诽谤死者名誉罪"，放在"侵犯公民人身权利、民主权利罪"一章之中。其所保护的是所有的死者的名誉，而不仅仅是"英雄烈士"的名誉，这是基于法律面前人人平等的原则的考虑。同时，《民法典》第994条也明文规定，死者的姓名、肖像、名誉、荣誉、隐私、遗体等受到侵害的，其配偶、子女、父母有权依法请求行为人承担民事责任；死者没

---

① 《烈士褒扬条例》第8条规定，公民牺牲符合下列情形之一的，评定为烈士：（一）在依法查处违法犯罪行为、执行国家安全工作任务、执行反恐怖任务和处置突发事件中牺牲的；（二）抢险救灾或者其他为了抢救、保护国家财产、集体财产、公民生命财产牺牲的；（三）在执行外交任务或者国家派遣的对外援助、维持国际和平任务中牺牲的；（四）在执行武器装备科研试验任务中牺牲的；（五）其他牺牲情节特别突出，堪为楷模的。现役军人牺牲，预备役人员、民兵、民工以及其他人员因参战、参加军事演习和军事训练、执行军事勤务牺牲应当评定烈士的，依照《军人抚恤优待条例》的有关规定评定。

② 中国社会科学院语言研究所词典编辑室编：《现代汉语词典》（第5版），商务印书馆2005年版，第1632页。

有配偶、子女且父母已经死亡的，其他近亲属有权依法请求行为人承担民事责任。烈士也是死者，在这一条中当然能够包括在内。另一种思路是，设立"侮辱、诽谤英雄烈士罪"，放在妨害社会管理秩序罪中。其所保护的法益是一种民族记忆或者民族精神，即属于抽象法益或者集体法益。采用的行为方式是故意捏造事实或者披露虚假事实侮辱诽谤英雄烈士。英雄烈士的尊严已不仅仅是个体尊严，而是已经形成的不可磨灭的社会尊严，具有不可替代的特有尊严，保护这一特有尊严不仅体现了普通人格权的延续，还体现了法律对崇高社会价值的弘扬和维护。

（三）相关犯罪到底是故意犯还是过失犯，左右为难

对于严重违反行政法规而造成致人死伤等严重结果的行为，不论中外，历来都论以过失犯罪。但近年来，这种情况已经悄然生变。如在日本，对于伴随有重大危险的鲁莽驾驶行为所引起的死伤结果，历来是以不注意驾驶所引起的业务过失致人死伤罪，最高处以5年有期徒刑。① 但近年来，由于酒后驾车或者高速驾驶等无视交通规则的鲁莽驾驶行为引起的重大、恶性事故不断发生，引起了包括被害人遗属在内的广大国民的强烈愤慨和批判。因此，近年来的主流学说认为，认识到是危险的驾驶行为，但不考虑冲突危险以及由此而引起的死伤结果的可能性，进行危险驾驶，结果导致他人死伤结果的场合，和业务过失犯不同，应当作为故意犯，比照暴力伤害、伤害致死来设置处罚规则更加合适一些。② 基于这种考虑，日本在2001年修改刑法的时候，将由于饮酒和吸毒而难以驾驶状态下的驾车行为；以难以控制的高速或者不具有驾驶技能情况下的驾驶四轮以上车辆的行为；出于妨碍他人或者汽车通行的目的而驾驶四轮以上车辆阻拦他人或者他人车辆的行为；无视红色信号灯而高速驾驶四轮以上车辆，因而致人受伤的，处15年以下有期徒刑；致人死亡的，处1年以上有期徒刑。按照这一规定，危险驾驶致人死亡的，最高可处以20年有期徒刑，致人受伤的场合，最高可处以15年有期徒刑。这种处罚，远比《日本刑

---

① ［日］松原芳博：《刑法各论》，日本评论社2016年版，第68页。
② ［日］大谷实：《刑法讲义各论》（新版第2版），黎宏译，中国人民大学出版社2008年版，第50—51页。

法》第 210 条所规定的业务过失致人死伤罪处 5 年以下有期徒刑或者监禁，或者处 50 万日元以下罚金的处罚重得多。

在我国，也有同样的趋势。就历来被作为过失犯罪处理的交通犯罪而言，立法上尽管没有变动，但实务当中已经发生了重大变化。如最高人民法院 2009 年 9 月 11 日发布的《关于醉酒驾车犯罪法律适用问题的意见》中明文指出，行为人明知酒后驾车违法、醉酒驾车会危害公共安全，却无视法律醉酒驾车，特别是在肇事后继续驾车冲撞，造成重大伤亡，说明行为人主观上对持续发生的危害结果持放任态度，具有危害公共安全的故意。对此类醉酒驾车造成重大伤亡的，应依法以以危险方法危害公共安全罪定罪。依照我国《刑法》第 133 条的规定，单纯的交通肇事的场合，最高只能处以 7 年以下有期徒刑。但是，行为人酩酊大醉却仍然在公共道路上驾驶机动车辆的场合，从一般人的角度来讲，显然不能说应当预见自己的行为会发生危害社会的结果而没有预见，或者说对危害结果已经有预见却轻信能够避免。换言之，作为学过交通运输管理法规，具有驾驶机动车资格的人，对于严重违反交通运输管理法规的行为可能导致的后果是有认识和预见的，在此情况下，却仍然不打消自己实施违法行为的念头，违法驾驶，以致发生致人重伤、死亡或者重大财产损失的严重结果的场合，应当说和（间接）故意犯罪没有任何区别。上述司法解释，正是基于这一点而做出的一种超越历来做法的理解，从性质上看，和日本 2001 年的刑法修改的宗旨如出一辙。只是，囿于现有的法律规定即《刑法》第 133 条的规定，因此，上述司法解释考虑到我国刑法中的交通肇事罪在特定场合下与以危险方法危害公共安全罪之间具有竞合关系，因而规定，在行为人无视法律醉酒驾车特别是在肇事后继续驾车冲撞，造成重大伤亡的场合，不以交通肇事罪论处，而是论以法定刑更重的以危险方法危害公共安全罪。

这个解释为我们重新理解故意犯和过失犯的区别提供了一个新的契机。从理论上讲，故意犯与过失犯的区分界限，历来非常微妙。"认识说"认为，二者对于发生危害结果的认识或者预见程度不同。程度高的是故意，程度低的是过失。但这种见解忽视了故意所具有的意志因素，加之程度高度的标准不明确，因此，并不可取；"容允说"认为，行为人认识到发生结果的可能性，仍容忍或者说放任该结果发生的话，具有故意；如果连容忍都没有的话，就是过失。但是，这种见解忽视了故意中的认识因素，而且"容允"包含有可能会使故意成立范围不明确的非理性的情绪因素在内，因而也难以被认可。现在的通说是"动机说"。其认为，行为人对于违规行为可能发生危害结果具有认识和预见，但没有据此而打消实施行为的念头，就可以说其具有实现结果的意思即犯罪故意。相反地，行为人对于没有预见到自己的违规行为可能发生危害结果，或者有预见却轻信可以避免的场合，就是过失。据此，犯罪故意与犯罪过失的区别在于，行为人对于违法行为可能导致的危害结果有无"预见"，有预见但却未停止该行为，以致引起了危害结果的，就是故意；相反地，对于自己行为或者行为可能引起的后果没有预见的，以致引起了危害结果的，就是过失。[1] 从这种角度来看，对自己的行为严重违规或者违法的一点具有认识却不放弃，因而引起了危害结果的，可以说行为对该行为结果，就有故意。即故意的认定标准，可以适当提前，从对结果的认识提前到对严重违法行为的认识和预见。

按照上述见解，日本刑法以及我国实务中的对严重违反交通管理法规，造成严重后果的行为论以故意犯的做法是有其道理的。任何一个通过了驾驶员资格考试、具有驾驶执照的正常人都会明白，在公共道路上醉酒驾驶、闯红灯驾驶、以紧贴他人或者车辆方式的危险驾驶或者远超限速的高速驾驶，都是严重违反交通管理法规的行为，危害公共安全，极有可能造成人身伤亡的严重后果。换言之，已经意识到自己的严重违规行为而不打消该念头，中止该违规行为，从动机说的角度来看，就可以推定行为人对所发生的结果具有放任即间接故意。因此，改变传统做法，将部分严重违规行为造成的严重结果，直接作为故意犯加以认定，在积极的一般预防刑法观的理念之下，也是一件正常的事情。

从这种角度来看，《草案》第 24 条的规定，就有商榷的余地。《草案》第 24 条规定，在《刑法》第 338 条污染环境罪规定的基础上，增加一段，即：有下列情形之一的，（一）在饮用水水源保护区、自然保护区核心区排放、倾倒、处置有放射性的废物、含传染病病原体的废物、有毒物质，造成特别严重后果的；（二）向国家确定的重要江河、湖泊水域排放、倾

---

[1] 黎宏：《刑法学总论》（第二版），法律出版社 2016 年版，第 201 页。

倒、处置有放射性的废物、含传染病病原体的废物、有毒物质，造成特别严重后果的；（三）致使大量基本农田基本功能丧失或者遭受永久性破坏的；（四）致人重伤、死亡的，处七年以上有期徒刑。这一新增规定，依照上述犯罪故意和犯罪过失的区分标准，显然是有问题的。我国《刑法》第338条所规定的污染环境罪的罪过到底是故意还是过失，本来就有争议。[①] 根据"以刑制罪"的原理，[②] 从违反国家规定，排放、倾倒或者处置含有放射性的废物、含传染病原体的废物、有毒物质或者其他有害物质，即便是具有"致使1人以上死亡或者重度残疾"的"特别严重污染"，最高也只能处以"三年以上七年以下有期徒刑，并处罚金"[③] 的后果来看，和交通肇事罪一样，无疑属于过失犯。但是，从我国的环境污染的限制情况以及当前有关环境治理的现实需要来看，这种程度的处罚显然过轻，于是就有了上述《草案》中的新增内容。但是，这种修改会导致两个方面的问题：一是混淆和《刑法》第114条所规定的投放危险物质罪之间的界限。违反国家规定，故意向饮用水源保护区、国家确定的重要江河、湖泊水域排放、倾倒、处置有放射性的废物、含传染病病原体的废物、有毒物质的行为，难道不是向公共场所投放危险物质的行为吗？如此的话，其与《刑法》第114条所规定的投放危险物质罪之间的界限会变得模糊起来；二是违背我国刑法中过失犯罪的法定刑配置。从我国刑法的规定来看，过失犯的法定最高刑均为七年。法定最高刑能够达到十五年有期徒刑的犯罪，显然不能说是过失犯。如此说来，若要加重污染环境罪的处罚，就不能这样规定。按照本文的理解，若是要加重污染环境罪的处罚，只要有"有前款行为，同时构成其他犯罪的，依照处罚较重的规定定罪处罚"的规定就足够，而不用进行上述详细列举。其中，所谓其他犯罪，就包括

---

① 主要有过失说、故意说和混合即双重罪过说。具体内容，参见晋海、陈宇宇《污染环境罪主观要件研究：综述与展望》，《河海大学学报》（哲学社会科学版）2018年第6期。

② 所谓以刑制罪，是指一种解释方法，即以"刑"（法定刑之轻重）作为刑法解释的重要参考标准与依据、以"罪刑均衡"原则为指导来解释犯罪的构成要件，既包括解释刑法条文中的名词、概念、术语，也包括选择合适的罪名。具体参见徐松林《以刑释罪：一种刑法实质解释方法》，法律出版社2015年版，绪论部分。

③ 2016年12月23日最高人民法院、最高人民检察院《关于办理环境污染刑事案件适用法律若干问题的解释》第3条第12项。

《刑法》第114、第115条所规定的投放危险物质罪在内。这样，在不改变《刑法》第338条污染环境罪的本来性质的前提下，便可轻而易举地解决现有的规定罚不当罪的问题。

三　结语

在刑法未做伤筋动骨式的大修改的前提下，以刑法修正案的形式，部分修改刑法，犹如"螺蛳壳里做道场"或者说"带着镣铐跳舞"，其难度可想而知。但是，在部分修改过程中，逐渐改变旧有的刑法理念，从局部向全部、从外围向中心，最终引起刑法基本观念的质变，实现积极的一般预防的刑法的理念，也不是不可能的。从此意义上讲，现行的部分刑法修正实际上是为将来整体刑法的修改进行的准备工作。

但要注意的是，即便在刑法修正过程中贯彻积极的一般预防的刑法理念，实现刑法规定从行为规范向裁判规范的转向，但即便如此，在犯罪的认定当中，也还是必须考虑"情节""后果"之类的要求。毕竟，依照我国《刑法》总则第13条的明文规定，即便是危害社会的行为，"但是情节显著轻微危害不大的，不是犯罪"，这是对分则中犯罪规定的质的要求；同时，正如所谓"法律不问细微之事"所言，在被害极为轻微的场合，即便行为形式上符合处罚规定，也还是不能成立犯罪。这是刑法谦抑性的要求。① 正因如此，我国《刑法》第359条即引诱、容留、介绍他人卖淫罪，尽管从法条文言上看，其和《治安管理处罚法》第67条的规定一字不差，但在实际应用上，依照相关司法解释，引诱、容留、介绍他人卖淫，只有具有下列情形之一的，才能依照《刑法》第359条第1款的规定定罪处罚：（一）引诱他人卖淫的；（二）容留、介绍二人以上卖淫的；（三）容留、介绍未成年人、孕妇、智障人员、患有严重性病的人卖淫的；（四）一年内曾因引诱、容留、介绍卖淫行为被行政处罚，又实施容留、介绍卖淫行为的；（五）非法获利人民币一万元以上的。换言之，实践当中，形式上同时符合《刑法》和《治安管理处罚法》的行为，必须从

---

① ［日］井田良：《讲义刑法学·总论》（第2版），有斐阁2018年版，第18页。

"情节"或者"后果"上将其区分开来。这也意味着,刑法中以行为规范的形式所规定的条文,在实际应用或者认定上,还是必须遵循裁判规范的相关理念。

(作者为清华大学法学院教授、博士生导师,清华大学法学院商业犯罪研究中心主任。本文原载《人民检察》2020年第19期,收入本书时略有修改。)

产权平等保护精神的贯彻与刑法修正[*]
——以《刑法修正案（十一）》（草案）的相关规定为基础的思考

王志祥

第十三届全国人大常委会第二十次会议审议的《中华人民共和国刑法修正案（十一）草案》〔以下简称《刑法修正案（十一）》（草案）〕从六个方面对1997年系统修订的《中华人民共和国刑法》（以下简称《刑法》）进行了诸多方面的修改和补充。其中，涉及基于平等保护产权精神而对非国家工作人员受贿罪、职务侵占罪、挪用资金罪的刑罚配置所进行的调整、提升。本文拟以此为基础展开讨论，以求对刑法的未来修正有所裨益。

一 《刑法修正案（十一）》（草案）对非国家工作人员受贿罪、职务侵占罪、挪用资金罪刑罚配置的调整、提升及其背景

2016年11月4日中共中央、国务院公布的《关于完善产权保护制度依法保护产权的意见》（以下简称《保护产权意见》）在"完善平等保护产权的法律制度"的名目下明确提出要"加大对非公有财产的刑法保护力度"。这意味着对公有制产权与非公有制产权应当进行平等的刑法保护。基于对《保护产权意见》中平等保护公有制产权与非公有制产权要求的回

---

[*] 本文系国家社科基金重大项目"我国刑法修正的理论模型与制度实践研究"（项目编号：16ZDA061）的阶段性成果。

应，最高人民检察院、最高人民法院先后出台的《关于充分发挥检察职能依法保障和促进非公有制经济健康发展的意见》《关于充分发挥审判职能作用切实加强产权司法保护的意见》从司法层面强化了对非公有财产的刑法保护。《刑法修正案（十一）》（草案）则从立法层面回应了《保护产权意见》中对公有制产权与非公有制产权予以平等保护的要求。

这具体体现在，《刑法修正案（十一）》（草案）调整、提升了非国家工作人员受贿罪、职务侵占罪、挪用资金罪的刑罚配置。具体而言，为与1997年《刑法》所规定的受贿罪的刑罚配置保持一致，[①]《刑法修正案（十一）》（草案）第10条将1997年《刑法》第163条第1款关于非国家工作人员受贿罪的规定修改为："公司、企业或者其他单位的工作人员，利用职务上的便利，索取他人财物或者非法收受他人财物，为他人谋取利益，数额较大的，处三年以下有期徒刑或者拘役，并处罚金；数额巨大或者有其他严重情节的，处三年以上十年以下有期徒刑，并处罚金；数额特别巨大或者有其他特别严重情节的，处十年以上有期徒刑或者无期徒刑，并处罚金。"为与1997年《刑法》所规定的贪污罪的刑罚配置保持一致，[②]《刑法修正案（十一）》（草案）第18条将《刑法》第271条第1款关于职务侵占罪的规定修改为："公司、企业或者其他单位的工作人员，利用职务上的便利，将本单位财物非法占为己有，数额较大的，处三年以下有期徒刑或者拘役，并处罚金；数额巨大的，处三年以上十年以下有期徒刑，并处罚金；数额特别巨大的，处十年以上有期徒刑

---

① 依据2015年8月29日全国人大常委会通过的《中华人民共和国刑法修正案（九）》[以下简称《刑法修正案（九）》]修正后的1997年《刑法》第386条的规定，对犯受贿罪的，根据情节轻重，分别依照下列规定处罚：（1）受贿数额较大或者有其他较重情节的，处三年以下有期徒刑或者拘役，并处罚金；（2）受贿数额巨大或者有其他严重情节的，处三年以上十年以下有期徒刑，并处罚金或者没收财产；（3）受贿数额特别巨大或者有其他特别严重情节的，处十年以上有期徒刑或者无期徒刑，并处罚金或者没收财产；数额特别巨大，并使国家和人民利益遭受特别重大损失的，处无期徒刑或者死刑，并处没收财产。

② 依据《刑法修正案（九）》修正后的1997年《刑法》第383条的规定，对犯贪污罪的，根据情节轻重，分别依照下列规定处罚：（1）贪污数额较大或者有其他较重情节的，处三年以下有期徒刑或者拘役，并处罚金；（2）贪污数额巨大或者有其他严重情节的，处三年以上十年以下有期徒刑，并处罚金或者没收财产；（3）贪污数额特别巨大或者有其他特别严重情节的，处十年以上有期徒刑或者无期徒刑，并处罚金或者没收财产；数额特别巨大，并使国家和人民利益遭受特别重大损失的，处无期徒刑或者死刑，并处没收财产。

或者无期徒刑，并处罚金。"为与1997年《刑法》所规定的挪用公款罪的刑罚配置保持均衡，①《刑法修正案（十一）》（草案）第19条第1款将《刑法》第272条第1款关于挪用资金罪的规定修改为："公司、企业或者其他单位的工作人员，利用职务上的便利，挪用本单位资金归个人使用或者借贷给他人，数额较大、超过三个月未还的，或者虽未超过三个月，但数额较大、进行营利活动的，或者进行非法活动的，处三年以下有期徒刑或者拘役；挪用本单位资金数额巨大的，处三年以上七年以下有期徒刑；数额特别巨大的，处七年以上有期徒刑。"

上述修改，被立法工作机构解读为有利于"加大惩治民营企业内部发生的侵害民营企业财产的犯罪"的力度、"落实产权平等保护精神"②，被权威媒体评价为有利于"进一步加强企业产权保护和优化营商环境"。③

就上述修改的背景而言，是基于对1997年《刑法》中"三对六种"腐败犯罪即受贿罪、贪污罪、挪用资金罪与其相对应的非国家工作人员受贿罪、职务侵占罪、挪用公款罪被配置相差悬殊的法定刑，因而没有体现对非公有制经济的平等保护精神的考虑。

二　对"三对六种"腐败犯罪被配置相差悬殊的法定刑的评价

我国1997年《刑法》将"贪污罪—职务侵占罪""挪用公款罪—挪用资金罪""受贿罪—非国家工作人员受贿罪"作为"三对六种"腐败犯罪分别设立在不同的刑法条文中，并配置了相差悬殊的法定刑。这受到了我国众多刑法学者和司法实务界人士的批评。如有学者认为，《刑法》对非公有制经济实行有差别的保护的表现之一是对侵害客体相同、客观方面表

---

① 依据1997年《刑法》第384条第1款的规定，对犯挪用公款罪的，处五年以下有期徒刑或者拘役；情节严重的，处五年以上有期徒刑。挪用公款数额巨大不退还的，处十年以上有期徒刑或者无期徒刑。

② 《关于〈中华人民共和国刑法修正案（十一）草案〉的说明》，https：//www.sohu.com/a/405674505_671848。

③ 参见王比学《刑法拟从六方面进行修改补充　高空抛物危及公共安全或将入刑》，《人民日报》2020年6月29日。

现形式相同的危害行为，按侵害的对象是非公有制经济还是国有经济区别对待，配置相差悬殊的法定刑。例如，贪污罪与职务侵占罪、挪用公款罪与挪用资金罪、受贿罪与非国家工作人员受贿罪等规定，就均存在着这方面的问题。① 有学者主张，《刑法》对于公有制经济的保护显然优于对非公有制经济的保护，带有明显的"身份立法"痕迹。比如，就职务侵占行为而言，不论数额多么巨大，后果多么严重，最多只能判处十五年有期徒刑，而对于贪污行为，只要贪污十万元以上且情节特别严重，对犯罪人就可以判处死刑，并处没收财产。② 有学者强调，就完善对非公有制经济的刑事法律保护而言，在刑事政策方面应该遵循的原则之一是平等保护原则，即在刑事法律规定方面，对公有制经济和非公有制经济予以平等保护，不因所有制性质不同而采取差异对待的态度。基于此，在刑法立法方面，就应当将针对国有公司、企业的犯罪规定与针对非国有公司、企业的犯罪规定进行协调，在犯罪构成和量刑规范方面保持一致。例如，贪污罪与职务侵占罪的本质和危害性并没有差异，都是针对本单位财产权的侵犯行为，因而应考虑在法定刑配置上保持一致；受贿罪与非国家工作人员受贿罪，都是行为人利用职务上的便利收受或者索取贿赂的行为，两者之间的社会危害性相当，因而也应在法定刑配置上保持一致。③ 有司法实务界人士指出，目前刑法的规定仍存在较为明显的对非公有制经济与公有制经济区别保护的问题，这主要表现在对侵害公有制经济和非公有制经济的同类行为，在刑法相关条文中设置不同罪名、配置相差悬殊的法定刑。如同样是侵占企业财产，如果是国有企业，就认定为贪污罪；如果是民营企业，就认定为职务侵占罪。但这两个罪名的入罪标准不同，法定刑也不同。职务侵占罪的最高法定刑只有十五年有期徒刑，而贪污罪的最高法定刑为死刑。④

笔者认为，上述批评得以成立的基本前提，是 1997 年《刑法》区分

---

① 参见赵秉志、左坚卫《清除法律障碍实现刑法平等保护非公经济》，《检察日报》2017 年 8 月 9 日。
② 参见卢建平、陈宝友《应加强刑法对非公有制经济的保护》，《法学家》2005 年第 3 期。
③ 参见时延安《非公经济刑法保护应遵循三项原则》，《检察日报》2017 年 8 月 9 日。
④ 参见闫晶晶《杨景海代表建议修改刑法相关规定——对非公有制经济进行平等保护》，《检察日报》2020 年 5 月 24 日。

"贪污罪—职务侵占罪""挪用公款罪—挪用资金罪""受贿罪—非国家工作人员受贿罪"这"三对六种"腐败犯罪与对公有制经济、非公有制经济的专门刑法保护相关联。具体而言,贪污罪、挪用公款罪、受贿罪是与公有制经济的专门刑法保护相关联的犯罪,而职务侵占罪、挪用资金罪、非国家工作人员受贿罪则是与非公有制经济的专门刑法保护相关联的犯罪。但是,这一基本前提得不到1997年《刑法》的相关规定和相关司法文件的支持。

一方面,这一基本前提得不到1997年《刑法》的相关规定的支持。

就贪污罪、职务侵占罪的区分而言,1997年《刑法》第382条第1款在界定贪污罪的概念时明确地将以国家工作人员为主体的贪污罪的对象限定为"公共财物"①,这可能成为将贪污罪的规定理解为专门保护公有制经济的规定的依据。该条第2款将以受国家机关、国有公司、企业、事业单位、人民团体委托管理、经营国有财产的人员为主体的贪污罪的对象限定为"国有财产"②,这会为将贪污罪的规定理解为专门保护公有制经济的规定提供进一步的依据。但是,上述两款规定并非1997年《刑法》中关于贪污罪规定的全部内容。具体而言,1997年《刑法》第271条第1款对职务侵占罪作出了规定,③ 第2款则对贪污罪作出了规定。④ 据此,构成职务侵占罪,并不要求犯罪对象一定不能是"公共财物"。可以说,只要公司、企业或者其他单位的人员不具备国家工作人员或者受国家机关、国有公司、企业、事业单位、人民团体委托管理、经营国有财产人员的身份,其所实施的"利用职务上的便利,将本单位财物非法占为己有,数额较大的"行为就都可以构成职务侵占罪,而无论"本单位财物"是否是"公共

---

① 1997年《刑法》第382条第1款规定:"国家工作人员利用职务上的便利,侵吞、窃取、骗取或者以其他手段非法占有公共财物的,是贪污罪。"
② 1997年《刑法》第382条第2款规定:"受国家机关、国有公司、企业、事业单位、人民团体委托管理、经营国有财产的人员,利用职务上的便利,侵吞、窃取、骗取或者以其他手段非法占有国有财物的,以贪污论。"
③ 1997年《刑法》第271条第1款规定:"公司、企业或者其他单位的人员,利用职务上的便利,将本单位财物非法占为己有,数额较大的,处五年以下有期徒刑或者拘役;数额巨大的,处五年以上有期徒刑,可以并处没收财产。"该规定将职务侵占罪的犯罪对象限定为"本单位财物",而并没有将其明确为"非公共财物"。
④ 1997年《刑法》第271条第2款规定:"国有公司、企业或者其他国有单位中从事公务的人员和国有公司、企业或者其他国有单位委派到非国有公司、企业以及其他单位从事公务的人员有前款行为的,依照本法第382条、第383条的规定定罪处罚。"

财物"或"国有财产"。而构成贪污罪,则并不要求其犯罪对象一定是"公共财物"。在国有公司、企业或者其他国有单位委派到非国有公司、企业以及其他单位从事公务的人员利用职务上的便利,将本单位财物非法占为己有,数额较大的场合,其犯罪对象就未必是"公共财物"。具体而言,在受委派的非国有单位是公私混合所有单位的场合,作为贪污罪犯罪对象的"本单位财物"是公私混合所有的财物。此时,就决不能认为贪污罪仍然是侵犯公共财物所有权的犯罪。由此可见,财物是否属于"公共财物",并不能成为贪污罪和职务侵占罪的区分标准;贪污罪、职务侵占罪并非《刑法》中为专门保护公有制经济、非公有制经济而分别设立的犯罪。

就挪用公款罪、挪用资金罪的区分而言,1997年《刑法》第384条第1款在界定挪用公款罪的概念时明确地将挪用公款罪的对象限定为"公款",① 这可能成为将挪用公款罪的规定理解为专门保护公有制经济的规定的依据。该条第2款规定:"挪用用于救灾、抢险、防汛、优抚、扶贫、移民、救济款物归个人使用的,从重处罚。"据此,挪用公款罪的犯罪对象既包括七种特定公款,也包括七种特定公物。这会为将挪用公款罪的规定理解为专门保护公有制经济的规定提供进一步的依据。但是,上述两款规定并非1997年《刑法》中挪用公款罪规定的全部内容。具体而言,1997年《刑法》第272条第1款对挪用资金罪作出了规定,② 第2款对挪用公款罪作出了规定。③ 据此,构成挪用资金罪,并不要求犯罪对象一定不能是"公款"或七种特定款物。可以说,只要公司、企业或者其他单位的人员不具备国家工作人员的身份,其所实施的"利用职务上的便利,挪

---

① 依据1997年《刑法》第384条第1款的规定,国家工作人员利用职务上的便利,挪用公款归个人使用,进行非法活动的,或者挪用公款数额较大、进行营利活动的,或者挪用公款数额较大、超过三个月未还的,是挪用公款罪。

② 1997年《刑法》第272条第1款规定:"公司、企业或者其他单位的工作人员,利用职务上的便利,挪用本单位资金归个人使用或者借贷给他人,数额较大、超过三个月未还的,或者虽未超过三个月,但数额较大、进行营利活动的,或者进行非法活动的,处三年以下有期徒刑或者拘役;挪用本单位资金数额巨大的,或者数额较大不退还的,处三年以上十年以下有期徒刑。"该规定将挪用资金罪的犯罪对象限定为"本单位资金",而并没有将其明确为"非公共资金"。

③ 1997年《刑法》第271条第2款规定:"国有公司、企业或者其他国有单位中从事公务的人员和国有公司、企业或者其他国有单位委派到非国有公司、企业以及其他单位从事公务的人员有前款行为的,依照本法第三百八十四条的规定定罪处罚。"

用本单位资金归个人使用或者借贷给他人的"行为就都可以构成挪用资金罪,而无论"本单位资金"是否是"公款"或七种特定款物。构成挪用公款罪,并不要求其犯罪对象一定是"公款"。在国有公司、企业或者其他国有单位委派到非国有公司、企业以及其他单位从事公务的人员利用职务上的便利,挪用本单位资金归个人使用或者借贷给他人的场合,其犯罪对象就未必是"公款"。具体而言,在受委派的非国有单位是公私混合所有单位的场合,作为挪用公款罪犯罪对象的"本单位资金"是公私混合所有的资金。① 此时,就决不能认为挪用公款罪仍然是侵犯公有制经济的犯罪。由此可见,财物是否属于"公款"或七种特定款物,并不能成为挪用公款罪和挪用资金罪的区分标准;挪用公款罪、挪用资金罪并非《刑法》中为专门保护公有制经济、非公有制经济而分别设立的犯罪。

就受贿罪、非国家工作人员受贿罪的区分而言,就更是不能从1997年《刑法》的相关规定中得出受贿罪、非国家工作人员受贿罪是《刑法》中为专门保护公有制经济、非公有制经济而分别设立的犯罪的结论。具体而言,《刑法》第385条并没有将受贿罪限定为必须与公有制经济相关联,②《刑法》第163条第1、2款也并没有将非国家工作人员受贿罪限定为必须与非公有制经济相关联。③《刑法》第163条第3款的规定则进一步表明,在受委派的非国有单位是公私混合所有单位的场合,受贿罪系与公私混合所有制经济发生关联。④ 据此,只要行为主体具有国家工作人员的身份,无论这一身份是否与公有制经济发生关联,其行为就可以构成受贿罪;只要公司、企业或者其他单位的工作人员不具有国家工作人员的身份,无论

---

① 由此可见,"挪用公款罪"这一罪名是名实不符的。
② 1997年《刑法》第385条规定:"国家工作人员利用职务上的便利,索取他人财物的,或者非法收受他人财物,为他人谋取利益的,是受贿罪。""国家工作人员在经济往来中,违反国家规定,收受各种名义的回扣、手续费,归个人所有的,以受贿论处。"
③ 1997年《刑法》第163条第1、2款规定:"公司、企业的工作人员利用职务上的便利,索取他人财物或者非法收受他人财物,为他人谋取利益,数额较大的,处五年以下有期徒刑或者拘役;数额巨大的,处五年以上有期徒刑,可以并处没收财产。""公司、企业的工作人员在经济往来中,利用职务上的便利,违反国家规定,收受各种名义的回扣、手续费,归个人所有的,依照前款的规定处罚。"
④ 1997年《刑法》第163条第3款规定:"国有公司、企业和国有公司、企业或者其他国有单位委派到非国有公司、企业以及其他单位从事公务的人员有前两款行为的,依照本法第385条、第386条的规定定罪处罚。"

该单位是否与非公有制经济发生关联,其行为就可以构成非国家工作人员受贿罪。由此可见,是否与公有制经济发生关联,并不能成为受贿罪和非国家工作人员受贿罪的区分标准;受贿罪、非国家工作人员受贿罪并非《刑法》中为专门保护公有制经济、非公有制经济而分别设立的犯罪。

另一方面,这一基本前提也得不到相关司法文件的支持。纵观我国最高司法机关发布的相关司法文件的规定,并不能得出贪污罪、挪用公款罪、受贿罪针对的是公有制经济,而职务侵占罪、挪用资金罪、非国家工作人员受贿罪针对的是非公有制经济的结论。比如,依据2003年11月13日最高人民法院发布的《全国法院审理经济犯罪案件工作座谈会纪要》的规定,从事公务是指代表国家机关、国有公司、企业事业单位、人民团体等履行组织、领导、监督、管理等职责。公务主要表现为与职权相联系的公共事务以及监督、管理国有财产的职务活动。如国家机关工作人员依法履行职责,国有公司的董事、经理、监事、会计、出纳人员等管理、监督国有财产等活动,属于从事公务。那些不具备职权内容的劳务活动、技术服务工作,如售货员、售票员等所从事的工作,一般不认为是公务。据此,就国有商店的售货员利用职务便利非法占有货款、国有汽车公司的售票员利用职务便利非法占有票款的行为而言,虽然其侵害的对象是国有财产,但是,由于其行为主体所从事的工作一般并不具有公务的特质,所以,通常不能认定其属于贪污行为,而应认定其属于职务侵占行为。这说明,就在国有企业内部发生的利用职务上的便利非法占有国有财产行为的定性而言,也并非就一律属于贪污行为,其关键是要看行为主体是否从事公务活动:利用从事公务活动的职务便利非法占有国有财产的,属于贪污;利用从事非公务活动的职务便利非法占有国有财产的,属于职务侵占。在此,就行为究竟构成贪污还是职务侵占而言,与非法占有的财产属于国有财产之间并不发生关联,而是与行为主体是否从事公务活动发生关联。依据2001年5月23日最高人民法院公布的《关于在国有资本控股、参股的股份有限公司中从事管理工作的人员利用职务便利非法占有本公司财物如何定罪问题的批复》,国有资本控股、参股的股份有限公司中从事管理工作的人员,除受国家机关、国有公司、企业、事业单位委派从事公务的以外,不属于国家工作人员。对其利用职务上的便利,将本单位财物非法占为己有，数额较大的，应当依照《刑法》第271条第1款的规定，以职务侵占罪定罪处罚。据此，就在国有资本控股、参股的股份有限公司内部发生的利用职务上的便利非法占有公司财产行为的定性而言，究竟是认定为构成贪污还是职务侵占，关键也是要看是否从事公务活动：利用从事公务活动的职务便利非法占有国有资本控股、参股的股份有限公司的财产的，属于贪污；利用从事非公务活动的职务便利非法占有国有资本控股、参股的股份有限公司的财产的，属于职务侵占。在此，就行为究竟构成贪污还是职务侵占而言，与非法占有的财产属于国有资本控股、参股的股份有限公司的财产之间也并不发生关联，而是与行为主体是否从事公务活动发生关联。依据2000年2月16日最高人民法院公布的《关于对受委托管理、经营国有财产人员挪用国有资金行为如何定罪问题的批复》，对于受国家机关、国有公司、企业、事业单位、人民团体委托，管理、经营国有财产的非国家工作人员，利用职务上的便利，挪用国有资金归个人使用构成犯罪的，应当依照《刑法》第272条第1款的规定定罪处罚。据此，由于受国家机关、国有公司、企业、事业单位、人民团体委托，管理、经营国有财产的非国家工作人员不符合挪用公款罪的成立对行为主体具有国家工作人员的特殊身份的要求，所以，虽然利用职务上的便利挪用的对象是国有资金，但是，行为在定性上属于挪用资金的行为，而并非挪用公款的行为。而就国家工作人员利用职务上的便利挪用国有资金的行为而言，则在定性上就属于挪用公款的行为，而不属于挪用资金的行为。在此，就行为究竟构成挪用公款还是挪用资金而言，与挪用的资金属于国有资金之间也不发生关联，而是与行为主体是否依照法律从事公务活动发生关联：虽然受国家机关、国有公司、企业、事业单位、人民团体委托，管理、经营国有财产的人员也属于从事公务活动的人员，但是，其从事公务活动的权限并非来源于法律的直接规定，而是来源于国家机关、国有公司、企业、事业单位、人民团体的委托，这不符合国家工作人员的"依照法律从事公务活动"的本质要求。

由此可见，1997年《刑法》区分"贪污罪—职务侵占罪""挪用公款罪—挪用资金罪""受贿罪—非国家工作人员受贿罪"这"三对六种"腐败犯罪，与分别体现对公有制经济、非公有制经济的专门刑法保护之间并不发生关联，而归根到底取决于行为主体的身份：就贪污罪和职务侵占罪的区分而言，行为主体具有国家工作人员或受国家机关、国有公司、企业、事业单位、人民团体委托，管理、经营国有财产的人员的身份的，其利用职务便利非法占有财产的行为就属于贪污行为；公司、企业或者其他单位的工作人员中不具有国家工作人员或受国家机关、国有公司、企业、事业单位、人民团体委托，管理、经营国有财产的人员的身份的，其利用职务便利非法占有本单位财产的行为就属于职务侵占行为。就挪用公款罪和挪用资金罪、受贿罪和非国家工作人员受贿罪的区分而言，行为主体具有国家工作人员的身份的，其利用职务便利挪用资金或七种特定款物归个人使用的行为就属于挪用公款行为，利用职务便利索取或收受贿赂的行为就属于受贿罪中的受贿行为；行为主体不具有国家工作人员的身份的，其利用职务便利挪用本单位资金归个人使用的行为就属于挪用资金行为，利用职务便利索取或收受贿赂的行为就属于非国家工作人员受贿罪中的受贿行为。

在1997年《刑法》依据行为主体的身份区分"贪污罪—职务侵占罪""挪用公款罪—挪用资金罪""受贿罪—非国家工作人员受贿罪"的情况下，为彰显对不同主体身份的要求，对这"三对六种"腐败犯罪配置相差悬殊的法定刑，也就实属顺理成章。显然，对贪污罪、挪用公款罪、受贿罪配置分别相对于职务侵占罪、贪污罪、挪用公款罪而言相对更加严厉的法定刑，就彰显了对国家工作人员（在贪污罪的场合还包括受国家机关、国有公司、企业、事业单位、人民团体委托，管理、经营国有财产的人员）的更加严厉的要求，体现了"从严治吏"的要求。

三 产权平等保护精神在刑法修正中的贯彻

毋庸置疑，基于市场经济体制的要求，刑法对公有制经济与非公有制经济的保护应当保持平等。为此，《保护产权意见》明确提出了"加大对非公有财产的刑法保护力度"的要求。如上所述，《刑法修正案（十一）》（草案）基于平等保护产权的精神，调整、提升了非国家工作人员受贿罪、职务侵占罪、挪用资金罪的刑罚配置，以与受贿罪、贪污罪、挪用公款罪的刑罚配置保持一致或均衡。

但是，也如上述，"贪污罪—职务侵占罪""挪用公款罪—挪用资金罪""受贿罪—非国家工作人员受贿罪"本身就并非是依据对公有制产权的专门刑法保护还是对非公有制产权的专门刑法保护而设立的犯罪，而是依据行为主体的身份不同设立的犯罪。这样，《刑法修正案（十一）》（草案）依据平等保护产权的精神对非国家工作人员受贿罪、职务侵占罪、挪用资金罪的刑罚配置进行的调整、提升，就存在理据不足的问题。不仅如此，将"贪污罪—职务侵占罪""挪用公款罪—挪用资金罪""受贿罪—非国家工作人员受贿罪"的刑罚配置保持一致或均衡，还会抹杀《刑法》区分这"三对六种"腐败犯罪的积极意义，没有体现出对国家工作人员（在贪污罪的场合还包括受国家机关、国有公司、企业、事业单位、人民团体委托，管理、经营国有财产的人员）的从严要求，将反腐败工作的重点予以模糊化。

应当看到，依据行为主体的身份不同分别设立"贪污罪—职务侵占罪""挪用公款罪—挪用资金罪""受贿罪—非国家工作人员受贿罪"这"三对六种"腐败犯罪并配置轻重有别的刑罚，实际上意味着1997年《刑法》对这六种主要的腐败犯罪的类型进行了划分，即公务腐败犯罪和非公务腐败犯罪。[①] 而一般而言，由于公务活动涉及的是对公共事务的组织、领导、监督、管理，其意义远远高于非公务活动的意义。这样，公务腐败犯罪的社会危害性通常就高于非公务腐败犯罪的社会危害性。由此，对于二者配置轻重有别的刑罚，就不仅在刑事政策层面体现了区别对待的精神，而且也彰显了对从事公务活动人员的更高要求。

需要强调的是，公务腐败犯罪和非公务腐败犯罪的分立是符合《联合国反腐败公约》相关规定的精神的。对此，有学者指出，我国于2005年加入的《联合国反腐败公约》（以下简称《公约》）不但将私营部门中的

[①] 1997年《刑法》并未将受国家机关、国有公司、企业、事业单位、人民团体委托，管理、经营国有财产的人员纳入挪用公款罪、受贿罪主体的范围加以规定。由此，依据罪刑法定原则，就造成了对其实施的挪用国有资金行为、受贿行为在刑法层面只能评价为构成挪用资金罪、非国家工作人员受贿罪的问题。但是，由其作为主体实施的挪用资金罪和非国家工作人员受贿罪与其作为主体实施的贪污罪一样，均属于公务腐败犯罪。这样，就出现了挪用资金罪、非国家工作人员受贿罪的范围既包括非公务腐败犯罪也包括公务腐败犯罪的问题。从保持立法协调性的角度考虑，在未来的刑法修正中，应当将其也纳入挪用公款罪、受贿罪主体的范围加以规定，以更好地体现对从事公务活动人员的从严要求。

贿赂行为规定为腐败犯罪，而且将这些部门中的贪污行为也规定为腐败犯罪。非公有制经济和国有经济中的贪污、受贿行为的社会危害性没有明显差别。因此，我国《刑法》没有理由再将二者分别定罪，配置相差悬殊的法定刑。① 但是，《公约》在"定罪与执法"的名目下在第15、17、21、22条对"贿赂本国公职人员""公职人员贪污、挪用或者以其他类似方式侵犯财产""私营部门内的贿赂""私营部门内的侵吞财产"分别作出了规定。这说明，《公约》对公职人员腐败犯罪与私营部门腐败犯罪进行了区别对待。由此说明，我国1997年《刑法》分别设立公务腐败犯罪和非公务腐败犯罪并对其规定轻重有别的刑罚，恰恰与《公约》区别公职人员腐败犯罪与私营部门腐败犯罪的做法相呼应。

依据《刑法修正案（十一）》（草案）对非国家工作人员受贿罪、职务侵占罪、挪用资金罪的刑罚配置进行的调整、提升，"贪污罪—职务侵占罪""挪用公款罪—挪用资金罪""受贿罪—非国家工作人员受贿罪"的刑罚配置将趋于一致或均衡。但是，这样一来，公务活动的重要性将无从得以凸显，公务活动和非公务活动的意义实际上将被进行等同的评价，从事公务活动的人员和非公务活动的人员在实施同样的腐败行为时在所受刑罚轻重的评价方面将难以被进行区别对待，对从事公务活动人员的更高要求将无从得以彰显。由此，1997年《刑法》将"贪污罪—职务侵占罪""挪用公款罪—挪用资金罪""受贿罪—非国家工作人员受贿罪"这"三对六种"腐败犯罪区分为公务腐败犯罪和非公务腐败犯罪而分别设立的意义将会大打折扣。这实际上是将"三对六种"腐败犯罪进行了合并。

笔者注意到，在《刑法修正案（十一）》（草案）公布之前，就存在着将"三对六种"腐败犯罪进行合并的建议。如有的司法实务人士指出，应当将贪污罪和职务侵占罪整合为贪污罪，将受贿罪和非国家工作人员受贿罪整合为受贿罪，将挪用公款罪和挪用资金罪整合为挪用资金罪。② 这样的建议，实际上是在贪污罪、挪用公款罪、受贿罪系专门针对公有制经

---

① 参见赵秉志、左坚卫《清除法律障碍实现刑法平等保护非公经济》，《检察日报》2017年8月9日。
② 参见闫晶晶《杨景海代表建议修改刑法相关规定——对非公有制经济进行平等保护》，《检察日报》2020年5月24日。

济的刑法保护而设立的犯罪，职务侵占罪、挪用资金罪、非国家工作人员受贿罪是专门针对非公有制经济的刑法保护而设立的犯罪这一误解的基础上，依据平等保护产权的精神而提出来的。而如上所述，贪污罪、挪用公款罪、受贿罪与职务侵占罪、挪用资金罪、非国家工作人员受贿罪分立的依据是行为主体的身份不同，与公有制经济的刑法保护、非公有制经济的刑法保护这两个问题并不搭界；其刑罚配置的轻重差异不但并不涉及违背平等保护产权的精神的问题，反而彰显了对公务腐败犯罪和非公务腐败犯罪区别对待的立场。基于此，笔者主张，在未来的刑法修正中，应当继续维持贪污罪、挪用公款罪、受贿罪与职务侵占罪、挪用资金罪、非国家工作人员受贿罪分立且刑罚配置轻重有别的现状。

其实，在未来的刑法修正中，平等保护产权精神的贯彻并非没有用武之地，只不过《刑法修正案（十一）》（草案）通过对非国家工作人员受贿罪、职务侵占罪、挪用资金罪的刑罚配置进行的调整、提升以求彰显《刑法》平等保护产权的精神，可谓是搞错了解决问题的方向，开出了不当地强化对非公有制经济刑法保护的药方。具体而言，1997年《刑法》第165条至第169条规定了非法经营同类营业罪，为亲友非法牟利罪，签订、履行合同失职被骗罪，国有公司、企业、事业单位人员失职罪，国有公司、企业、事业单位人员滥用职权罪，徇私舞弊低价折股、出售国有资产罪。这六种犯罪的主体仅限于"国有公司、企业的董事、经理""国有公司、企业、事业单位的工作人员""国有公司、企业、事业单位直接负责的主管人员""国有公司、企业或者其上级主管部门直接负责的主管人员"。因此，就这六种犯罪的设立而言，存在着严重的违反产权平等保护精神的问题。就此而言，在未来的刑法修正中，应取消1997年《刑法》第165条所规定的非法经营同类营业罪，第166条所规定的为亲友非法牟利罪，第167条所规定的签订、履行合同失职被骗罪，第168条所规定的国有公司、企业、事业单位人员失职罪和国有公司、企业、事业单位人员滥用职权罪，第169条所规定的徇私舞弊低价折股、出售国有资产罪中主体所依附的单位须为"国有公司、企业、事业单位"的限定。这样，就可以在刑法修正中充分彰显平等保护产权的精神。其实，第十届全国人民代表大会常务委员会第二十二次会议于2006年6月29日通过的《中华人民共和国刑法修正案（六）》增设的《刑法》第169条之一关于背信损害上市公司利益罪的规定，就没有限定上市公司必须是"国有上市公司"。这种做法明显体现了平等保护产权的精神，是值得在未来的刑法修正中加以仿效的。

（作者为北京师范大学刑事法律科学研究院外国刑法与比较刑法研究所所长、教授、博士生导师。本文原载《法治研究》2020年第5期，收入本书时略有修改。）

环境刑事立法的正当性、限度与立法完善

王秀梅　戴小强

一　问题的提出

在环境法律机制构建的过程中，我国环境刑事法网日臻严密，环境领域犯罪圈处于不断扩张趋势。新近公布的《刑法修正案（十一）》继续对环境刑法做了较大增修，其中包括增设3个环境犯罪罪名，即非法捕猎、收购、运输、出售陆生野生动物罪（第41条），破坏自然保护地罪（第42条），以及非法引进、释放、丢弃外来入侵物种罪（第43条）；同时，对《刑法》第338条规定的污染环境罪的构成要件和法定刑作出了较大幅度的修改，即在原来规定的两档法定刑后再增设一档法定刑，法定最高刑由7年有期徒刑上调至15年有期徒刑，并在第三档法定刑下明确设置了四种严重的污染环境行为类型。

在犯罪圈扩大的过程中，环境犯罪呈现出明显的法益保护早期化趋势。比如，《刑法修正案（八）》将《刑法》第338条原本规定的"造成重大环境污染事故，致使公私财产遭受重大损失或者人身伤亡的严重后果"这一构成要件修改为"严重污染环境"。在这一修改后，有学者认为本罪由结果犯变成了情节犯，[①] 也有学者认为本罪属于行为犯、准抽象危险犯[②]。但不管将其理解为情节犯还是行为犯、准抽象危险犯，相对于结

[①] 黄旭巍：《污染环境罪法益保护早期化之展开》，《法学》2016年第7期。
[②] 陈洪兵：《解释论视野下的污染环境罪》，《政治与法律》2015年第7期。

果犯而言，这一规定显然降低了入罪门槛，明显表现出了法益保护早期化特征。我国有学者甚至认为，这一修改打开了危险犯进入环境犯罪的通道，刑事治理在面对环境犯罪时早期化趋势已经显现。① 而《刑法修正案（十一）》在环境犯罪领域规定的新罪以及对原有犯罪增设的构成要件，都采用了情节犯而非结果犯模式，也表现出了法益保护早期化思维。

对于法益保护早期化的合理性与正当性，学界形成了正反两方面观点。支持的观点认为，"在危险社会里，为了有效保护法益，法益保护早期化行为入罪是必要的。"② 为实现一般预防目的且为弥补其他手段在遏制风险方面的无效性，有必要扩大法益保护范围，简单地以刑法谦抑性否定法益保护早期化并不合理。③ 反对观点则认为，法益保护早期化是风险刑法的表现，而风险刑法是反法治的，在具体犯罪的处罚上存在全面风险化的倾向。④ 我们原则上持赞同支持的观点。不过不可否认的是，刑法本质上是一种"恶"，将某种行为规定为犯罪后，对社会造成的不利后果可能会大于其产生的收益。⑤ 因此，不能忽视法益保护早期化潜藏着的这种"恶"的危险。就此而言，我们赞同支持观点是有条件的，换句话说，法益保护早期化的"早期程度"并非没有界限的，而是必须坚守合理性的限度。本文将以法益保护早期化理论为中心，完成以下三个命题的论述：（1）环境法益保护早期化的正当性基础何在？（2）如何确立环境法益保护早期化的限度？（3）在合理的限度内，如何进一步完善我国的环境刑事立法？

二 环境法益保护早期化的正当性基础

（一）宪法和环境政策基础

强化刑法对生态环境的保护是刑法呼应我国宪法和环境政策的要求。我国《宪法》第9条第2款规定："国家保障自然资源的合理利用，保护

---

① 刘艳红：《环境犯罪刑事治理早期化之反对》，《政治与法律》2015年第7期。
② 马克昌：《危险社会与法益保护早期化》，《人民检察》2010年第3期。
③ 吕英杰：《风险刑法下的法益保护》，《吉林大学社会科学学报》2013年第4期。
④ 刘艳红："风险刑法"不能动摇刑法谦抑主义》，《法商研究》2011年第4期。
⑤ 参见王强军《刑法干预前置化的反思》，《中国法学》2021年第3期。

珍贵的动物和植物。禁止任何组织或个人用任何手段侵占和破坏自然资源。"《宪法》第26条第1款规定："国家保护和改善生活环境和生态环境，防治污染和其他公害。"上述规定是我国环境国策的宪法表述。这两项规定实际上包含了"应当"的价值判断，这意味着保护生态环境是宪法给国家设定的义务。① 立法者通过刑法强化对生态环境的保护，具有坚实的宪法基础，而且这也是国家履行宪法义务的方式。根据这一宪法精神，国家总结和吸取了传统忽视环境保护发展模式的经验教训，提出了科学发展观、人与自然和谐的生态文明观等旨在强化生态保护、促进人与自然和谐共处的环境理念和环境政策。而环境国策和具体时期的环境政策又成为了环境刑事政策的渊源，为国家制定环境刑事政策提供了依据。当前，我国已经确立了严厉打击环境犯罪的刑事政策。② 环境犯罪领域的刑事立法在这一刑事政策的指导下，选择扩大环境犯罪圈，降低环境犯罪的入罪门槛，显然也是与我国宪法与环境国策相契合的。

（二）现实基础：风险社会下对生态破坏的集体焦虑

扩大环境领域犯罪圈、法益保护早期化等立法举措都是立法者关注我国国民重大关切的结果。正如习近平总书记指出："老百姓过去'盼温饱'现在'盼环保'，过去'求生存'现在'求生态'。"③ 在经济发展帮助国民满足了基本物质需求后，人们开始追求在舒适惬意的环境中实现和发展自己的价值。但是，当前的生态环境质量却远远无法满足国民的期待。在当今所处的风险社会，环境污染和资源破坏已成为了风险社会的典型体现，④ 生态环境破坏的风险使人们陷入集体性焦虑，人们越来越重视其所享有的生态环境利益。而"在公众确认生活利益的重要性以后，立法者也会'情同此心'，以刑法典的形式固定、确保这些利益，这就是刑法的法益保护机能"。⑤ 据此，我国刑法加强对生态环境的保护，既是对风险社会

---

① 陈海嵩：《国家环境保护义务的溯源与展开》，《法学研究》2014年第3期。
② 参见焦艳鹏《打击污染环境犯罪当用重典》，《人民论坛》2019年第25期。
③ 中共中央宣传部：《习近平系列重要讲话读本》，学习出版社、人民出版社2014年版，第123页。
④ 古承宗：《刑法的象征化与规制理性》，（台北）元照出版有限公司2017年版，第152页。
⑤ 周光权：《论刑法的公众认同》，《中国法学》2003年第1期。

下生态环境遭受严重破坏的法律应对，也是对公众眼中的重要生活利益的确认。比如，《刑法修正案（十一）》（草案）第 25 条将以食用为目的非法猎捕、收购、运输、出售特定陆生野生动物行为规定为犯罪，显然是因为食用野生动物引发的"SARS"和"新冠肺炎"给人们带来了恐惧，立法者为了避免类似的灾难发生以及缓解国民焦虑，故通过刑事立法对相关行为予以禁止从而实现对国民重要生活利益的保护。

（三）哲学基础：中西生态伦理思想的合力

哲学能够促进人进行反思。人时刻处在自然当中，人在与自然的交往中不断反思，凝结成了深刻的哲学思想。这些思想对我国生态文明建设提供了指导，也为我国构建环境刑法机制提供了哲学根基。

1. 天人合一的哲学观念。天人合一是我国古代提出的一个重要哲学命题。尽管"天"在中国古代思想中具有不同的隐喻意义，[①] 但不容否认的是，其中一个最基本的意义即为自然。这一观念蕴含着丰富的生态保护思想。在精神层面，天人合一意指人应敬畏自然。董仲舒提出"天人之际，合而为一"，认为人与"天"命运同体，因而应当维护天道，维护人与自然的和谐。宋代的儒学家程颢进一步发展了董仲舒的思想，指出："人与天地一物也，而人特自小之，何哉？"[②] 需指出的是，不同于"天"具有多重含义，"天地"通常是指大自然。[③] 根据这一观点，人与自然处于一个整体中，人相对于自然来说是一种渺小的存在，因此人应当保护、敬畏自然。在生活实践层面，天人合一要求百姓的耕作合乎自然规律。这主要表现在古代政治家提出的"时禁"制度上。譬如《礼记·祭义》曾言："树木以时伐焉，禽兽以时杀焉。"就是要求百姓合理利用自然资源，注重让自然休养生息，保障自然的永续发展。不难发现，我国《刑法》第 340 条规定的非法捕捞水产品罪的立法目的与这一思想是一脉相承的。该条禁止

[①] 比如冯友兰认为，儒家所称的"天"有五义：与地相对的物质、有人格的主宰、人生中无可奈何的命运、自然、宇宙最高义理之天。参见冯友兰《中国哲学史》，中华书局 1961 年版，第 55 页。

[②] 黄宗羲：《宋元学案》（第 1 册），中华书局 1980 年版，第 555 页。

[③] 何怀宏：《儒家生态伦理思想述略》，《中国人民大学学报》2000 年第 2 期。

在禁渔区、禁渔期或者使用禁用的工具、方法捕捞水产品,目的也是确保水产品有充足的时间和空间生长,从而使水产品资源得以合理利用。由此可见,天人合一思想不仅把人的命运与自然的命运联系、交织在一起,而且据此还发展出一套保护自然资源的行为规范。我国刑法不断加强对环境的保护,显然也从古代智慧中汲取了营养。

2. 生物中心主义伦理观。传统的人类中心主义伦理观把自然视为客体,作为主体的人可以根据需要改造自然。但是,人类中心主义容易导致征服、主宰自然的人类沙文主义。随着环保意识的增强,西方伦理学家提出了生物中心主义概念。该伦理观将价值赋予整体生态系统。[①] 换言之,在该伦理观下,人与自然不再是传统的主体与客体二元关系,两者是平等的,且处在同一个整体当中。每一个生命个体都具有独立的价值和权利,人的价值并不高于其他生命,因此每一个生命都值得人类尊重和保护。当然,这种生态伦理观未必是合理的。首先,它扩展了人类伦理共同体,"要求接纳环境要素如动物为人类道德的主体或人与动物间道德的主体",但"将人类道德适用于动物,只能是一种乌托邦式的幻想"。[②] 其次,当人的生命与其他生物的生命存在冲突时该如何取舍,这种伦理观难以给出令人满意的回答。而且,让人们保护和尊重对生活有害的生物,或者为保护动物而成为彻底的素食主义者,至少目前是难以接受的。可即便如此,也不能全盘否定它的价值。它的提出能使人类更客观、理性地思考人与自然的关系,这至少有助于人类从"唯我独尊"的思维中跳脱出来,并认真思考生态环境对于人类发展的重要性。

三 环境刑法法益保护早期化的风险及限度

如上所述,在环境领域犯罪圈扩张过程中,法益保护早期化趋势及其风险成为了学界关注的焦点。因此,当前的首要任务是认清法益保护早期化的风险何在,以及提出有效的理论控制这一风险。

---

① 叶平:《人与自然:西方生态伦理学概述》,《自然辩证法研究》1991年第11期。
② 陈本寒、周平:《动物法律地位之探讨》,《中国法学》2002年第6期。

（一）法益保护早期化的风险

面对风险社会下生态环境破坏的严峻形势，完全否定法益保护早期化的环境刑事立法显然是不明智的。而且可以预见的是，将来我国环境领域犯罪圈也必将会进一步扩张，而且完全有可能规定法益保护早期化罪名。但是，刑事立法也应时刻警惕法益保护早期化所带来的法治风险。这些风险大致表现在以下几方面。

其一，环境犯罪主要保护的是集体法益，而集体法益是通过限制国民自由来实现保护目的的，集体法益与个人自由处于此消彼长的紧张关系中。因此，集体法益的过度扩张必然会使国民权利和自由陷于萎缩，形成对国民行动自由的妨碍。正如我国学者所言："如果无限制地承认刑法对集体法益的保护，会使刑法演变成防范未来风险的工具，法的人权保障机能被忽略，法的安全性被消解。"[①] 其二，法益保护早期化条款可能导致刑法规定的无效。法益保护早期化条款的目的在于预防危害结果的发生，而如果该条款不能减少现实中危害结果的发生，那么这一条款就是无效的，有沦为象征化立法的嫌疑。而需指出的是，若不遵守一定的限度，法益保护早期化条款可能不仅会专注于生态危险的调控，甚至会发展到试图全面消除生态风险的野心。但是，风险具有高度的不确定性、不可预测性。人在行为时往往无法科学理性地判断风险的走向，故也无法依据刑法规范自己的行为。如此，即便有刑法的规定，某些时候人们也无法提前消除风险，因此，刑法提前对风险进行预防和消除的愿望恐怕难以实现，这样的刑法规范是无效的。其三，法益保护早期化可能与普遍接受的刑法理论相冲突。比如有论者就指出，法益保护早期化不仅可能导致刑法的处罚界限变得模糊，而且会使罪责伦理陷入困境且与传统刑法的基本原则发生冲突。[②] 可见，关键的问题或许不是一味地肯定或者否定环境领域的法益保护早期化立法，而是在设置法益保护早期化犯罪时应谨守一定限度，从而使其不丧失刑事立法所要求的正当性。

[①] 王永茜：《论集体法益的刑法保护》，《环球法律评论》2013年第4期。
[②] 陈晓明：《风险社会之刑法应对》，《法学研究》2009年第6期。

(二) 环境领域法益保护早期化的限度

既然法益保护早期化存在反法治的风险，就应当坚守合理的限度。我们认为，生态环境领域法益保护早期化立法的合理限度可从两方面框定，第一是科学确定环境刑法所保护的法益，第二是通过宪法关联下的法益保护理论划定法益保护早期化的范围。

1. 环境刑法保护的法益：生态法益之否定

为了加强对生态环境的保护，有学者主张将"生态法益"确立为环境犯罪所保护的法益。对于生态法益概念，学界有不同的理解。一种观点认为，污染环境罪所保护的法益即为环境本身，公共安全只是该罪保护的次要、间接性法益。[1] 另一种观点则认为，生态法益的主体并不是"生态"，而是说应将生态法益放在人身法益、财产法益等同一层面进行理解，刑法所保护的生态法益也是人在生态领域内所享有的利益。[2] 但是，我们认为，生态法益概念实无多大必要。以下分别对上述两种观点予以说明。

对于生态法益即为环境本身的观点，存在如下疑问。第一，该观点违背了普遍接受的法益理论。一般认为，刑法保护的法益都是人的利益，"法益一以贯之的终极意义就是由法律所承认和保护的人的利益"。[3] 作为超个人法益的国家法益和社会法益，无一例外均能还原为个人法益。"在完全不会发生对人的法益侵害的场合，就应该避免刑罚权的行使。"[4] 据此，刑法保护环境利益的前提在于该法益能够还原为人的利益，否则就不能被刑法保护。而将环境本身等同于生态法益的观点，明显与当前普遍认可的"人本法益论"相冲突。第二，将环境本身作为法益主体，其实是主张将环境等同于人看待，依此之见，动物、植物、空气、土壤等环境要素都应接纳为人类道德的主体。但这显然是生物中心主义伦理观的立场。这种观点虽然有助于生态环境的保护，但是它否认了人类的主体地位，由此

---

[1] 陈洪兵：《解释论视野下的污染环境罪》，《政治与法律》2015年第7期。
[2] 焦艳鹏：《生态文明视野下生态法益的刑事法律保护》，《法学评论》2013年第3期。
[3] 孙国祥：《集体法益的刑法保护及其边界》，《法学研究》2018年第6期。
[4] 姚贝、王拓：《法益保护前置化问题研究》，《中国刑事法杂志》2012年第1期。

可能产生生物还原主义的倾向，消解了人之为人的存在。①

对于后一种生态法益学说，其合理性也值得商榷。如上所述，生态法益概念的提倡者指出，根据法益内容的划分标准，生态法益是一种与人身法益、财产法益并立的实体利益。有论者进一步将生态法益分为可类型化的生态法益和不可类型化的生态法益，前者包括传统的人身法益与财产法益，后者则是指除人身法益和财产法益之外的其他生态法益，比如，环境资源管理制度即属于"其他生态法益"。② 可是，其一，论者既然认为生态法益的主体是人，那么生态法益必然可以还原为人身利益或者财产利益等实体利益。这些利益是可以类型化并明确表述出来的，故完全没有必要用一个抽象模糊的概念进行概括，否则将会严重削弱法益的解释论机能。其二，立法者在制定任何刑法条款时都会基于某个明确的目的，即为了保护某种特定、明确的法益。相反，所要保护的法益越抽象、概括，相应的刑法条文也就越不明确。以保护生态法益这类抽象模糊法益为目的的刑事立法，在条文的表述上必然也会缺乏明确性，这种刑事立法势必存在违背罪刑法定原则的风险。其三，认为为保护"其他生态法益"如国家环境资源管理制度而将相应的行为规定为犯罪，也是不合理的。本质上说，环境资源管理制度只能定位于刑法保护的表面法益，因为维护管理制度并不是刑法的最终目的，其最终目的是保护寄居在管理制度中的人的各种利益。从理论上说，不存在只保护管理制度而不保护人的利益的刑法规定。

我们认为，破坏环境资源犯罪保护的法益不可一概而论。第一，污染环境犯罪保护的主要法益为公共安全，即不特定多数人的生命、财产安全。人类的生存和发展时刻依托着生态环境，土壤、水源、空气、阳光等环境要素的质量与每个人的生命健康都休戚相关，一旦这些环境要素遭受破坏，则意味着人类的"底座安全"受到侵害甚至摧毁。③ 特别是在当今的工业社会，科技的发展使环境污染造成的结果具有空前的蔓延性和破坏性，在此时此地发生的环境污染事件，完全可能在彼时彼地对国民的生

---

① 曹孟勤：《自然即人，人即自然》，《伦理学研究》2010年第1期。
② 焦艳鹏：《生态文明保障的刑法机制》，《中国社会科学》2017年第11期。
③ 王振：《物种入侵：环境刑法的新界域》，《北华大学学报》（社会科学版）2013年第2期。

命、财产形成危害。从我国现行环境刑法看,《刑法》第338条规定的污染环境罪、第339条第1款和第2款分别规定的非法处置进口的固体废物罪和擅自进口固体废物罪等,目的都在于防止环境污染行为对公共安全造成的实际损害或危险。

第二,破坏自然资源犯罪保护的主要法益为国家或集体对自然资源的所有权,次要法益为公共安全(但不是所有破坏自然资源犯罪都会侵害该法益)。根据我国《宪法》第9条规定,自然资源所有权分国家所有(即全民所有)和集体所有两种形式。[①] 对于集体所有的情形,比如集体所有的农用地,破坏自然资源无疑侵害了集体中的公民的财产权。对于国家所有的情形也是如此。行为人对矿藏、林木、珍贵、稀有物种等具有价值的自然资源进行破坏,则侵犯了国家或者说全民的财产所有权。此外,破坏自然资源行为也有可能对公共安全造成威胁,比如严重的非法采矿、破坏性采矿行为即有可能引发泥石流、山体滑坡等危害公共安全的结果。但这种结果或危险的发生具有不确定性(或说比较抽象),因此只能视为这类犯罪保护的次要法益。

2. 以宪法关联下的法益保护理论划定法益保护早期化的范围

通过扩大犯罪圈以及法益保护早期化手段强化对生态环境的保护,从国民的直觉信念来说,确实具有必要性和合理性。但法益保护早期化也蕴含着反法治风险。因此,法益保护早期化理论需要"建立起相应的理论"对其进行修正。我们认为,宪法关联下的法益保护理论可以实现这一功能。

在我国,法益理论一直被认为具有立法批判机能,能够为刑事立法划定合理的界限。其基本内容为,只有在行为侵害了值得被刑法保护的法益时,才能将该行为规定为犯罪。首先,这要求行为侵害了某种法益。法益是人的生活利益,即属于人的生命、健康、财产、名誉等权利或利益;不是人的权利或利益如动物的权利,不能被刑法保护。其次,刑法对法益只具有辅助性的保护功能,换言之,刑法仅对重要性的法益予以保护。"法

---

① 我国《宪法》第9条第1款规定:"矿藏、水流、森林、山岭、草原、荒地、滩涂等自然资源,都属于国家所有,即全民所有;由法律规定属于集体所有的森林和山岭、草原、荒地、滩涂除外。"

益并非仅由刑法保护,其他法律都在不同程度上保护各种法益"①,因此,对于法益侵害性较小的行为,不应当被刑法规定为犯罪,而应当由其他部门法或者其他社会手段进行规制。这也是我国《刑法》第13条但书的应然之义。

但问题是,法益理论具有专注保护对象的特征,"缺乏先天自由主义内涵"②,因此仅凭借法益理论来限制刑事立法存在局限。而宪法是以保护个人自由为天职的,宪法的这一职能可以调和法益理论在价值取向上的人为性。因此,法益理论在指导刑事立法过程中必须受到宪法的限制,刑法所保护的法益不得逾越宪法设定的边界。基于此,划定环境刑法正当性的限度可从两方面展开。

第一,环境刑法必须着眼于公共安全和国家财产权的保护,与人无关的生态法益不是环境刑法保护的对象。对于不至于侵害公共安全的轻微的环境资源破坏的行为,对国家财产权造成轻微损害的行为(如猎杀少量普通野生动物),以及只侵害生态环境自身"权利"的行为(如人为改变动物的迁徙路径,但未对动物造成实质性伤害),不能规定为环境犯罪。

第二,立法者必须正确甄别对法益造成侵害及其危险的行为,而不能将犯罪圈扩展到仅具有风险的行为。通常来说,刑法意义上的危险具有一定的确定性。比如未遂犯,在实行行为已经着手实施后,所指向的法益就已经受到了紧迫的威胁。再如抽象的危险犯。抽象危险犯的危险也不是完全抽象的,其"虽然将处罚的时点提前到法益侵害的危险状态,但仍是以实行行为的实施为前提的,而只要实行行为已经实施,那么侵害结果的发生几乎就不可避免"③。可见,刑法中规制的危险,通常都具有向现实危害定向发展的特征。但是,风险则具有中立性、高度的不确定性和不可预测性特征。在事前角度看,风险既有可能变坏而成为危险或实害,也有可能变好而转化为利益,或者可能变得不好不坏而变成一种中性的事态。刑法

---

① 张明楷:《避免将行政违法认定为刑事犯罪:理念、方法与路径》,《中国法学》2017年第4期。
② 冀洋:《法益保护原则:立法批判功能的证伪》,《政治与法律》2019年第10期。
③ 王良顺:《预防性法的合理性及限度》,《法商研究》2019年第6期。

若试图不加区别地消除风险，则人类的创新将会陷于停滞，人们生活也将缺乏活力而变成一潭死水。

社会当然也充斥着生态环境破坏的风险，化工厂、核电站、工程建设、水利开发、考古挖掘等都可能导致生态环境的破坏。从功利角度考量，这种风险是没必要也不可能动用刑法予以全部消除的。只有当风险失控并且发展到危险的程度，刑法才有介入的可能。① 换句话说，国家不应因为化工厂具有破坏生态环境的风险而设置法益保护早期化条文全面禁止化工厂的建立，但当化工厂超标排放废水废气，且从概率上说，这种排放有可能对公共安全造成威胁时，才可将该排放行为规定为犯罪。

四 环境刑法的完善方向

总体上说，要保证将来我国环境刑事立法的合理性，既要对环境犯罪保护的法益有正确的认识，又必须充分发挥宪法关联下的法益保护理论对刑事立法的指导作用。

（一）将污染环境犯罪调整至危害公共安全罪一章中

我国现行刑法将污染环境犯罪集中规定在第六章"妨害社会管理秩序罪"中，传统学说认为，本章中的犯罪侵害的法益（客体）为社会管理秩序。② 如果认为污染环境犯罪所侵害的法益（客体）是国家环境资源保护制度，那么，将该类罪规定在妨害社会管理秩序罪中也不存在多大的疑问。但是，环境资源保护制度并不能成为设立该类犯罪最根本的目的。如上所述，该类犯罪所要保护的真正法益是公共安全，即不特定多数人的生命、财产安全。众所周知，我国刑法分则的章节是以同类法益的标准进行排列的。既然污染环境犯罪保护的法益为公共安全，那么，将其调整至刑法分则第二章"危害公共安全罪"中，就能更好地保持刑法体系的协调

---

① 刑法在出现危险时介入，并不代表必须将相应犯罪设置为危险犯。这是不同的两个问题。因为结果犯同样可以根据未遂犯或预备犯原理对危险进行规制。

② 高铭暄、马克昌：《刑法学》（第9版），北京大学出版社、高等教育出版社2019年版，第519页。

性。而且，将污染环境犯罪调整至第二章"公共安全犯罪"中也能够更好地指导刑事立法。因为这一体系位置相当于明确地宣告：只有对公共安全造成侵害或危险的污染环境行为才能规定为环境犯罪，对于只侵害环境自身利益的行为，则不能规定为污染环境犯罪。实际上，有些国家的刑法也采取了这种结构安排。比如1999年《德国刑法典》第29章以专章形式规定的"污染环境罪"，即是列于"公共危险罪"编内；① 此外，日本在制定刑法典修正草案时，也将污染大气、水源、河川、饮用水等罪名规定在"关于公众健康之罪"中。②

但是，部分学者并不认同上述观点。比如，现在有一种观点主张，应将刑法分则第六章规定的环境资源破坏罪独立出来，并将分散在刑法分则各章节有关环境犯罪的规定纳入其中，单独成立一章，排在《刑法》分则第五章"侵犯财产罪"之后、第六章"妨害社会管理秩序"之前。③ 我们对此不以为然。虽然环境犯罪独立成章有助于强化刑法对环境犯罪的治理和环境犯罪的类型化，④ 但我们认为，这难以成为支撑环境犯罪独立成章的充足理由。第一，污染环境犯罪与破坏自然资源犯罪保护的主要法益不同，故将其设置在同一章中并不合理。第二，立法体例无疑可以表明立法者对某类行为重视程度，因此，如果说将环境犯罪单独成章并且置于第五章与第六章之间是为了表明国家对环境保护的重视态度，那么，将污染环境犯罪置于第二章"危害公共安全罪"中，则更能表明国家的重视态度。因为刑法分则的章节是按照法益的重要程度排列的，国家对位于前面章节的犯罪通常要比后面章节的犯罪更为重视。由此，就实现这一目的而言，将污染环境犯罪规定在第二章比规定在第五章、第六章之间更可取且有效。第三，没有必要通过环境犯罪单独成章来实现环境犯罪的类型化。刑

---

① 杨华：《生态环境的保护与刑法功能的完善》，《云南民族大学学报》（哲学社会科学版）2008年第2期。

② 不过，在新修订的刑法典颁布时，"关于公众健康之罪"改为了"有关饮用水的犯罪"。参见《日本刑法典》，张明楷译，法律出版社2006年版，第53页。

③ 参见李恒远、张纪文主编《中国环境法治》（2010年卷），法律出版社2009年版，第219页；赵秉志、陈璐《当代中国环境犯罪刑法立法及其完善研究》，《现代法学》2011年第6期。

④ 赵秉志：《中国环境犯罪的立法演进及其思考》，载赵秉志主编《刑事法治发展研究报告》（2016—2017年卷），法律出版社2018年版，第205页。

法是一个有序的体系；为了实现整体的有序性、体系性，有时立法者不得不以牺牲某类犯罪的类型化为代价，将某些在一定标准看来具有类同性的犯罪拆分开来。但这种拆分不是随意的，而是严格依据刑法体例的编排标准，即法益的同类性。比如，将动植物检疫徇私舞弊罪、动植物检疫失职罪等规定在第九章渎职罪中，是因为它们侵犯的主要法益是国家机关的正常管理活动。若将其规定到环境犯罪中，或许有利于环境犯罪的进一步类型化，但同时却损害了渎职罪的类型化。此外，若依照环境领域的犯罪应当集中规定在一起的逻辑，与走私、渎职、公司等有关的犯罪也应当规定在一起。但是，所谓的"领域"是不存在明确划分标准的，不同领域之间完全可能存在交叉。如走私珍贵动物、珍贵动物制品罪与走私珍稀植物、珍稀植物制品罪显然就同时分属环境犯罪领域与走私犯罪领域。将其从走私罪中分离出来规定到环境犯罪中，并不当然合理。概言之，从维护刑法整体体系性而言，刑法体例的编排仍应坚持同类法益的标准，而不是所谓的"类型"或"领域"标准。

（二）环境刑法的展望：新罪的增设与处置措施的完善

刑法作为国家与公民制定的契约，需要政府与公民、政治国家与社会在对公共生活的沟通中达成共识才具有正当性。故刑法在治理生态环境犯罪时应同时重视国民的两方面重大关切——平衡保护生态的诉求和保障人权的底线，环境刑法的正当性才能得到公众的认同。

首先，国家有必要在宪法关联下的法益保护理论检验下进一步扩大生态领域犯罪圈。比如，草原、湿地是生态环境的重要组成部分，对生态系统发挥着重要的调节作用。但如今非法开垦草原、湿地，或者在生态脆弱的草原上放牧、采挖植物的行为对草原、湿地造成了严重破坏，这不仅会使生态系统遭到破坏、失衡，而且由此导致的沙漠化、盐碱化、泥石流等遭害严重威胁到了国民的生命、财产安全。因此，将严重破坏草原、湿地行为犯罪化是完全符合宪法关联下的法益保护理论的。但是，对于有学者提出的增设虐待动物罪的主张，[①] 我们并不认同。因为法益理论要受到宪

---

① 赵秉志、陈璐：《当代中国环境犯罪刑法立法及其完善研究》，《现代法学》2011年第6期。

法基本人权的限制，而动物并不具有宪法所保护的人权。此外，环境犯罪保护的法益是不特定多数人生命、财产安全或国家财产安全，尽管动物的利益一定程度也与人的利益勾连在一起，但是对普通动物的虐待恐怕难以对公共安全或财产造成值得刑罚处罚的危害。因此，刑法不应当将虐待动物行为规定为犯罪。

其次，为强化环境刑法的人权保障机能，应当坚持刑法谦抑性的旨趣。如前所述，谦抑性的旨趣在于，在扩张生态领域犯罪圈的同时，推进刑罚的轻缓化。我们认为，对于未造成严重后果的生态环境犯罪，对其配置的法定刑可适度降低。但为强化对犯罪的预防效果，环境犯罪的刑罚可作如下调整。（1）提高罚金刑的数额。生态环境犯罪大多属于贪利型犯罪，而实施贪利型犯罪的行为人通常对金钱最为敏感。因此，对这类行为人处以罚金能够实现较好的预防效果，盲目提高自由刑反而可能形成刑罚过剩的弊端。我国刑法对环境资源犯罪均配置了罚金刑，但我国当前对罚金刑的数额没有确定固定标准，且普遍偏低，缺乏威慑力，[①] 在这种情况下，破坏生态环境所承担的成本过低以至于难以消除行为人的贪利心理。因此，刑法通过提高罚金刑的数额，可以增强对生态环境犯罪的预防效果。（2）增设"修复生态环境"附加刑。传统刑罚正当性理论的关注点在于"国家—犯罪人"的关系，重视的是如何实现对罪犯的报复以及犯罪的预防，而忽视了对被害人权利的保护与恢复，使刑法的法益保护机能大打折扣。[②] 换句话说，尽管对生态环境犯罪行为人适用自由刑或罚金刑能够实现报应和预防效果，但这种刑罚对于既成的生态环境破坏事实却无济于事，被破坏的生态环境并没有因为刑罚的实施而得到任何改观。为改变这种保护不力的状况，将来的生态环境刑事立法可以考虑增设"修复生态环境"这一附加刑，加强对已被破坏的生态环境进行修复。但需指出的是，这一附加刑不能适用于所有的生态环境犯罪。一般而言，生态环境犯罪侵害的法益包括可恢复性法益

---

① 高铭暄、郭玮：《论我国环境犯罪刑事政策》，《中国地质大学学报》（社会科学版）2019年第5期。
② 杨红梅：《生态环境修复中刑法正当性适用问题研究》，《云南师范大学学报》（哲学社会科学版）2019年第2期。

（如滥伐林木）和不可恢复性法益（如猎杀濒危野生动物），只有侵害可恢复性法益的犯罪，如对草原资源造成破坏、对河流造成的污染，才有增设"修复生态环境"附加刑的空间。

（王秀梅，北京师范大学刑事法律科学研究院教授、博士生导师，G20反腐败追逃追赃研究中心执行主任，国际刑法学协会副主席暨中国分会秘书长；戴小强，北京师范大学刑事法律科学研究院刑法专业博士研究生。）

高空抛物"入刑"的正当根据及其体系性诠释*

曹 波

一 问题缘起

近年来,高空抛物致人损伤事件频繁现诸报端,成为高度关注的社会议题。为有效规制高空抛物行为,守护人民群众"头顶上的安全",最高人民法院在总结既有高空抛物案件裁判经验的基础上,于2019年10月发布《关于依法妥善审理高空抛物、坠物案件的意见》(以下简称《审理高空抛物、坠物案件意见》),明确高空抛物、坠物案件中侵权责任与刑事责任的司法规则等;2020年5月28日通过的中华人民共和国首部法典《民法典》明文规定禁止从建筑物中抛掷物品,从建筑物中抛掷物品造成他人损害的,由侵权人依法承担侵权责任;同年6月28日初次提请全国人大常委会审议的《刑法修正案(十一)》(草案)第1条在《刑法》第114条中新增两款,将"从高空抛掷物品,危及公共安全的"行为正式纳入刑法规制范围。综合观之,完善高空抛物民事侵权责任认定规则得到社会的普遍认可,[①]强化对高空抛物行为的刑事规制、运用刑事制裁预防高空抛物行为虽然被肯定为本次刑法修正的"看点"之一,但却引起不小争论,出现否定高空抛物条款为独立罪名的主张,[②] 以及认为高空抛物"入刑"是情绪性立法的表现,

---

* 本文系中国博士后科学基金第67批面上资助项目"刑事治理现代化内在逻辑与推进路径研究"(项目编号:2020M673298)的阶段性成果。
① 参见王利明《论高楼抛物致人损害责任的完善》,《法学杂志》2020年第1期。
② 夏勇:《高空抛物的刑法定位——关于〈刑法修正案(十一)(草案)〉第一条的理解和改进》,《法治研究》2020年第5期。

进而呼吁删除《刑法修正案（十一）》（草案）第 1 条的见解。① 本文对否定高空抛物条款为独立罪名条款以及删除该条款的见解持怀疑立场。《刑法修正案（十一）》（草案）将危及公共安全的高空抛物行为"入刑"，以抽象危险犯的形式加以明文规定，契合时代发展的客观需要，具备刑事政策及刑法教义学上的法理根据，同时兼顾罪刑法定与罪责刑相适应两大刑法基本原则，既有助于完善高空抛物法律规制体系，又能推动对不同类型高空抛物案件的准确认定，理应得到理解包容和肯定支持。

二 高空抛物"入刑"契合时代发展的客观需要

法律具有强烈目的理性导向，必然要透过各种合理体制机制安排，主动因应社会发展现实，回应社会民众关切，不断提升社会公众的幸福感。日渐频发的高空抛掷物品事件严重威胁社会公众的生命健康与财产安全，削弱民众安居乐业的安全感与安宁感，妨害人民群众追求新时代美好生活，已成为引发民间纠纷矛盾的重要隐患，系社会治理现代化所针对的重点对象，将其纳入刑法规制范围契合当前时代发展的客观需要。

（一）高空抛物高发频发折射出该行为社会危害性日趋严重

犯罪乃严重危害社会之行为，而犯罪行为内含之严重社会危害性绝非凝固不变，而特定行为社会性质及社会意义的转变从根本上要求属于最正式社会调整机制的法律作出联动反应，并由此诱发法律的"立、改、废、释"。21 世纪以来，我国加速推进城市化建设，人民群众的居住环境得以明显改善，但与此同时，部分民众的法律规则意识和思想道德修养却未随居住楼层的升高而提高，长期被认定为社会陋习的高空抛物案件高发频发，其社会危害性日渐凸显。据不完全统计，我国目前每年发生的高空抛物案件已超 1000 起，高空抛物致人损伤的悲剧挑动着社会公众的神经，让身处高楼时代的人们陷入了对"天降横祸"的无尽恐慌之中，被称为"悬在城市上空的痛"，

---

① 韩轶：《刑法更新应坚持谦抑性本质——以〈刑法修正案（十一）（草案）〉为视角》，《法治研究》2020 年第 5 期。

其与日常生活中最常见的乱扔垃圾齐名,并列社会不文明行为排名榜第二,但所带来的危害显然远远大于乱扔垃圾。① 相比而言,高空抛物对公共安全的威胁程度丝毫不输于已经"入刑"的危险驾驶行为,毕竟高空抛物具有较强的隐秘性和偶然性,社会公众对其往往缺乏必要的预见和预防,难以及时有效地避免"飞来横祸"的侵害。鉴于事关"出行中的安全"之危险驾驶行为早已属刑法规制之对象,将影响"头顶上的安全"、危及公共安全的高空抛物行为纳入刑法规制的范围亦有其必要性。

(二) 现有民事侵权责任机制难以有效地遏制高空抛物行为

长期以来,运用民事侵权责任机制规制要求抛物者赔偿高空抛物造成的人身财产损失,成为域内外高空抛物法律规制模式的优先选项和通行做法。我国2009年颁布的《侵权责任法》规定了从建筑物中抛掷物品致人损害的建筑物致人损害责任认定规则,《民法典》在延续这一规则的基础上,特别明确"禁止从建筑物中抛掷物品"的禁止性义务规定,从而为公权力介入高空抛物案件、查明实际侵权人,甚至是为刑事责任的依法追究提供相应的实体法依据,使得查明客观真实、平衡救济被害人与保护建筑物使用人,以及惩罚与预防危及公共安全的高空抛物行为等多重价值追求得以和谐共融并圆满实现。

然而,高空抛物的民事追究与刑事追责的规范目的与规范意涵存在根本差异,单纯的民事追究无法完整涵摄刑事追责的具体情形,也无法充分实现刑事追责的特殊价值。其一,高空抛物的刑事追责旨在通过对危及公共安全的高空抛物者施加与其罪责程度相应的刑事制裁,预防社会公众及犯罪人将来实施高空抛物的危害行为,传递出对行为人实施危及公共安全之高空抛物行为的强烈谴责和否定性评价,而高空抛物的民事追究意在弥合被害人因高空抛物遭受的财产损失和精神损害,基本不涉及对高空抛物者的专门非难。其二,高空抛物的民事追究只能针对高空抛物造成他人损害的情形,对虽具有相当危险性却未造成他人损害后果的高空抛物行为抑

---

① 张凤波:《惩治高空抛物、抢夺方向盘,法律当亮牙齿》,《中国应急管理报》2020年7月4日第3版。

或行为人在主观故意支配下实施了尚未造成严重后果但已危及公共安全的高空抛物行为,民事追究显无用武之地。其三,高空抛物的民事追究既可以针对侵权人有过错地造成他人损害的情形,追究侵权者过错赔偿责任,也能够在严格限制下基于公平原则的考虑,要求无过错的建筑物使用者履行公平补偿义务;但是受到责任主义约束的刑法只能对有过错地实施严重危害社会行为者施以规范报应,不能对缺乏规范报应必要性的无过错者或者超逸其规范报应程度追究刑事责任。

"若感觉民事上的救济是不充分的话,为了覆盖这样的问题,犯罪化的领域就会得以扩张。"① 对造成他人损害后果的高空抛物行为,应根据行为人主观过错类型以及危害后果表现形式,依法追究行为人的刑事责任。自不待言的是,对高空抛掷物品造成他人损害(经济损失)的高空抛物者,除依法进行刑事追责外,还须根据《刑法》第36条以及民法典的相关规定判处赔偿经济损失,这是高空抛物民事追究与刑事追责的衔接与融合的表现。不过,对虽未造成他人损害后果但却具有内在高度风险的高空抛物行为,作为法益保护机制的法律不应当视若无睹、置若罔闻,而需根据不同法律机制的特殊性给予适当的有效应对。刑法是以预防再犯为旨归的法益保护法,将危及公共安全之高空抛物行为进行必要的犯罪化,既是完善涉高空抛物的刑事罪名体系的内在需要,也是破解高空抛物事件民事救济不足困境的客观要求,是强化高空抛物法律规制体系刑民衔接的直接呈现。

(三)高空抛物"入刑"符合社会主要矛盾变迁的时代期待

党的十九大报告指出,"中国特色社会主义进入新时代,我国社会主要矛盾已经转化为人民日益增长的美好生活需要和不平衡不充分的发展之间的矛盾"。我国社会主要矛盾的变化是巨大的、深刻的、系统的关系全局的历史性变化,并集中体现于人民日益增长的美好生活需要实质内涵的转变。"与物质文化需要相比,人民美好生活需要的内容更广泛。它不仅包括物质文化需要这些客观'硬需要'的全部内容,还包括其衍生的获得感、幸福

---

① [日]山口厚:《刑法总论》(第3版),付立庆译,中国人民大学出版社2018年版,第6页。

感、安全感和尊严、权利等具有主观色彩的'软需要'。"① 较之于直接、积极增加属于客观"硬需要"的物质文化产品，作为制裁法与其他法律之保障法的刑法主要是通过依法惩治严重侵害法益行为，实现法益保护、秩序维护和安全保障，为社会发展供给安全、安定和安宁等"软需要"。

毋庸讳言，在层次丰富多元的美好生活"软需要"中，安全感系处于相对较低层次的需要，是其他类别"软需要"得以满足的前提和保障。通常而言，安全感是与恐惧感相对的心理感受，是一个人在社会生活中没有持续的恐惧感。以马斯洛需求层次理论为依据，安全需求位居人类需求第二位，仅次于生理需要。国家起码的责任就是要保障社会公众的安全以及安全感，当社会公众生活在恐惧当中之时，也是国家治理出现问题之时。② 高空抛物行为既可能给人民群众的人身财产安全造成现实性的物质损害，也可能仅停留在威胁人身财产安全的危险性后果层面。根据危险指向对象及其性质的差异，高空抛物带来的危险状态可区分为威胁特定（少数）法益主体之人身财产安全的"特定危险"以及危及不特定或多数人人身财产安全的"公共危险"，而根据危险状态的严重程度以及客观现实化难易度之区别，高空抛物带来的公共危险状态又可进一步分为"足以危害公共安全"的具体危险与"危及公共安全"的抽象危险。

正是考虑到高空抛物行为发生时间、场所、侵害对象、侵害程度等方面均具有高度随机性、偶然性和不确定性，社会公众因无从提防随时可能发生的"飞来横祸"而陷入恐惧与不安，《刑法修正案（十一）》（草案）才将危及公共安全的高空抛物行为专门纳入刑法规制范围，以期在填补刑罚处罚空白，完善高空抛物刑法规制体系的同时，通过前移高空抛物行为法律规制的刑法防线，避免高空抛物行为恶化为更严重的犯罪，由此切实有效地遏制高空抛物现象，保障人民群众"头顶上的安全"。

（四）高空抛物"入刑"是当前刑事治理现代化的客观需要

"刑事治理现代化乃国家治理现代化的核心组成，是衡量新时代国家

---

① 辛鸣：《正确认识我国社会主要矛盾的变化》，《人民日报》2017年11月3日第7版。
② 闾丘露薇：《我所理解的世界》，上海交通大学出版社2016年版，第187页。

治理水平以及经济社会现代化程度的重要参考。"① 高空抛物"入刑"完整地呈现了对刑事治理现代化之"四个治理维度"的贯彻与坚持，是推进刑事治理现代化的客观需要。其一，高空抛物"入刑"是刑事治理现代化之系统治理的重要内容。将危及公共安全的高空抛物行为纳入刑法规制范围，是高空抛物治理主体内部合理分工、各自优势充分释放的表现，尤其是展现了国家（政府）在社会治理难以有效规制高空抛物现象的前提下，积极履行自身社会服务职能，主动担起强化高空抛物治理力度和效益的责任。其二，高空抛物"入刑"采用立法犯罪化的方式，使刑事制裁危及公共安全的高空抛物行为获得刑法的明文规定，有助于确保国家刑罚权在罪刑法定原则的约束下始终在法治轨道上规范且准确运行。其三，高空抛物"入刑"强调在既有道德评价及民事侵权责任机制、行政处罚机制的基础上，通过将危及公共安全的高空抛物行为纳入犯罪圈，拓展并健全高空抛物法律规制机制，补齐高空抛物刑事治理的短板与缺漏。其四，就高空抛物内在危险的现实化阶段来看，高空抛物行为危害后果大致会经历"抽象危险—具体危险—物质结果"三种样态的转变，本次刑法修正在原有至多以刑罚惩罚处于具体危险状态的高空抛物行为的基础上，将刑法介入高空抛物法律规制的时间节点提前至对危及公共安全的抽象危险状态，使高空抛物刑事治理的锋芒尽可能地指向犯罪发生或者发展的源头。

三 高空抛物"入刑"具备刑事法理的正当根据

如果说高空抛物"入刑"契合社会发展的客观需要是从宏观维度探寻《刑法修正案（十一）》（草案）将危及公共安全之高空抛物行为纳入刑法规制范围的现实背景以及不同部门法之间的衔接互补，毋宁说高空抛物"入刑"的刑事法理正当根据则更多从刑事法学内部，挖掘将危及公共安全之高空抛物行为犯罪化的微观正当性与合理性，由此为《刑法修正案（十一）》（草案）第1条寻获坚实的法理基础。

---

① 高铭暄、傅跃建：《新时代刑事治理现代化研究》，《上海政法学院学报》2020年第4期。

(一) 高空抛物"入刑"是完善刑法分则罪名体系的现实需要

通常而言,若现有刑法规范已经能够实现对高空抛物行为不法与罪责全面评价,尚未出现需要刑事立法填补的处罚漏洞,那么通过刑法修正增设新罪名专门规制高空抛物行为将显得毫无价值。在本文看来,《刑法修正案(十一)》(草案)以抽象危险犯的形式增设高空抛物罪,在填补处罚漏洞、完善罪名体系方面具有不可替代的作用。

1. 高空抛物罪应为理解危及公共安全的抽象危险犯而非具体危险犯

从《刑法修正案(十一)》(草案)第1条规定的罪状来看,绝非任意高空抛掷物品的行为均构成犯罪,高空抛物罪的构成要求高空抛掷物品达到"危及公共安全"的危险程度。然而,对于"危及公共安全"的实质内涵以及价值功能,理论界存在不同理解,相关争议特别集中于"危及公共安全"是否与刑法分则条文中常见的"足以危害公共安全"具有同等内涵?有学者提出,刑法分则中"危及公共安全"与"足以危害公共安全"具有相同的内涵,都是具体危险犯的立法标识;抽象危险犯与具体危险犯的区别在于抽象危险犯之抽象危险无须司法者独立审查,而具体危险犯之具体危险需要司法者结合行为时的情状予以独立审查。[①] 对此,本文持怀疑态度。

其一,从法律文本规范性以及法秩序统一性要求出发,立法者对法律文本术语的适用应当保持协调一致,即对相同对象的描述与概括应当尽可能使用相同术语,对不同对象的描述与区分应当尽可能适用不同术语。现行刑法对具体危险犯之危险状态的描述除采用"尚未造成严重后果"作为立法提示外,还采用"足以"的立法表述。[②]《刑法修正案(十一)》(草案)第1条特别使用与"足以"明显区别的"危及"描述高空抛物行为入罪的门槛,说明草案起草者有意识地将高空抛物罪设置为抽象危险犯。

[①] 何显兵:《〈刑法修正案(十一)(草案)〉对部分罪名法定刑调整的探析》,《天津法学》2020年第4期。

[②] 刑法分则共有六处以"足以"提示具体危险犯的条文,分别是"足以使火车、汽车、电车、船只、航空器发生倾覆、毁坏危险"(《刑法》第116条、第117条)、"足以造成严重食物中毒事故或者其他严重食源性疾病的"(《刑法》第143条)、"足以严重危害人体健康的"(《刑法》第145条)、"足以造成严重后果的"[《刑法》第321条第1款第(二)项]以及"足以严重危害人体健康的"(《刑法》第334条)。

这在《草案》第 7 条关于罪状的表述中也得到印证，起草者在该条中明确以"足以严重危害人体健康的"提示具体危险犯，根据反对解释的规则，《草案》第 1 条"危及公共安全"的表述意在表明高空抛物罪乃抽象危险犯。

其二，从法定刑配置来看，高空抛物罪的法定刑为"处拘役或者管制，并处或者单处罚金"，意味着高空抛物罪乃继危险驾驶罪、使用虚假身份证件、盗用身份证件罪及代替考试罪之后的第四个微罪罪名。姑且不论属于妨害社会管理秩序犯罪的两个微罪罪名，作为危害公共安全犯罪的微罪，危险驾驶罪与高空抛物罪在不法与责任的质与量上均具有高度的相似性，而危险驾驶罪乃公认之抽象危险犯，类比可知，高空抛物罪也应属于抽象危险犯。

其三，通说关于具体危险犯与抽象危险犯界分之形式标准——是否需要司法者具体审查——值得商榷。此种形式化的区分标准并未真正把握住二者的实质内涵，并诱发诸多似是而非的争议。立足法益保护说的基本立场，具体危险犯与抽象危险犯中的"危险"都是相对于实际造成法益损害之威胁法益，具体与抽象的界分标准应聚焦于对威胁法益的具体程度以及法益实际遭受损害的现实性、紧迫性。"无论具体危险犯或抽象危险犯，皆同属于危险犯之性质，并无本质之不同，两者之差异仅在于具体危险（即发生法益侵害之危险性或可能性较高者）与抽象危险（即发生法益侵害之危险性或可能性较低者）之不同而已。"[①] 作为法益侵害说的自然延伸，具体危险犯与抽象危险犯的界分标准也应实现由形式到实质的转变。

2. 作为抽象危险犯的高空抛物罪难以为现有罪名体系直接覆盖

《刑法修正案（十一）》（草案）在刑法第 114 条增设第 3、4 款规定高空抛物罪，侧重高空抛物行为对公共安全的现实威胁，是在危害公共安全犯罪的体系内设置高空抛物罪。然而，我国现行刑法对故意危害公共安全行为的规制并不包含仅造成公共安全抽象危险的高空抛物行为。由于危及公共安全的高空抛物行为尚停留在抽象危险犯的阶段，与刑法第 114 条

---

① 陈子平：《刑法总论》（上册），（台北）元照出版有限公司 2005 年版，第 93 页。

规定的作为具体危险犯或者基本犯的以危险方法危害公共安全罪在不法与责任的评价上皆存在相当距离，由此出现现行刑法在高空抛物仅危及公共安全却未"足以危害公共安全"或"尚未造成严重后果"的场合出现评价空档与处罚漏洞。《刑法修正案（十一）》（草案）增设作为抽象危险犯的高空抛物罪，补齐刑法规制高空抛物行为的罪名体系，使高空抛物罪与既有之以危险方法危害公共安全罪一道形成刑法规制危害公共安全之高空抛物行为的全覆盖。

3. 作为抽象危险犯的高空抛物罪难以通过未遂犯或预备犯评价

兴许有学者主张，虽然现行刑法缺乏直接规制高空抛物行为的专门罪名，但通过认定为以危险方法危害公共安全罪的未遂犯或预备犯将单纯危及公共安全之高空抛物行为纳入刑法规制范围。应当承认，此种见解对于解决高空抛物刑法规制具有一定的创新性，但却与高空抛物以及未遂犯或者预备犯的构造明显龃龉。作为故意犯罪未完成形态的预备犯与未遂犯是在犯罪行为实施过程中因为意志以外的原因而被迫停止（未能着手实行犯罪或者未能达到犯罪既遂），以至于未完成犯罪既遂所要求的要件要素，属于特定犯罪行为发展阶段客观终止的犯罪样态。《刑法修正案（十一）》（草案）第1条所规制的高空抛物行为虽然是仅具有抽象危险的犯罪行为，但评价焦点在于作为完整行为的高空抛物行为自身内含以及最终呈现之危及公共安全的抽象危险，此种抽象危险既可以是行为属性维度的危险性，也可以是结果属性维度的轻度危险，但决不是针对高空抛物行为实施过程中的终止情形，缺乏认定为以危险方法危害公共安全罪预备犯或未遂犯的构造性特征。

（二）高空抛物"入刑"是匡正刑事司法偏误的应然举措

尽管长期以来高空抛物现象得到社会公众的普遍关注，但高空抛物的刑事司法实践却非总是尽如人意。尤其是受具体法益类别司法认定标准模糊性及其他主客观因素的制约，既有高空抛物刑事司法出现必须避免的司法偏差，特别体现在错误认定"公共安全"的实质内涵，将原本属于侵害人身权犯罪、财产权犯罪的高空抛物行为不当认定为以危险方法危害公共安全罪。

《审理高空抛物、坠物案件意见》第5条明确高空抛物"足以危害公共安全"的判断素材和判断规则，忠实地坚守刑法理论界关于"公共安全"界定的通说立场。不过考虑到高空抛物刑事司法中长期存在的偏误，笔者曾发出隐忧认为，"在司法实践中，部分法院长期将高空抛物致人损伤的行为不当地评价为以危险性方法危害公共安全罪，而《意见》却变相地肯定此种司法立场的合理性，这一做法极可能助推某些高空抛物行为本身没有危及公共安全却也被错误地认定为以危险方法危害公共安全罪"。[①] 遗憾的是，当初的隐忧似乎得到当前刑事司法的印证。

《审理高空抛物、坠物案件意见》虽然强调高空抛物行为构成以危险方法危害公共安全罪必须达到"足以危害公共安全"之具体危险程度，但该意见的"良苦用心"基本未得到刑事司法的真切理解，以至于刑事司法在处理高空抛物案件时在该司法解释的"庇护"下，更加"光明正大"地进行不当扩张甚至类推适用《刑法》第114条的规定。例如，广受媒体报道的"上海高空抛物入刑首案"及"成都高空抛物入刑第一案"中，司法者是否准确依照《审理高空抛物、坠物案件意见》所确立的"足以危害公共安全"的判断机制，则不无怀疑的必要。在该二案中，被告人渐次从14楼抛出手机、平板电脑、水果刀等物以及从10楼抛出菜刀所可能同时侵犯的对象是否具有"不特定性"，是否具有向"多数人"或者"众人"拓展的可能性，是否仍在原本将侵害对象的随机性或偶然性误认为公共安全涉及对象不特定性的错误道路上继续行走，值得深思。

《刑法修正案（十一）》（草案）明确危及公共安全之高空抛物行为的罪刑规范，相对准确地划定危及公共安全之高空抛物行为与足以危害公共安全之高空抛物行为的界限，有助于防止刑事司法不当认定"公共安全"、人为拔高单纯危及公共安全之高空抛物行为的刑事责任，从而匡正刑事司法在处理高空抛物案件中长期存在的偏差或错误，是以刑事立法斧正刑事司法的生动范例。

（三）高空抛物"入刑"是贯彻刑法基本原则的具体体现

作为刑事立法的"璀璨明珠"，刑法基本原则是作用于刑事法治全部

[①] 曹波、文小丽：《高空抛物危及公共安全的司法认定规则——兼评〈最高人民法院关于依法妥善审理高空抛物、坠物案件的意见〉》，《贵州大学学报》（社会科学版）2020年第3期。

环节,对刑事法治具有纲领性、全局性及贯穿性功能的基本思想、理念。①《刑法修正案(十一)》(草案)通过立法犯罪化的方式将危及公共安全的高空抛物行为纳入刑法规制范围,精准地贯彻了罪刑法定与罪责刑相适应两项刑法基本原则。

一方面,高空抛物"入刑"有助于准确评定高空抛物行为的不法属性,有效规避以危险方法危害共安全罪的"口袋化"特征。由于刑法分则缺乏对高空抛物行为的直接规制,刑事司法实践为回应社会关切,不得不通过司法解释或者个案处理的方式将高空抛物行为如前述那般不当地认定为以危险方法危害公共安全罪,从而在虚化以危险方法危害公共安全罪不法内涵的同时,加剧本来就被指斥为"口袋罪"的以危险方法危害公共安全罪的"口袋化"特征。本次高空抛物行为直接"入刑"为将来准确处理此类案件供给明确的罪刑规范,使对高空抛物行为的刑法规制再度回到法治轨道,系对罪刑法定原则应有的回归和坚守。

另一方面,重罪重罚、轻罪轻罚乃罪刑相适应原则最基本的内涵和要义。《刑法修正案(十一)》(草案)使用区别于《审理高空抛物、坠物案件意见》规定之"足以危害公共安全"的"危及公共安全",显然已经正确认识到单纯危及公共安全的高空抛物行为与足以评价为以危险方法危害公共安全罪的高空抛物行为在不法与罪责性质和程度上的固有差异,从而将危及公共安全的高空抛物行为从作为整体的高空抛物行为中明确剥离出来。这无疑能够在相当意义上避免将仅有抽象危险性而尚未达到"足以危害公共安全"或"尚未造成严重后果"之具体危险程度的高空抛物行为不当地拔高评价为以危险方法危害公共安全罪,是刑事立法践行罪刑相适应原则的客观写照。

四 高空抛物"入刑"后的体系性适用规则

高空抛物"入刑"势必塑造出刑法典与司法解释共同规制高空抛物现象的格局,如何体系性适用相关罪刑规范成为关键,同时高空抛物罪刑规

---

① 高铭暄:《刑法基本原则的司法实践与完善》,《国家检察官学院学报》2019年第5期。

范的体系性适用也从反面证成高空抛物"入刑"有其必要性和正当性。根据侵害法益种类及其程度的差异，高空抛物罪刑规范的体系性适用包括以下四个维度。

（一）尚未危及公共安全的高空抛物，应当依法认定为无罪

刑法的任务乃保护法益不受犯罪所侵犯，而犯罪的本质恰在于严重侵犯法益，对于根本未侵害法益抑或法益侵害性较轻微的行为，刑事立法与刑事司法均应进行除罪化处理。《刑法修正案（十一）》（草案）为高空抛物罪专门设计"危及公共安全"的构成要素，意在强调虽然实施高空抛物行为但却未危及公共安全的，应依法认定为无罪。事实上，草案起草者为危及公共安全之高空抛物行为配置的法定刑仅为"处拘役或者管制，并处或者单处罚金"，法定最低刑为"单处罚金"，而尚未危及公共安全之高空抛物行为在不法程度上显著低于高空抛物罪，其行为人的法律责任应当远低于高空抛物罪行为人，应受之法律制裁亦应低于高空抛物罪的法定刑（低于"单处罚金"）。基于此，对在人迹罕至的场所抛掷物品、抛掷不可能造成他人损害的物品（如在高空抛掷缺乏实际侵害性的垃圾）、抛掷的物品仅可能造成特定少数人甚至是个别人损害（如在高空抛掷烟灰缸、菜刀）等尚未危及公共安全的高空抛物行为，不论从形式上（缺乏罪刑规范）还是从实质上（缺乏值得刑罚处罚的法益侵害性）均应认定为无罪。同时需要提及的是，因民法典对高空抛物的规制仅限于"造成他人损害"的场合，所以此种行为虽有违民法典之禁止性规定，但却无法引起民事侵权责任。

（二）对公共安全造成抽象危险的高空抛物，应当依法认定为高空抛物罪

高空抛物行为若已对不特定多数人的生命、身体或财物等法益造成程度相对轻微的抽象危险，即高空抛物行为对公共安全造成的危险状态尚未达到紧迫性、现实性和严重性的标准，则应评价为《刑法修正案（十一）》（草案）规定之"危及公共安全"，肯定行为构成高空抛物罪。通常而言，"危及公共安全"应更多地理解为高空抛物行为的危险性（行为属性），是高空抛物行为本身所具有的导致公共安全遭受轻度威胁的属性，而非高空抛物行为所导致的公共安全遭受威胁的状态（结果危险）。由此，作为抽象危险犯，高空抛物罪的司法裁判无须专门、主动审查行为人抛掷物品行为对公共安全的具体威胁程度，"危及公共安全"要素应当从消极层面进行诠释，其实际教义学功能主要体现为排除前述尚未危及公共安全的高空抛物行为的刑事可罚性，而非为高空抛物罪的构成提供积极的违法内容。

（三）对公共安全造成具体危险或者实害结果的高空抛物，应当依法认定为以危险方法危害公共安全罪

根据《刑法修正案（十一）》（草案）第1条第2款，行为同时构成高空抛物罪与其他更为严重犯罪的，即出现犯罪竞合时，应当认定为其他更为严重的犯罪。较之高空抛物罪成立所需的"危及公共安全"，若根据行为人的动机、抛物场所、抛掷物的情况，高空抛物行为已对不特定多数人的生命、身体或财产造成了现实、紧迫的危险抑或行为人高空抛掷物品已经造成不特定多数人重伤、死亡或者使公私财产遭受重大损失，如高空抛掷煤气罐、高空抛撒铁钉等，则应根据《刑法》第114条或第115条以以危险方法危害公共安全罪定罪科刑，毕竟此种高空抛物行为内在不法的质与量业已远远超越仅需要"危及公共安全"之抽象危险状态即可构成的高空抛物罪。

（四）对造成特定或者少数人人身财产损失的高空抛物，应当依法认定为侵犯人身权犯罪或财产权犯罪

高空抛物行为除对公共安全造成威胁或者实害外，还可能对特定或者少数人（主要是个别人）的人身财产造成损失，对此类行为应当结合行为人高空抛物行为的危险性、损害后果的具体表现以及主观罪过的具体形式，精细化地评价行为的刑法性质，依法认定为侵害公民人身权犯罪或财产犯罪。比如，在朱亚坤故意毁坏财物案中，被告人朱亚坤来到乐清市待拆迁房子楼顶，通过高空抛物的方式，将中国铁塔股份有限公司温州分公司放置该处的一台户外一体化电源抛到楼下毁坏，被判决构成故意毁坏财物罪。[1] 朱亚坤高空抛掷户外一体化电源的行为致使该财物摔坏，毁坏了

---

[1] 参见乐清市人民法院（2020）浙0382刑初165号刑事判决书。

被害单位价值较大的财物，应依法构成故意毁坏财物罪，但就《刑法修正案（十一）》（草案）来看，朱亚坤的行为还同时对公共安全造成威胁，应根据其抛掷行为对公共安全造成威胁的具体程度，分别认定为高空抛物罪或以危险方法危害公共安全罪，属于故意毁坏财物罪与高空抛物罪（或以危险方法危害公共安全罪）的想象竞合，应从一重罪处断。

五　结语

为满足我国经济转型和社会转轨的现实需要，并回应人民群众对美好生活向往的普遍关切，我国刑法典逐步进入了频繁修正的"立法活跃期"，刑法典修正时间间隔之短、修正条文数量之多、修正内容涉面之广、修正意义价值之重，均相对罕见。受益于刑法修正对三大立法原则的积极贯彻，立法机关通过各种形式和渠道向社会公布刑法修正的草案，征求社会公众对刑法修正的意见并择善而从，使刑法修正的科学性和民主性得到极大提升。出于增强刑法修正质量和效益的考量，社会各界在对刑法修正草案研讨过程中，理应保持充分的善意，精准考察草案研拟的时代背景和问题意识，全面剖析草案条款的现实价值和法律基础，科学诠释新增条文后与既有条文之间的衔接以及其体系化适用等，不宜轻易否定或者主张删除草案条款。本次刑法修正拟将高空抛物正式"入刑"，回应了当前社会公众对"头顶上安全"的普遍关切和现实需要，健全并提升了高空抛物法律治理体系和治理能力，较好地兼顾了罪刑法定和罪责刑相适应两项刑法基本原则，对于我国依法、有力、高效治理高空抛物意义重大，亟待得到更为广泛的理解、支持和鼓励。

（作者为贵州大学法学院副教授、硕士生导师，贵州基层社会治理创新高端智库研究员，中国社会科学院法学研究所暨贵州省社会科学院联合培养博士后。本文原载《河北法学》2021年第2期，收入本书时略有修改。）

第二编

疫情防控与刑法

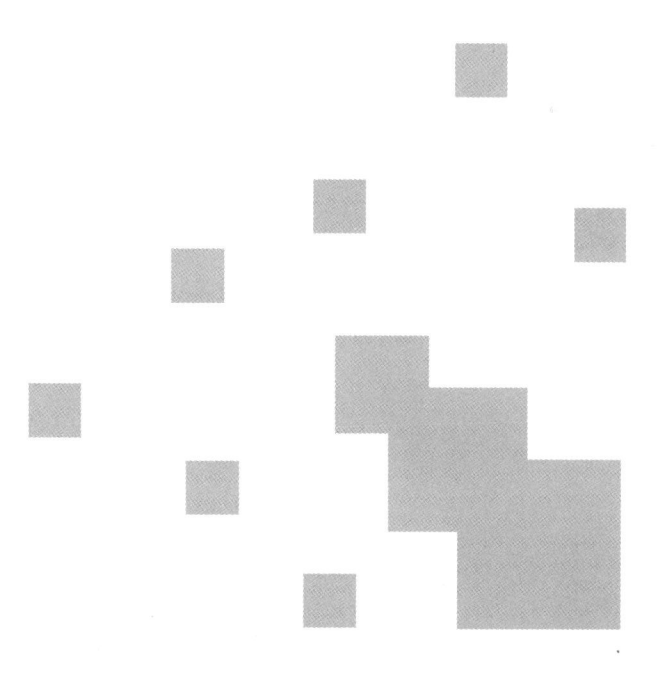

我国传染性疾病刑法治理体系的检视与完善

梅传强

一 问题的提出：新冠肺炎疫情"大考"亟待刑法回应

新冠肺炎（COVID-19）作为典型的重大传染性疾病，一经暴发便迅速演变成中华人民共和国成立以来传播速度最快、感染范围最广、防控难度最大的一次重大突发公共卫生事件，同时，也一跃成为我国推进国家治理体系和治理能力现代化进程中的一次重大危机和空前大考。在党中央的坚强领导和全国上下的共同努力下，此次疫情得到了有效防控，中国特色社会主义的制度优势也得到了集中凸显，但在充分肯定这种制度优势和治理效能的同时，也要正视疫情防控过程中暴露出的问题和不足。在继续加大技术性防控力度、提升科学防控能力的同时，更要注重制度供给侧的结构性改革，尤其是加强法律制度层面的规范供给，为传染性疾病治理体系和治理能力现代化提供制度支撑和规范保障。刑法作为社会治理的重要手段，是国家传染性疾病治理体系的重要组成部分，在传染性疾病治理实践中发挥着不可替代的作用。然而，透过此次疫情"大考"可以发现，在预防公共卫生风险、治理传染性疾病方面，我国《刑法》存在明显的漏洞，在规制部分涉疫情犯罪行为时，还存在力有不逮和适用冲突的问题，因而极有必要从科学立法的视角加以积极回应。本文拟在系统梳理传染性疾病刑法治理规范体系的基础上，透过新冠肺炎疫情防控实践，检视传染性疾病刑法治理规范体系的不足和缺陷，并尝试提出相应的立法建议，以期为我国传染性疾病刑法治理体系的完善提供学理参考。

二 传染性疾病刑法治理体系的实践检视

我国传染性疾病刑法治理规范体系主要是在1997年《刑法》全面修订的基础上，历经2001年《刑法修正案（三）》的部分修正，以及2020年《刑法修正案（十一）》的补充完善而建构起来的。尽管这些规范在传染性疾病防控方面发挥了积极作用，但从当前我国传染性疾病的防治和公共卫生安全的保护需要看，这些规范的滞后性特征仍然突出，尤其是透过此次新冠肺炎疫情防控"大考"可以清晰地看到，我国传染性疾病刑法治理规范体系存在诸多漏洞，在规制相关涉疫情犯罪行为时出现了力有不逮、适用冲突的尴尬局面。限于篇幅，本文拟对以下几点比较突出的问题予以检视。

（一）妨害传染病防治罪的规制范围狭窄

从立法沿革上看，1979年《刑法》中并没有规定妨害传染病防治罪，该罪的规定最早可以追溯到1997年《刑法》。在1997年《刑法》修订时，该罪所规制的四种行为类型基本原文参考了1989年《传染病防治法》第35条的规定，[①]并维持原状直到2020年《刑法修正案（十一）》的出台，即便是《刑法修正案（十一）》在第330条中增加了"出售、运输疫区中被传染病病原体污染或者可能被传染病病原体污染的物品，未进行消毒处理的"情形，这也未能改变该罪规制行为范围狭窄的局面。然而，与之成明显对比的是，鉴于2003年SARS疫情所暴露的规范短板及应对重大疫情

---

① 1989年《传染病防治法》第35条规定："违反本法规定，有下列行为之一的，由县级以上政府卫生行政部门责令限期改正，可以处以罚款；有造成传染病流行危险的，由卫生行政部门报请同级政府采取强制措施：（一）供水单位供应的饮用水不符合国家规定的卫生标准的；（二）拒绝按照卫生防疫机构提出的卫生要求，对传染病病原体污染的污水、污物、粪便进行消毒处理的；（三）准许或者纵容传染病病人、病原携带者和疑似传染病病人从事国务院卫生行政部门规定禁止从事的易使该传染病扩散的工作的；（四）拒绝执行卫生防疫机构依照本法提出的其他预防、控制措施的。"

的需要，《传染病防治法》分别在 2004 年和 2013 年进行了两次修订，修订后的《传染病防治法》不仅在条文数量上有了较大的增加，从原先的 41 个条文增加到目前的 80 个条文，而且在规范内容上也更加细化、详尽，具体表现之一就是大幅拓展了妨害传染病防治的违法行为类型，将原来的四种行为类型拓展到几十种之多。从法律衔接层面上看，现行《刑法》和《传染病防治法》对于妨害传染病防治行为的规制出现了严重脱节，许多违反《传染病防治法》的违法行为，如"违反国家有关规定，采集、保藏、携带、运输和使用传染病菌种、毒种和传染病检测样本"等无法得到应有的刑法评价。这不仅在形式上有损法规范的体系化和法秩序的统一性，致使刑法丧失在传染性疾病防治法律体系中的"保障法"地位，而且也在实践中严重制约了刑法对妨害传染病防治行为的打击，使得刑法难以起到有效保障人们的生命安全、身体健康以及维护正常的传染病防治管理秩序的作用。因此，现行刑法中的妨害传染病防治罪亟须结合前置法的规定和传染性疾病的防治需要进行修改完善。

（二）涉野生动物违法行为的规制不足

无论是此前发生在我国的"SARS"、高致病性禽流感和本次的新冠肺炎，还是发生在其他国家和地区的埃博拉、中东呼吸综合征等重大传染性疾病，都被科学证明多数病原体来自野生动物或与之相关。例如，非洲绿猴、果子狸、蝙蝠等携带 MERS、SARS、H7N9 等病毒，特别是从蝙蝠体内分离的病毒多达 130 多种。人类与野生动物的密切接触，是诱发传染性疾病的重要原因，尤其是捕食野生动物的行为，极大地增加了传染病病毒的感染和传播风险。自 2001 年以来，世界卫生组织（WHO）确认的 1100 多起具有全球影响的传染病事件中，超过 70% 是人兽共患传染病，来自野生动物的人兽共患传染病发生率随着时间推移正在上升。① 因此，防止野生动物疫源疫病向人类传播，保护人类健康和公共卫生安全，最简单、直接、有效的方法，就是通过一系列手段使人们与野生动物保持必要的"安

---

① 陈翔、胡志斌主编：《高等学校新型冠状病毒肺炎防控指南》，人民卫生出版社 2020 年版，第 3 页。

全距离",建立健全人们"不敢捕、不敢养、不敢食"的体制机制,并最终在社会上促成"不愿捕、不愿养、不愿食"的文化氛围。

从我国现实情况看,滥食野生动物的陋习一直存在,非法猎捕、非法交易野生动物的行为也屡禁不止,尤其是随着商业的愈加发达和人民物质生活条件的不断改善,近年来,在市场上掀起了"野味"热潮,部分人把食用"野味"当成身份、地位的象征和消费炫耀的资本。受此不良现象的影响和供需关系的支配,市场上也悄然形成了庞大的"野味产业",野生动物及其制品的交易极为频繁,对我国市场经济秩序和公共卫生安全形成极大威胁。因此,严厉打击涉野生动物的违法犯罪行为,坚决阻断野生动物疫源疫病向人类传播的可能途径,是实现传染性疾病源头治理的重要举措。正因为如此,本次新冠肺炎疫情暴发后,第十三届全国人大常委会第十六次会议于2020年2月24日表决通过了《关于全面禁止非法野生动物交易、革除滥食野生动物陋习、切实保障人民群众生命健康安全的决定》(以下简称《全面禁止非法野生动物交易的决定》),旗帜鲜明地确立了全面禁食野生动物的修法方向。

刑法是打击犯罪的直接依据和重要保障。对涉野生动物相关违法犯罪行为的打击,刑法不能缺席。从我国现行《刑法》规定看,涉及野生动物的罪名共有五个,分别为:走私珍贵动物、珍贵动物制品罪(第151条),非法捕捞水产品罪(第340条),危害珍贵、濒危野生动物罪(第341条),非法狩猎罪(第341条),非法猎捕、收购、运输、出售陆生野生动物罪(第341条)。但令人遗憾的是,从前述罪名和立法解释的具体内容看,我国刑法主要打击的是涉及国家重点保护的珍贵、濒危野生动物和没有合法来源证明的野生动物的相关违法犯罪行为,并没有过多地涉及针对疫源疫病野生动物的相关行为。即使《刑法修正案(十一)》增设第341条第3款非法猎捕、收购、运输、出售陆生野生动物罪,其目的也只是规制以食用为目的非法猎捕、收购、运输、出售一般野生动物的行为,而非单纯规制食用行为本身。进言之,我国现行《刑法》规定的涉野生动物罪名,在立法目的上更倾向于强调的是对野生动物资源和野生动物狩猎管理秩序的保护,在立场上秉持的是基于生物多样性和生态平衡的生态安全保护,并没有完全实现从预防重大传染性疾病的目的和维护公共卫生安全的立场，对涉疫源、疫病野生动物的相关违法行为进行规制的希冀。显然，我国现行刑法对涉疫源、疫病野生动物相关行为规制的仍然存在不足，这充分说明立法者对野生动物疫源疫病引发的公共卫生安全威胁不够重视，这不仅难以对涉疫源、疫病野生动物的相关违法行为进行严厉打击，而且无法从源头对传染性疾病进行防控。

（三）生物安全风险防范的应对乏力

《中华人民共和国生物安全法》第2条规定："本法规所称生物安全，是指国家有效防范和应对危险生物因子及相关因素威胁，生物技术能够稳定健康发展，人民生命健康和生态系统相对处于没有危险和不受威胁的状态，生物领域具备维护国家安全和持续发展的能力。"生物安全风险涉及的范围很广，重大传染性疾病、生物基因编辑、生物实验室事故、特殊生物资源消逝、外来物种入侵、生化武器袭击、生物恐怖袭击等都可以纳入生物安全风险的范畴。生物安全风险属于典型的非传统安全威胁，当前已经成为全世界、全人类共同面临的重大生存和发展威胁之一，各国也都在加紧完善有关生物安全防范的制度体系，积极构筑生物安全防线。例如，美国对生物安全问题就极为敏感，并在国家安全战略高度积极应对生物安全问题，2018年以来先后发布了《国家生物防御战略》《美国卫生安全国家行动计划》《国家卫生安全战略实施计划2019—2022》。

生物安全风险事关国家安全、经济发展和社会大局，具有极大的破坏力和危害性。一旦发生生物安全事故，不仅会造成大量的人员伤亡和财产损失，而且会形成群体性的社会恐慌，进而对国民经济发展和社会安全稳定造成极大冲击。因此，在风险社会的大背景下，生物安全的"弦"要时刻处于绷紧状态，防范和化解生物安全风险，建立健全生物安全治理体系，应当成为国家治理的重要任务。本次新冠肺炎疫情发生后，生物安全风险防范问题也引起了党和国家的高度重视。2020年2月14日，习近平总书记在中央全面深化改革委员会第十二次会议上强调："要从保护人民健康、保障国家安全、维护国家长治久安的高度，把生物安全纳入国家安全体系，系统规划国家生物安全风险防控和治理体系建设，全面提高国家生物安全治理能力。"① 这一重要论述，为我国防范和化解生物安全风险、提升国家生物安全治理能力的制度设计指明了方向。与此同时，科技部也紧急出台了《关于加强新冠病毒高等级病毒微生物实验室生物安全管理的指导意见》，要求各主管部门要加强对实验室，特别是对病毒的管理，确保生物安全。

生物安全风险的防范，要以法治作为后盾，将法治思维和法治方法贯穿始终，从立法、执法、司法、守法各环节发力，尽快完善我国生物安全法治体系。此次新冠肺炎疫情的暴发和应对，充分暴露了当前我国生物安全治理体系和治理能力的不足，尤其是"现有法律法规系统性、针对性不强，造成管理无法可依、缺乏操作性的局面"②。不仅处于前阶的行政法规范层面缺乏一部从整个生物安全的角度，对生物安全管理做出全面、系统规定的综合性立法，而且从处于"最后一道防线"的刑事法律层面来看，也没有构筑全面打击涉生物安全违法犯罪行为、维护国家生物安全的罪刑体系。从我国现行《刑法》的规定看，直接涉及生物安全保护的犯罪有传染病菌种、毒种扩散罪（第331条），非法采集人类遗传资源、走私人类遗传资源材料罪（第334之一），非法引进、释放、丢弃外来入侵物种罪（第344条之一），非法植入基因编辑、克隆胚胎罪（第336条之一），在客观上形成了初步的生物安全保护刑法规范体系。但是，若以"构建完备的传染性疾病刑事治理体系"为要求对现行刑法规范进行检视，那么可以发现我国的生物安全刑法保障体系还存在一定缺漏，仍需通过立法完善的方式作进一步填补：一方面，从现有的传染病菌种、毒种扩散罪的规定来看，其只是规制传染病菌种、毒种在实验、保藏、携带、运输环节的扩散行为，对于采集、检验、处置等环节的扩散行为也缺乏必要的规制；另一方面，从近年来发生的实验室事故、售卖实验动物③等案件可以看出，非法开展传染病病毒实验、非

---

① 参见中共中央党史和文献研究院编《习近平关于防范风险挑战、应对突发事件论述摘编》，中央文献出版社2020年版，第108页。
② 《生态环境部：疫情暴露生物安全治理能力不足》，第一财经网，https：//www.yicai.com/news/100524777.html。
③ 例如，2020年1月3日，吉林省松原市中级人民法院对中国工程院院士、中国农业大学教授李宁一案进行了公开宣判，对被告人李宁以贪污罪判处有期徒刑十二年，并处罚金人民币300万元。在法院认定事实中，就存在出售课题研究过程中淘汰的实验受体猪、牛等行为。

法处置传染病病毒实验动物等行为，也极易诱发传染性疾病传播，会对公共卫生安全造成极大威胁，亟待《刑法》对其进行规制。

（四）不报、缓报、谎报疫情的处罚失衡

实践证明，传染性疾病疫情的有效防控，就是跟时间赛跑，关键在于尽早控制传染源、积极切断传播途径、全面保护易感人群，对传染病人要早发现、早诊断、早报告、早隔离。因此，传染病疫情发生后，及时发现疫情并积极、如实上报，在疫情防控中至关重要。其不仅是地方和国家疫情防控部门对疫情进行精准研判和科学决策的重要依据，更是将疫情控制在初期的小范围之内，避免大范围扩散传播的关键之举；相反，如果传染病疫情发生后，负有疫情上报职责的相关人员基于种种自私考虑或者担责顾忌，不报或者缓报、谎报疫情信息，不仅会使上级有关部门难以及时知晓和掌握疫情动态，错失疫情防控的最佳时机，而且会给上级相关部门的疫情研判和防控决策造成不良干扰，最终会使小疫酿成大祸，给公众生命健康、社会安全稳定和国家经济发展造成难以挽回的重大损失。因此，对负有疫情报告职责的人员故意不报、缓报、谎报疫情信息的行为进行严厉打击，确保疫情发生后相关疫情信息能够及时、准确地上报到国家决策层面，对完善我国公共卫生安全体系而言具有非常重要的现实意义。

从我国现行《刑法》规定看，仅在第139条之一规定了"不报、谎报安全事故罪"，且主要规制的是"在安全事故发生后，负有报告职责的人员不报或者谎报事故情况，贻误事故抢救，情节严重"的行为，但并没有专门针对传染病疫情防控中故意不报、缓报、谎报疫情信息的罪名。按照2003年5月13日最高人民法院、最高人民检察院出台的《关于办理妨害预防、控制突发传染病疫情等灾害的刑事案件具体应用法律若干问题的解释》第16条的规定，在预防、控制突发传染病疫情等灾害期间，从事传染病防治工作的相关人员[①]，在代表政府卫生行政部门行使职权时，严重

---

① 根据《解释》规定，这些人员具体包括：在预防、控制突发传染病疫情等灾害期间，从事传染病防治的政府卫生行政部门的工作人员，或者在受政府卫生行政部门委托代表政府卫生行政部门行使职权的组织中从事公务的人员，或者虽未列入政府卫生行政部门人员编制但在政府卫生行政部门从事公务的人员。

不负责任，导致传染病传播或者流行，情节严重的，应当以传染病防治失职罪定罪处罚。其中，"隐瞒、缓报、谎报或者授意、指使、强令他人隐瞒、缓报、谎报疫情、灾情，造成传染范围扩大或者疫情、灾情加重的"属于情节严重的情形之一。最高人民检察院于2006年7月26日施行的《关于渎职侵权犯罪案件立案标准的规定》也将"在国家对突发传染病疫情等灾害采取预防、控制措施后，隐瞒、缓报、谎报或者授意、指使、强令他人隐瞒、缓报、谎报疫情、灾情，造成传染范围扩大或者疫情、灾情加重的"作为传染病防治失职罪立案的情形之一。

由此可见，从司法机关的立场来看，对于故意不报、缓报、谎报疫情的行为，应当按照传染病防治失职罪定罪处罚。但是，从《刑法》第409条的具体规定看，防治传染病失职罪主要规制的是"从事传染病防治的政府卫生行政部门的工作人员严重不负责任，不履行或者不认真履行传染病防治监管职责，导致传染病传播或者流行，情节严重"的行为，配置的最高法定刑仅为三年有期徒刑。无论从本罪是由一般玩忽职守罪中分化而来的立法沿革看，还是从本罪与滥用职权罪的关系、罪状中"严重不负责任"的表述以及法定刑的配置看，都充分说明本罪属于过失犯罪。[①] 显然，对于故意不报、缓报、谎报疫情信息，贻误疫情防控时机，导致传染病大范围扩散，造成人员伤亡和重大财产损失的行为，如果按照属于过失犯罪的传染病防治失职罪定罪处罚，不仅在主观要件上会突破罪刑法定原则的限制，而且在处罚上也难以做到罪刑相适应。因为即使按照本罪上限三年有期徒刑进行处罚，也难以与故意不报、缓报、谎报疫情行为的社会危害性（尤其是给公共卫生安全造成的危害结果）相均衡。

三　传染性疾病刑法治理体系的完善进路

（一）对妨害传染病防治罪的规制范围进行扩容

妨害传染病防治罪本属于疫情防控的核心罪名，承担着打击妨害传染

[①] 具体理由可参见谢望原、吴光侠《传染病防治失职罪研究》，《中国法学》2003年第4期。

病防治行为的重要任务,但从新冠肺炎疫情防控实践来看,由于规制范围的有限性,导致该罪在适用上出现了突破罪刑法定的尴尬。因此,有必要从立法上对妨害传染病防治罪进行适当的扩容。

具体而言,妨害传染病防治罪的行为规制模式应实现从"列举式"到"概括式"的转变。换言之,具体妨害传染病防治的行为不宜直接在刑法中列举,而应由前置性的《传染病防治法》具体规定。在《刑法修正案(十一)》出台前,《刑法》第330条列举的四类妨害传染病防治的行为,实际上是直接照搬1989年《传染病防治法》第35条规定的妨害传染病防治的违法行为,这严重滞后于刑法规范的时代性发展。即使是《刑法修正案(十一)》将"出售、运输疫区中被传染病病原体污染或者可能被传染病病原体污染的物品,未进行消毒处理的"这一情形扩充入妨害传染病防治罪的行为类型,但这仍然难以避免列举式规定的狭隘性缺陷,大量新类型的妨害传染病防治行为逃逸在刑法打击圈之外。因此,为了避免列举式立法"挂一漏万"的弊端,同时与前置性的传染病防治法保持紧密衔接,刑法在规制妨害传染病防治的违法行为时,不宜采用列举式立法,而应该基于本罪属于行政犯的特性,采取空白罪状的形式予以规定,依托《传染病防治法》对具体的犯罪行为类型进行认定。

综上,可以将《刑法》第330条修改为:"违反传染病防治法的规定,引起甲类传染病以及依法确定采取甲类传染病预防、控制措施的传染病传播或者有传播严重危险的,处三年以下有期徒刑或者拘役;后果特别严重的,处三年以上七年以下有期徒刑。单位犯前款罪的,对单位判处罚金,并对其直接负责的主管人员和其他直接责任人员,依照前款的规定处罚。甲类传染病和采取甲类传染病预防、控制措施的乙类传染病的范围,依照《中华人民共和国传染病防治法》和国务院有关规定确定。"

(二) 加强涉疫源疫病野生动物违法行为的打击

对涉疫源、疫病野生动物违法行为的打击,是从源头治理传染性疾病疫情的重要举措。如前所述,受以往野生动物相关立法"重保护、轻管理"的观念影响,我国现行刑法也没有对涉疫源、疫病野生动物的相关违法行为进行系统规制,导致相当一部分涉疫源、疫病野生动物的违法行为长期游离在刑法的打击范围之外。因此，刑法立法应该摒弃以往仅注重珍贵、濒危野生动物保护的单一立场，进而转向珍贵、濒危野生动物保护和疫源、疫病野生动物管理并重的复合立场，对涉及疫源、疫病野生动物的行为进行全链条打击，努力实现保护生态安全与公共卫生安全的有机统一，积极回应传染性疾病疫情防控的现实需要。具体而言，可以从以下几方面展开。

一是增设"非法食用野生动物、野生动物制品罪"。现行的野生动物保护法关于禁食野生动物的规定，仅限于国家重点保护的野生动物和没有合法来源、未经检疫合格的其他保护类野生动物，并没有直接涉及疫源、疫病野生动物。同时，《刑法修正案（十一）》增设第341条第3款非法猎捕、收购、运输、出售陆生野生动物罪，也仅仅规制了以食用为目的非法猎捕、收购、运输、出售一般野生动物的行为。因此，在《全面禁止非法野生动物交易的决定》已经明确确立了全面禁止食用野生动物基调的基础上，刑法也应该积极增设"非法食用野生动物、野生动物制品罪"。根据罪刑相适应原则，该罪的构成要件和法定刑，可以规定为："违反相关法律规定，食用未经国家依法许可食用或者检验检疫不合格的野生动物及其制品，情节严重的，处三年以下有期徒刑、拘役或者管制，并处罚金。"

二是增设"非法猎捕、杀害、饲养疫源疫病野生动物罪"和"非法收购、运输、出售、寄递、携带疫源疫病野生动物、疫源疫病野生动物制品罪"。增设"非法食用野生动物、野生动物制品罪"主要是从消费端遏制滥食疫源、疫病野生动物及其制品的行为。除此之外，还应该遏制供应端的相关行为，增设"非法猎捕、杀害、饲养疫源疫病野生动物罪"和"非法收购、运输、出售、寄递、携带疫源疫病野生动物、疫源疫病野生动物制品罪"。这两个罪可以在一个条文中予以规定，根据罪刑相适应原则，构成要件和法定刑可以规定为："非法猎捕、杀害、饲养国家规定的疫源疫病野生动物的，或者非法收购、运输、出售、寄递、携带国家规定的疫源疫病野生动物及其制品的，处五年以下有期徒刑或者拘役，并处罚金；情节严重的，处五年以上十年以下有期徒刑，并处罚金；情节特别严重的，处十年以上有期徒刑，并处罚金或者没收财产。疫源疫病野生动物的范围，依照相关法律法规和国务院有关规定确定。"

三是增设"非法生产疫源疫病野生动物制品罪"。近年来，为了迎合

"野味潮"和刺激野味消费,市场上对野生动物进行加工生产的行为层出不穷,野生动物制品也是琳琅满目。这种行为不仅严重破坏了野生动物资源,而且在一定程度上增加了野生动物疫源、疫病向人类传播的可能性。因此,在《全面禁止非法野生动物交易的决定》已经全面禁食野生动物的基础上,有必要在我国《刑法》中增设"非法生产疫源疫病野生动物制品罪",对非法生产疫源疫病野生动物制品的行为进行打击。根据罪刑相适应原则,该罪的构成要件和法定刑,可以规定为:"非法生产疫源疫病野生动物制品,情节严重的,处三年以下有期徒刑、拘役或者管制,并处或者单处罚金。单位犯前款罪的,对单位判处罚金,并对其直接负责的主管人员和其他直接责任人员,依照前款的规定处罚。"

四是增设"走私疫源疫病野生动物、疫源疫病野生动物制品罪"。从近年来查获的走私犯罪案件来看,走私野生动物及其制品的案件处于高发状态,而我国现行《刑法》仅规定了"走私珍贵动物、珍贵动物制品罪",这导致走私国家重点保护的珍贵野生动物及其制品之外的其他野生动物及其制品的行为难以有效规制,给野生动物疫源、疫病向人类传播留下了刑法漏洞。因此,从预防野生动物疫源、疫病的角度讲,有必要在我国《刑法》中增设"走私疫源疫病野生动物、疫源疫病野生动物制品罪"。根据罪刑相适应原则,该罪的构成要件和法定刑,可以规定为:"走私国家禁止进出口的疫源疫病野生动物及其制品的,处五年以上十年以下有期徒刑,并处罚金;情节特别严重的,处十年以上有期徒刑或者无期徒刑,并处没收财产;情节较轻的,处五年以下有期徒刑,并处罚金。"

(三)加强生物安全刑法保障体系建设

新冠肺炎疫情在全球范围内的暴发,充分说明了生物安全问题确实已经成为一种全世界、全人类面临的重大生存和发展威胁。习近平总书记在中央全面深化改革委员会第十二次会议上的讲话中也明确要求,要把生物安全纳入国家安全体系。这意味着,新冠肺炎疫情这一公共卫生安全事件,要上升到生物安全、国家安全的高度予以治理。[①] 如前所述,刑法作

---

① 李文良:《把生物安全纳入国家安全体系意味着什么》,《光明日报》2020年3月2日第2版。

为社会"防卫法"和"后盾法",在打击涉生物安全犯罪、维护国家生物安全方面应发挥积极作用,但透过新冠肺炎疫情的防控可以明显地看到,我国刑法在这方面变现极为乏力,存在诸多不足和漏洞,亟待立法予以修正和填补。具体而言,可以从以下几方面展开。

一是将采集、检验、处置传染病菌种、毒种的行为纳入传染病菌种、毒种扩散罪的规制范畴。从现行《刑法》第331条的规定来看,仅规制实验、保藏、携带、运输传染病菌种、毒种环节导致传染病菌种、毒种扩散的行为,尚未将采集、检验、处置传染病菌种、毒种环节的行为纳入规制范围,而这些环节行为也同样存在导致传染病菌种、毒种扩散的可能。因此,从严密法网的角度讲,有必要将前述行为纳入传染病菌种、毒种扩散罪的规制范畴。据此修改后的条文内容则为:"从事采集、检验、实验、保藏、携带、运输、处置传染病菌种、毒种的人员,违反国务院卫生行政部门的有关规定,造成传染病菌种、毒种扩散,后果严重的,处三年以下有期徒刑或者拘役;后果特别严重的,处三年以上七年以下有期徒刑。"

二是增设"非法开展传染病病毒实验罪"。无论是实验环境、实验设备、实验规程,还是实验单位和实验人员的资质,开展传染病病毒相关的实验都对此有非常高的标准和非常严格的要求,其中的主要目的就是防止实验室传染病病毒泄漏。而非法开展的传染病毒实验,往往达不到实验要求,不仅容易造成实验室病毒泄漏,而且还容易被不法人员利用或者控制。显然,非法开展传染病病毒实验,会对公共卫生安全构成极大威胁。因此,应在我国《刑法》中增设"非法开展传染病病毒实验罪"。根据罪刑相适应原则,该罪的具体罪状和法定刑,可以规定为:"违反有关传染病病毒实验的规定,非法从事传染病病毒实验,情节严重的,处三年以下有期徒刑、拘役或者管制,并处或者单处罚金;情节特别严重的,处三年以上七年以下有期徒刑,并处罚金;造成传染病病毒大范围传播或者人员死亡的,处十年以上有期徒刑、无期徒刑,并处罚金或者没收财产。"

三是增设"非法处置传染病病毒实验动物罪"。实验动物是开展相关医学实验或者生物实验必不可少的实验用品,尤其是在传染性疾病研究过程中,可以借助实验动物探索传染性疾病的发病机制,寻找预防和治疗方法。由于在实验过程中,实验动物会感染或者携带传染病病毒,因此,需要严格按照实验规程和要求，对淘汰的实验动物进行无害化的妥当处置，以防传染病病毒泄漏和扩散。但从近年来发生的部分案例来看，随意处置实验动物的案例时有发生，甚至部分案例中实验人员为了牟利直接将淘汰的实验动物向市场销售。显然，非法处置传染病病毒实验动物的行为，无疑会增加传染病病毒泄漏和传播的风险。鉴于此，为了预防传染病病毒通过实验动物向社会传播，有必要在我国《刑法》中增设"非法处置传染病病毒实验动物罪"。根据罪刑相适应原则，该罪的构成要件和法定刑，可以规定为："违反有关传染病病毒实验动物处置的规定，非法处置传染病病毒实验动物，情节严重的，处三年以下有期徒刑、拘役或者管制，并处或者单处罚金；情节特别严重的，处三年以上七年以下有期徒刑，并处罚金。"

（四）增设不报、缓报、谎报疫情信息罪

如前所述，在传染性疾病疫情防控中，故意不报、缓报、谎报疫情信息的行为具有严重的社会危害性，不仅会使疫情防控错失最佳时机，而且会给上级防控部门的决策造成干扰。因此，要对故意不报、缓报、谎报疫情信息的行为进行严厉打击，以防其成为传染性疾病疫情防控中制造"人祸"的推手。而从现行《刑法》规定来看，用防治传染病失职罪来规制故意不报、缓报、谎报疫情信息的行为，不仅在主观上存在突破罪刑法定的嫌疑，而且在处罚上也会出现罪刑失衡。因此，从严密传染性疾病防治刑事法网的角度来看，有必要参照《刑法》第139条之一规定的"不报、谎报安全事故罪"，在《刑法》第六章第五节"危害公共卫生罪"中增设"不报、缓报、谎报疫情信息罪"。本罪具体的构成要件和法定刑，可以规定为："在甲类和乙类传染病疫情发生后，负有报告职责的人员违反传染病防治的相关法律规定，故意不报、缓报或者谎报疫情信息，贻误疫情防控，情节严重的，处五年以下有期徒刑或者拘役；情节特别严重的，处五年以上十年以下有期徒刑。"

总之，刑法在打击涉疫犯罪、维护疫情防控秩序方面发挥着不可替代的作用，积极完善传染性疾病刑法治理体系具有非常重要的意义。诚然，传染性疾病刑法治理体系的完善是一项系统工程，不仅涉及刑法体系内部

的调整和完善，而且还要与前置性的《野生动物保护法》《传染病防治法》，以及生物安全方面的法律法规保持协调一致。本文仅是从立法视角提出了部分完善建议，以供学界研讨和立法参考，但传染性疾病刑法治理体系完善本身是一个未竟的话题，需要学界的持续关注和立法的不断回应。

（作者为西南政法大学法学院教授、博士生导师，重庆市高校哲学社会科学协同创新团队"国家毒品问题治理研究创新团队"负责人。本文原载《澳门法学》2020年第3期，收入本书时略有修改。）

疫情防控中刑法规制的罪名竞合及法教义学分析

李晓明

新冠肺炎疫情发生后，2020年2月10日最高人民法院、最高人民检察院、公安部、司法部（"两高两部"）针对国内疫情颁布《关于依法惩治妨害新型冠状病毒感染肺炎疫情防控违法犯罪的意见》（以下简称《2020"两高两部"意见》），2020年3月13日"两高两部"及海关总署又针对境外输入性病例颁布《关于进一步加强国境卫生检疫工作依法惩治妨害国境卫生检疫违法犯罪的意见》（以下简称《2020"两高两部一署"意见》），适用中不仅与2003年5月14日最高人民法院、最高人民检察院（"两高"）当时针对"SARS疫情"颁布的《关于办理妨害预防、控制突发传染病疫情等灾害的刑事案件具体应用法律若干问题的解释》（以下简称《2003"两高"解释》）和《刑法修正案（十一）》存在矛盾与差异，包括国内病例与境外输入性病例在法律适用上也不尽一致，甚至引发刑法相关罪名间的冲突与竞合。如同样是"确诊病例"和"疑似病例"，依照《2020"两高两部"意见》就要定"以危险方法危害公共安全罪"，而依照《2003"两高"解释》只能定"过失以危险方法危害公共安全罪"。再比如同样是"引起……传播或者有传播严重危险的"，依照《2020"两高两部"意见》针对国内人员就要定"妨害传染病防治罪"，而依照《2020"两高两部一署"意见》针对境外输入人员只能定"妨害国境卫生检疫罪"。还比如针对"故意投放"和"故意传播"，依照《刑法》第114条的规定就要定"投放危险物质罪"，而根据《2020"两高两部"意见》和《2003"两高"解释》（以下通称"两司法解释"）的规定只能定"以危险方法危害公共安全罪"。而且这些冲突与竞合究竟是法条竞合还是想象竞合？十分复杂甚至难以确定，其中的关键问题又是法条竞合与想象竞合的真正区别及其标准，这将在极大程度上影响对具体罪名的选择与适用，故本文就这些问题进行法教义学上的分析。

一 法条竞合与想象竞合的真正区别及"实质标准"的确立

罪名竞合属于刑法学中的罪数理论，不仅关乎刑法适用和定罪，而且关乎准确量刑和公正。罪数问题理论性很强，也是司法中的重大实践和难题。传统意义上的罪名竞合有法条竞合和想象竞合之分，是通过研究法条关系将二者类型化的。一般认为，法条竞合是指一个行为同时触犯具有包容或交叉关系的数个罪名，最终选择一个法条来定罪量刑的罪数形式。想象竞合是指一个行为同时触犯多个罪名抑或满足两个以上犯罪构成，最终选择其中较重刑罚的罪名进行处罚的罪数形式。二者的共同点是犯罪行为单一，但触犯的法条却是多个，但实际上法条竞合并非真正意义上的竞合，故又被称为"法条一罪"。故有人指出，"法条竞合实际上是与法条本身和罪数有关的法律解释问题，是属于形式上的竞合"[①]。区分二者的最重要意义在于法律后果不同，抑或罪名的选择不同，抑或刑罚的轻重选择不同。一方面法条竞合情形下，法益被侵犯的数量是单一的，为避免重复评价最终只能选用一个法条对犯罪事实进行评价。另一方面在想象竞合情形下，法益被侵犯的数量是多个，为避免评价的遗漏，需要对多个法条或罪名中的犯罪事实进行评价，由于犯罪行为只有一个最后只能选择一个量刑较重的法条进行适用。当然从理论上讲，在特别关系类型的法条竞合中，处理的原则遵从特殊法条优先适用，并且排除了一般法条的适用，而想象竞合处理的原则遵从重法优先适用，但并不排除其他法条的适用。[②] 可见，区分二者的意义在于如何适用罪名、法条或刑罚，最终目的也是兼顾罪刑

[①] 吕英杰：《刑法法条竞合理论的比较研究》，《刑事法评论》2008年第2期。
[②] 付倩：《法条竞合特别关系法律适用原则的悖论和归位》，《江西警察学院学报》2019年第5期。

法定原则与罪刑相适应原则，并最终达到二者的平衡。

（一）二者区分的传统形式标准：法益被侵害的法条是包容关系抑或交叉关系

传统的刑法竞合理论是从形式出发，通过研究法条间的逻辑关系进而区分法条竞合与想象竞合，长期以来这种思维虽然存在诸多缺陷，但其逻辑上的合理性也是毋庸置疑的。也就是说，在研究二者的关系时首先要解决刑法中究竟都有哪些法条关系？当明晰了这些关系后，才能具体分析区分法条竞合和想象竞合的标准。

我国刑法学界一般将法条关系具体划分为对立关系、包容关系、交叉关系和中立关系等，对立关系是指一行为触犯某法条便不会再触犯有着对立关系的另一法条。包容关系是从属关系，也即行为或者法条之间是一种包含和被包含的关系。交叉关系是指两个法条的犯罪构成要件有交叉，换句话说，交叉关系犹如两个圆有着部分重合，由此导致触犯其中一个罪并不必然触犯另一罪。① 中立关系是不属于上述三种法条关系的另一种特殊法条关系，也即一个犯罪行为或许触犯两个相互独立的法条。如在杀人行为中同时毁坏了财物，两个罪名或法条之间就是一种中立的关系。通常认为，对立关系法条或罪名不可能形成法条竞合，法条之间存在包容或者交叉时才是法条竞合关系。而想象竞合中，一个犯罪行为触犯了数个法条，甚至数个独立法益抑或构成数个独立罪名，但这些法条之间一般没有包容或者交叉关系的。但在此问题上学界争论很大，有人认为，交叉关系应当作为想象竞合来处理，只要重视想象竞合的明示机能，那么就会否认交叉关系属于法条竞合。② 但反对的人坚持认为这种观点有待商榷，以我国刑法中的招摇撞骗罪和诈骗罪为例，如当行为人冒充国家工作人员招摇撞骗，骗得财物时，其行为既触犯了招摇撞骗罪，又触犯了诈骗罪，二罪在外延上成立交叉竞合的法条竞合关系。③ 我们赞同后一种观点，虽然主张

---

① 陈洪兵：《竞合处断原则探究——兼与周光权、张明楷二位教授商榷》，《中外法学》2016年第3期。
② 张明楷：《法条竞合与想象竞合的区分》，《法学研究》2016年第1期。
③ 陈小平：《想象竞合与法条竞合之厘清》，《郑州大学学报》2018年第3期。

法条竞合属想象竞合的观点具有充分评价的目的，也更能体现明示机能的公平作用，但如此会使问题更加复杂，还是选用其他方法平衡这些特殊问题为好，以保持我国刑法传统理论中将交叉关系作为法条竞合标准的稳定性。至于中立关系有无可能形成法条竞合的问题，学界历来争论甚大。德国学者贝林（Ernst Beling）认为，两个法条处于中立关系时，这两个构成中立关系的法条可能形成法条竞合，也可能形成想象竞合。① 但上述观点中的故意杀人罪和故意毁坏财物罪如果构成法条竞合，显然其逻辑难以被我国大部分学者所接受。故本文认为，当一个杀人行为同时毁坏了价值较大的财物时，毁坏财物行为通常情况下会被杀人行为所吸收，显然不应当成立法条竞合。

总之，我国传统刑法理论一直重视法条间的梳理及其逻辑关系，认为满足包容关系抑或交叉关系就是法条竞合。但随着德日刑法理论的引入，也有学者认为，此种分类方法不慎严密，甚至过于呆板，试图将部分想象竞合纳入法条竞合的讨论之中，还有的学者提出了解决此些问题新的因素与标准。如张明楷教授认为，两个法条之间存在包容或交叉关系，是法条竞合的形式标准。但是形式标准仅仅是需要在第一步作出的前提性判断，如果不满足该前提，自然不构成法条竞合，如果满足了该前提，还需要进一步地满足实质标准上的要求，才能构成法条竞合。② 显然，该种观点兼顾了形式标准与实质标准的并列要求，试图做到更高层次的罪和刑的相适应，相比单一的形式标准似乎实质标准更显合理和严谨，也使得刑法竞合理论更具发展和完善，下面我们就讨论这一实质标准的加入及其合理性论证。

（二）二者区分的现代实质标准：法益被侵害的同一性和不法行为的包容性

如上，也有人主张在分析法条关系基础上应充分考虑"满足实质标准上

---

① ［日］山火正则：《法条竞合的诸问题（一）》，《神奈川法学》第7卷（1971）第1号，第8页。
② 张明楷：《法条竞合与想象竞合的区分》，《法学研究》2016年第1期。

的要求"。① 也即"必须进一步判断该数个法条是否保护的是同一法益"②，并以此来区分法条竞合和想象竞合，只有这样才能最终判断是否属于法条竞合或想象竞合。按照上述传统观点，法条间的包容或者交叉关系是通过对于刑法罪名中构成要件的解析确认的，仅仅通过此种形式标准容易停滞在形式层面，其结果是即使被侵害的两个法益不同也可能通过此种形式解释认定法条交叉从而得出法条竞合的结论。如寻衅滋事罪和扰乱法庭秩序罪，前者是"随意殴打他人"，后者是"殴打司法工作人员"，由于司法人员是特殊主体，按照法条竞合"特别法优于普通法"的原则，必然优先适用扰乱法庭秩序罪。但寻衅滋事罪的法定刑明显高于扰乱法庭秩序罪，如此殴打司法人员的量刑反而轻于殴打大众的量刑，似乎并不合理。故仅仅考虑形式标准，似乎缺少了实质上的合理性，因此在坚持形式标准的基础上应当考虑法益的实质判断。

实际上，德国有学者早就提出在法条竞合犯的认定中增加实质标准。有人认为，一个构成要件能够充分评价犯罪内容的违法性，而其他构成要件的违法内容可被该构成要件所包容，那么就应当排除其他法条的适用。因此，将不法的包容性作为区分法条竞合与想象竞合的另一实质标准，进入了一些学者的视野。③ 如有日本学者指出，法条之间具备包容或者交叉关系只是认定法条竞合的第一阶段，并且必须进一步判断该数个法条是否保护的是同一法益，如果是，才能认定其构成法条竞合，然后通过优先适用某一法条而排除其他法条的适用，从而避免双重评价问题。④ 由此得出，"法益的同一性"是区分法条竞合和想象竞合的一个重要的不可缺少的实质标准。对此我们持赞同态度，即引进法益侵犯的同一性和不法的包容性作为区分法条竞合与想象竞合的实质标准极具合理性，即是说只有在一个行为侵犯了一个法条可包含的保护法益，且该法条可完全评价该行为的不

---

① 张明楷：《法条竞合与想象竞合的区分》，《法学研究》2016年第1期。
② ［日］山火正则：《法条竞合的诸问题（一）》，《神奈川法学》第7卷（1971）第1号，第42页。
③ 左坚卫：《法条竞合与想象竞合区分标准之评析与重建》，《华南师范大学学报》2009年第6期。
④ ［日］山火正则：《法条竞合的诸问题（一）》，《神奈川法学》第7卷（1971）第1号，第42页。

法内容时才能认定为法条竞合，否则只能认定想象竞合。本文认为，除坚持上述法条的"形式标准"和法益的"实质标准"外，是否也应考虑法益被侵犯及被包容的"程度"？像有人指出的，"只有当该犯罪行为的不法程度可以被一个法条所包容时，才可以认定为是法条竞合。"① 此次新冠肺炎疫情就有许多类似情况，以下将依据该形式与实质标准及侵害法益程度，作些罪名竞合的讨论。

当然，虽然"法益的同一性"实质标准在法条分析中的介入在多数情况下是可以准确区分法条竞合与想象竞合的，但在一些特殊情形下也未必绝对合理，尤其在处理"特别关系"法条竞合中，争论最大的还是适用特别法抑或适用重法。主要观点有二：（1）严格遵循特别法优先适用原则。（2）一般条件下适用特别法条，但同时也有条件地采用重法优先于轻法。② 显然，前者观点认为，既然立法者确立了"特殊法条优于普通法条"，就应该不折不扣地贯彻执行，而不应过多地考虑"罪刑相适应"的问题，否则将破坏刑法的严肃性规定，也即不应当设立例外情况。而后者观点认为，遵守"特殊法条优于普通法条"是常态，而少量适用"重法优先于轻法"是例外，以切实贯彻刑法"罪刑相适应"的基本原则。张明楷教授认为，只有当该犯罪行为的不法程度可以被一个法条所包容时，才可以认定为是法条竞合。③ 由此得出结论：当一行为同时触犯两个罪名时，只有适用一个罪名足以评价该行为时，才可认定为法条竞合，否则只能认定为想象竞合，但也要注意严格把握二者区分的界限。做到严格按照"处理想象竞合的三种特殊情况要求"对想象竞合犯的适用进行限制：（1）一行为同时侵犯较重此罪的未遂与较轻彼罪的既遂。（2）两罪的基本条款是法条竞合时，此罪彼罪的加重部分是想象竞合。（3）结果加重犯与基本犯是法条竞合，但与加重结果所触犯的罪之间是想象竞合。④ 因此，需要具体问题具体分析。

---

① 张明楷：《法条竞合与想象竞合的区分》，《法学研究》2016年第1期。
② 王强：《法条竞合特别关系及其处理》，《法学研究》2012年第1期。
③ 张明楷：《法条竞合与想象竞合的区分》，《法学研究》2016年第1期。
④ 张明楷：《法条竞合与想象竞合的区分》，《法学研究》2016年第1期。

二　两司法解释与《刑法》第114、115条罪名间的法条竞合及分析

《2020"两高两部"意见》涉及的罪名多达33个，但与疫情防控直接相关的罪名只有两个，一是《刑法》第114条规定的"以危险方法危害公共安全罪"（注意：《2020"两高两部"意见》没有涉及《刑法》第115条"过失以危险方法危害公共安全罪"），二是《刑法》第330条规定的"妨害传染病防治罪"，这里先讨论第一个罪名。《2020"两高两部"意见》第2条第1款第1项规定："故意传播新型冠状病毒感染肺炎病原体，具有下列情形之一，危害公共安全的，依照刑法第一百一十四条、第一百一十五条第一款的规定，以以危险方法危害公共安全罪定罪处罚：1.已经确诊的新型冠状病毒感染肺炎病人、病原携带者，拒绝隔离治疗或者隔离期未满擅自脱离隔离治疗，并进入公共场所或者公共交通工具的；2.新型冠状病毒感染肺炎疑似病人拒绝隔离治疗或者隔离期未满擅自脱离隔离治疗，并进入公共场所或者公共交通工具，造成新型冠状病毒传播的。"而《2003"两高"解释》第1条第1款却规定："故意传播突发传染病病原体，危害公共安全的，依照刑法第一百一十四条、第一百一十五条第一款的规定，按照以危险方法危害公共安全罪定罪处罚。"表面上看，两司法解释均以"以危险方法危害公共安全罪"定罪，似乎相同，但实际上二者存在较大差异。表现在：（1）传播对象不同，前者是"新型冠状病毒感染肺炎病原体"，后者是"突发传染病病原体"。（2）适用群体不同，前者适用于"确诊病例"和"疑似病例"特定群体，后者适用的群体不特定。并且，两司法解释所选罪名与《刑法》第114条"投放危险物质罪"也有冲突和竞合。

根据《刑法》第114条的规定："放火、决水、爆炸以及投放毒害性、放射性、传染病病原体等物质或者以其他危险方法危害公共安全，尚未造成严重后果的，处三年以上十年以下有期徒刑。"由此可见，"以危险方法危害公共安全罪"实际上是放火罪、决水罪、爆炸罪、投放危险物质罪等"危害公共安全类罪"的一个兜底罪名，甚至"以危险方法危害公共安全罪"本

身也愈加成为刑法典中的一个"最为典型的口袋罪"[①]。且这里的"传染病病原体等物质"与《2020"两高两部"意见》第2条第1款第1项规定的"新型冠状病毒感染肺炎病原体"和《2003"两高"解释》第1条第1款规定的"突发传染病病原体"并无本质区别。如此，同样的"传播对象"却被确定为两个不同罪名，也就必然造成两个罪名的冲突与竞合。

所谓以危险方法危害公共安全罪是指使用放火、决水、爆炸、投放危险物质等危险性相当的其他方法，危害公共安全的行为。[②] 投放危险物质罪是指故意投放毒害性、放射性、传染病病原体等物质，危害公共安全的行为。[③] 结合上述《刑法》第114条和两司法解释的规定，可以看出立法和司法解释所表述的两罪的行为特征有明显差异，《刑法》第114条表述的是"投放"，而《2020"两高两部"意见》第1条第1款和《2003"两高"解释》第1条第1款均表述的是"故意传播"。那么，"投放"和"故意传播"究竟又有怎样的不同与差别呢？

所谓"投放"是指把东西投进去或把东西放进去，如"投放鱼饵"。[④] 所谓"传播"是指广泛散布或播撒，如"传播花粉"。[⑤] 客观地说，"投放"本身就是一种重要的传播方式，不仅行为上在客观地传播，而且主观上也在追求传播的目的，包括如果是"故意传播"当然在主观上也具有追求的主观动意，只不过其中有"直接故意"和"间接故意"之分，前者是追求"传播"目的的直接实现，而后者是放任"传播"目的的间接实现。虽然"投放"和"故意传播"无论在客观行为特征还是在主观目的追求上并无本质区别，二者均具有投进或播撒的行为与动意。但仔细甄别二者还是有细微差别的，后面将详述其差别。类似情形还表现在"生产、销售有毒、有害食品罪"与"投放危险物质罪"上。具体讲，在生产、销售的食品中掺入有毒、有害的物质，实际上也是一种"投放"行为，而且危害的都是公共安全，只是该种行为已另有独立罪名，也即普通罪名和特别罪名

---

① 陈兴良：《口袋罪的法教义学分析——以以危险方法危害公共安全罪为例》，《政治与法律》2013年第3期。
② 刘艳红主编：《刑法学》（下），北京大学出版社2016年版，第37页。
③ 李晓明：《刑法学分论》，北京大学出版社2017年版，第142页。
④ 《现代汉语词典》，商务印书馆1978年版，第1147页。
⑤ 《现代汉语词典》，商务印书馆1978年版，第161页。

的关系,包括"以危险方法危害公共安全罪"与"投放危险物质罪"抑或也是普通罪名和特别罪名的关系。依据上述法条竞合和想象竞合理论上的区分标准,不仅两罪是一种包容关系,且在侵害法益"危害公共安全"问题上也具有一致性,甚至侵害法益的程度也大体相当并拥有包容,显然"投放"要比"故意传播"具有更大的危险性和危害性,是典型的法条竞合关系。如果有证据或事实能够认定行为人具有"投放"行为,尤其"投放危险物质罪"在法条中又先于"以危险方法危害公共安全罪"存在,故根据法条竞合"特别罪名优于普通罪名"的基本规则,尤其针对的是不特定群体最终应认定或适用"投放危险物质罪",这也是处理法条竞合罪名的通识或通常做法。

实事求是地讲,《刑法》第114条只规定有"以危险方法危害公共安全罪"的行为要素,并未规定该罪的具体行为结构与方式,导致"其他危险方法"的"兜底"没有明确限定,这当然与"罪刑法定原则"的要求是不匹配的。但从法教义学的原理看,应当坚持相当原则或同类解释原则,也即与放火、决水、爆炸、投放危险物质等方法危险性相当或属同类性质、危险与规模,否则不得入罪。司法实践或司法解释中也的确导致该罪中刑法没有明文规定而入罪的情况,并使其成为危害公共安全罪的"兜底"条款或"兜底"罪名。虽然有司法解释的"明确",但我们认为,理念上还是应当秉持刑法的"谦抑性"。一方面根据相当或同类解释原则,"以其他危险方法"必须与前面所列行为在性质、危险程度与规模上一致;另一方面根据该罪所处地位,"以其他危险方法"只能是刑法第114条的"兜底",而非刑法分则第二章的"兜底"。在罪名间的区分原则上,如果某种行为符合其他已有明确规定的罪名,就应当认定为其他类型的犯罪,而不宜认定为"以危险方法危害公共安全罪"。[①]

总之,两罪的侵害法益具有同一性,而在行为手段上具有包容性。虽然"以危险方法危害公共安全罪"的行为手段是"传播",而"投放危险物质罪"的行为手段是"投放",如上"投放"是传播的方式之一,显然这是一种包容关系。两罪都存在"故意"和"过失",属于"复合式罪过

---

① 张明楷:《刑法学》(第2版),法律出版社2003年版,第545页。

形式",根据法条竞合的原则也应遵循特别罪名优于普通罪名规则。

三 两司法解释与《刑法》第330条罪名间的想象竞合及分析

《2020"两高两部"意见》第2条第2款第1项规定:"其他拒绝执行卫生防疫机构依照传染病防治法提出的防控措施,引起新型冠状病毒传播或者有传播严重危险的,依照刑法第三百三十条的规定,以妨害传染病防治罪定罪处罚。"可见,与"以危险方法危害公共安全罪"相比,"妨害传染病防治罪"的行为主体是除"确诊病例"和"疑似病例"之外的"拒绝""防控措施"的人群,只要他们"引起新型冠状病毒传播"或者"有传播严重危险的",均有可能构成犯罪。根据《刑法修正案(十一)》对《刑法》第330条新修改的规定,所谓妨害传染病防治罪是指违反传染病防治的规定,引起甲类传染病以及依法确定采取甲类传染病预防、控制措施的传染病传播或者有传播严重危险的行为,侵犯法益为国家对传染病防治之正常管理活动。① 构成本罪处三年以下有期徒刑或者拘役,后果特别严重的处三年以上七年以下有期徒刑。显然,与"以危险方法危害公共安全罪"相比,"妨害传染病防治罪"的刑罚后果是相对较轻的,因此要谨慎对待和研究《2003"两高"解释》第1条与《2020"两高两部"意见》第2条规定罪名上的差异及区别,以合理区分两个司法解释间的冲突与竞合。

如上,两罪的关联性表现在犯罪主体具体针对的人群范围。一是根据《2020"两高两部"意见》第2条第1款的规定,以危险方法危害公共安全罪的犯罪主体是"确诊病例"和"疑似病例"拒绝"检疫""隔治"的人群,妨害传染病防治是除此之外"拒绝""防控措施"的人群。且根据《2020"两高两部"意见》第2条第2款第1项的规定,在行为上表现为"拒绝"疫情"防控措施"。二是从理论上讲两罪在主观上均属于"复合式罪过形式",也即既有故意可能也有过失可能,均可以构

---

① 参见李晓明《刑法学分论》,北京大学出版社2017年版,第334页。

成本罪。尽管在此问题上学界存在较大争论①,但"妨害传染病防治罪"不可能完全排除"故意"的可能性。现行《刑法》第330条规定:"违反传染病防治法的规定,有下列情形之一,引起甲类传染病以及依法确定采取甲类传染病预防、控制措施的传染病传播或者有传播严重危险的,处三年以下有期徒刑或者拘役;后果特别严重的,处三年以上七年以下有期徒刑:……(五)拒绝执行县级以上人民政府、疾病预防控制机构依照传染病防治法提出的预防、控制措施的。……"此前,根据《中华人民共和国传染病防治法》(以下简称《传染病防治法》)第3条和《中华人民共和国国家卫生健康委员会公告2020年第1号》(以下简称《2020年1号公告》)第1条的规定,"将新型冠状病毒感染的肺炎纳入《中华人民共和国传染病防治法》规定的乙类传染病,并采取甲类传染病的预防、控制措施。"可见,同2003年的"SARS"一样,在此次"疫情"下两罪涉及的"新冠肺炎"也属于刑法对"甲类传染病"的管控范围,刑法修改后更是如此。

根据《2020"两高两部"意见》第2条"准确适用法律,依法严惩妨害疫情防控的各类违法犯罪"第1款第1项的规定,无论"确诊病例"还是"疑似病例"均以"故意"犯罪论,也即都被认定为"以危险方法危害公共安全罪"。当然,"疑似病例"和"确诊病例"在构罪标准与条件上是有区别的,如上所述,前者不仅"进入公共场所或者公共交通工具"且要求达到"造成新型冠状病毒传播的"才能成立犯罪,而后者只要"有传播严重危险的"即可构成犯罪。因此,研究行为主体范围对于准确认定两罪及其量刑均十分重要。表现在:一是两罪所侵害的具体法益不同,前者是"社会公共安全",而后者是"社会管理活动",也即二者根本不是同一类罪,也即不具有法益侵害的同一性。二是两罪行为主体的人群范围不同,如上所述前者是《2020"两高两部"意见》第2条第1款第1项所规定的"确诊病例"和"疑似病例"的人群,而后者是第2条第2款第1

---

① 张明楷教授认为,本罪为故意犯罪[参见张明楷《刑法学》(第五版),法律出版社2016年版,第1120页]。叶峰先生认为,本罪系过失犯罪(参见叶峰主编《刑法新罪名通论》,中国法制出版社1997年版,第266页)。最高人民检察院研究室副主任李文峰先生认为,本罪的主观方面是混合过错(参见李文峰《准确适用妨害传染病防治罪依法严惩抗拒疫情防控措施犯罪》,《检察日报》2020年2月12日)。

项所规定的"其他"人群，侵犯法益和对象不具有包容关系。三是两罪的量刑轻重也不尽相同，前者最高可判处死刑，而后者最高只有 7 年有期徒刑。四是两罪的主观方面不同，前者属于"复合式罪过形式"，既可能是故意也可能是过失。而后者按照传统刑法教科书的观点，只能由过失构成，显然目前在理论上争议甚大。按照一般法教义学和法条关系理论来分析，这是典型的想象竞合犯，要择一重罪进行处罚。也就是说，通常应选择"以危险方法危害公共安全罪"来进行定罪量刑。但由于《2020"两高两部"意见》第 2 条第 1 款第 1 项和第 2 项严格区分了犯罪对象的类群，即"以危险方法危害公共安全罪"虽针对的对象是"确诊病例"和"疑似病例"，而"妨害传染病防治罪"是除"确诊病例"和"疑似病例"以外的"其他"拒绝防疫或隔治的人群，可以说这也是区分两罪的根本点之一，故要想区分两罪也必须认真深入分析这些不同人群。

四 《2020"两高两部"一署意见》牵涉罪名特殊想象竞合关系的处理

《刑法》第 332 条规定："违反国境卫生检疫规定，引起检疫传染病传播或者有传播严重危险的，处三年以下有期徒刑或者拘役，并处或者单处罚金。""单位犯前款罪的，对单位判处罚金，并对其直接负责的主管人员和其他直接责任人员，依照前款的规定处罚。"据此，所谓妨害国境卫生检疫罪是指自然人或者单位违反国境卫生检疫规定，引起检疫传染病传播或者有传播严重危险的行为。① 显然，该罪是典型的空白罪状。根据《中华人民共和国国境卫生检疫法》（以下简称《国境卫生检疫法》）第 20 条第 1 款的规定："对违反本法规定，有下列行为之一的单位或者个人，国境卫生检疫机关可以根据情节轻重，给予警告或者罚款：（一）逃避检疫，向国境卫生检疫机关隐瞒真实情况的；（二）入境的人员未经国境卫生检疫机关许可，擅自上下交通工具，或者装卸行李、货物、邮包等物品，不听劝阻的。"但并非具备此行为都是犯罪，必须达到"引起检疫传染病传

---

① 张明楷：《刑法学》（下），法律出版社 1997 年版，第 849 页。

播或者有传播严重危险的"才是犯罪。

首先，如何理解"传染病"？根据《传染病防治法》第3条的规定："传染病分为甲类、乙类和丙类。""甲类传染病是指：鼠疫、霍乱。""乙类传染病是指：传染性非典型肺炎、艾滋病、病毒性肝炎、脊髓灰质炎、人感染高致病性禽流感、麻疹、流行性出血热、狂犬病、流行性乙型脑炎、登革热、炭疽、细菌性和阿米巴性痢疾、肺结核、伤寒和副伤寒、流行性脑脊髓膜炎、百日咳、白喉、新生儿破伤风、猩红热、布鲁氏菌病、淋病、梅毒、钩端螺旋体病、血吸虫病、疟疾。""国务院卫生行政部门根据传染病暴发、流行情况和危害程度，可以决定增加、减少或者调整乙类、丙类传染病病种并予以公布。"第4条规定："对乙类传染病中传染性非典型肺炎、炭疽中的肺炭疽和人感染高致病性禽流感，采取本法所称甲类传染病的预防、控制措施。其他乙类传染病和突发原因不明的传染病需要采取本法所称甲类传染病的预防、控制措施的，由国务院卫生行政部门及时报经国务院批准后予以公布、实施。"如上，此次新冠肺炎疫情后，国家卫健委《2020年1号公告》已将其纳入《传染病防治法》的乙类传染病。故其已属于刑法对"甲类传染病"的管控范围，如今刑法也已修改。即只要拒绝检疫和隔治足以引起新冠肺炎的传播或违反国境卫生检疫规定引起传播危险即构成犯罪。当然，是构成"以危险方法危害公共安全罪""妨害传染病防治罪"还是"妨害国境卫生检疫罪"？显然具有想象竞合关系的一些冲突，需要根据具体的法条关系进行具体分析。具体来说，妨害国境卫生检疫罪侵害的是"边境防疫秩序"法益，而以危险方法危害公共安全罪侵犯的是"社会公共安全"法益，至于妨害传染病防治罪侵犯的是"传染病防治秩序"法益，所以三个罪名或法条在侵犯法益上不具有同一性，而且无法包容和交叉，显然三者是想象竞合的关系，故应根据"择一重罪进行处罚"的原则，从三个罪名选择一个。

其次，如何理解"有传播严重危险的"？"引起检疫传染病传播"较容易理解，即将新冠肺炎病毒传染他人就具备该条件，且在较大程度上是结果犯的构罪标准。但"有传播严重危险的"太不具体，具有抽象性或危险犯的味道。一是何为"有传播危险的"？《2020"两高两部"意见》第2条第2项规定的"妨害传染病防治罪"，其中也有"引起新型冠状病毒传播"或者"有传播严重危险的"表述,且在《2020"两高两部"意见》第2条第1项规定的"以危险方法危害公共安全罪"中有"拒绝隔治""并进入公共场所或者公共交通工具"表述,可见"拒绝隔治""进入公共场所或者公共交通工具"等均是造成"有传播危险的"因素。二是何为"有传播严重危险的"?既然是"严重危险"那就不是"一般危险",起码造成危险的"程度"远远大于"一般危险",如在人群聚集、上班高峰、人员较多、车厢密闭、没戴口罩等情况下均可能造成"严重危险"。甚至因此导致或造成整个现场或同乘人员几十人或上百人需要隔离,以及行为人的口罩时摘时戴、打喷嚏、共用餐具等。当然,"尚未造成严重后果的"是"以危险方法危害公共安全罪"的入罪条件,"引起新型冠状病毒传播或者有传播严重危险的"是"妨害传染病防治罪"的入罪条件,"引起检疫传染病传播或者有传播严重危险的"是"妨害国境卫生检疫罪"的入罪条件,当然各自针对的具体群体不一样。

再次,如何理解"公共场所"?通常情况下,公共场所是供给公众进行各种社会活动的场所。具体是指供社会公众进行聚会、工作、学习、经济、文化、社交、娱乐、体育、参观、医疗、卫生、休息、旅游和满足部分生活需求所使用的一切公用建筑物、场所及其设施的总称。[①] 它具有相对开放性、秩序性、共享性、不特定性和公共性的特征。也可以说公共场所是指根据该场所所有者(占有者或使用者)的意志,用于进行公众活动的相对空间。[②]《刑法》第291条"聚众扰乱公共场所秩序、交通秩序罪"中,立法者对"公共场所"也有明确的列举,主要包括"车站、码头、民用航空站、商场、公园、影剧院、展览会、运动场"等。甚至《中华人民共和国治安管理处罚法》(以下简称《治安处罚法》)第23条第1款第2项中也列举有"车站、港口、码头、机场、商场、公园、展览馆或者其他公共场所"。[③]

---

① 这里的公众是指不同性别、年龄、职业、民族或国籍、不同人际从属关系的个体组成的流动人群等。
② 李晓明:《论公共视频监控系统对公民隐私权的影响》,《法学杂志》2010年第11期。
③ 笔者认为,《刑法》第291条中对"公共场所"的列举也是一种重要的法律概念方法,尤其是在英美法系中这种方法经常在立法中使用。其优点是,形象、具体、具有可比性,尤其对一个事物的特征、性质、规模和内容等许多方面进行了可供比较和判断性的阐述,具有极大的操作性和可判断性,很值得我们借鉴。

应当说，这些都是在认定此次疫情防控中定罪量刑及执法司法活动中可以参考的规定。尤其在"以危险方法危害公共安全罪"的认定中，对"公共场所"的概念要求极高，故要认真理解。

最后，如何理解"公共交通工具"？《2020"两高两部"一署意见》第 2 条第 2 项中所涉及的"交通工具"显然也是"公共交通工具"，所以与其他相关"司法解释"中的"公共交通工具"具有完全的一致性。包括《刑法》第 116 条规定的"破坏交通工具罪"列举的"公共交通工具"有"火车、汽车、电车、船只、航空器"等均属"公共交通工具"，当然实际生活中不仅仅这些类型，随着现代运输与科技水平的发展，"公共交通工具"具有更大的扩展性和广泛性。一般认为，现阶段常见的公共交通工具有出租车、公交车、地铁、轻轨、摩托车、电动车、人力车、磁悬浮列车、火车、船舶、民用航空飞行器等。由此可见，公共交通工具主要是指从事旅客或移动人群运输的各种公共汽车、电车、出租车、客运列车、客运船只、客运飞机等正在运营中的涉众交通工具。2000 年 11 月 17 日最高人民法院《关于审理抢劫案件具体应用法律若干问题的解释》第 2 条也将"公共交通工具"界定为"从事旅客运输的各种公共汽车，大、中型出租车，火车，船只，飞机等正在运营中的公共交通工具。"由于公共交通工具具有人流量大、人员来源复杂、密切接触可能性大、空间较为密闭等特点，故"确诊"或"疑似"病人一旦进入病毒的传播风险会非常大，因此必须严密防控，以减少病毒的传播及其给社会带来的风险。尤其是在"以危险方法危害公共安全罪"和"妨害国境卫生检疫罪"等罪名的认定中，"公共交通工具"使用频率极高，故应认真研究和理解。

（作者为苏州大学王建法学院教授、博士生导师，苏州大学国家监察研究院院长、刑事法研究中心主任。本文原载《河北法学》2021 年第 3 期，收入本书时略有修改。）

重大疫情期间刑法对谣言的合理规制[*]

欧阳本祺

每逢大灾大疫之时社会上就必然会谣言四起，人心惶惶，谣言反映了人们对大灾大疫的担忧和对真相旁敲侧击的探索。按照美国实验社会心理学之父奥尔波特的观点，谣言的产生同事件的重要性和模糊性成正比，事件越重要且越模糊，谣言产生的效应就越大。用公式表示就是：谣言 =（事件的）重要性 × （事件的）模糊性。[①] 所谓的谣言止于智者，谣言止于真相，说的就是只要能够澄清事件的模糊性，谣言自然就消失了。但是，在谣言消失之前，可能会造成严重的社会危害性。有的谣言会侵害个人名誉，例如关于新冠病毒零号感染者的谣言就属于这类；有的谣言会扰乱公共秩序，例如关于"封城"的谣言就属于此类；有的谣言可能会危害国家政权，历史上"石人一只眼，挑动黄河天下反"之类的谣言就是明鉴。但是，谣言也表达了普通民众对信息的求知欲望，也侧面反映了人们言论自由的主张。因此，在重大疫情期间，刑法应该合理界定和规制网络谣言。

一 刑法规制网络谣言的扩张趋势

21世纪以来，我国经历了两次全国性的传染病疫情，同时也引发了两波全国性的造谣传谣高潮。相应地，为了依法打击造谣传谣的违法犯罪行

---

[*] 本文系作者主持的国家社科基金项目"互联网法治化治理问题研究"（项目编号：16BFX031）的阶段性成果。

[①] 参见［美］奥尔波特《谣言心理学》，刘水平等译，辽宁教育出版社2003年版，第17—18页。

为,我国通过司法解释和刑法修正案的方式,扩张了刑法对谣言的规制范围。

(一) 通过司法解释扩张对谣言的规制

自2003年以来,最高司法机关颁布了两部重要司法解释,对刑法进行了两次扩张解释,从而大大扩张了刑法对谣言的规制范围和规制力度。

第一次是对编造、故意传播虚假恐怖信息罪的扩张解释。编造、故意传播虚假恐怖信息罪是2001年《刑法修正案(三)》新设的犯罪,主要是为了应对美国"9·11"事件以后反恐形势的需要。该罪中的恐怖信息原本是指"爆炸威胁、生化威胁、放射威胁等恐怖信息",并不包括疫情信息。但2003年"SARS"的暴发以及随之而来的铺天盖地的谣言,促使最高人民法院和最高人民检察院2003年5月14日颁发了《关于办理妨害预防、控制突发传染病疫情等灾害的刑事案件具体应用法律若干问题的解释》(以下简称《疫情案件解释》)。该解释第10条规定,编造与突发传染病疫情相关的恐怖信息,或者明知是编造的此类信息而故意传播的,构成编造、故意传播虚假恐怖信息罪。实务审判基本上也是这么定性的。例如,2003年被告人黄旭、李雁意图报复他人,在北京市发生"SARS"疫情期间,编造他人患有"SARS"症状的虚假事实,并向"120"急救中心进行谎报,严重扰乱公共场所和急救中心的正常秩序。两人均被北京市第二中级人民法院判处编造虚假恐怖信息罪。[①] 再如,被告人黄群威于2003年4月25日至5月2日,借当时北京市"SARS"疫情高发期易引起人们心理恐慌之机,在无任何事实依据的情况下,编造题为《绝对可靠消息,上海隐瞒了大量非典病例》《中国已因非典而正式进入了经济危机》《如此保安,借非典趁机赚钱》等文章,并利用互联网进行传播。被北京市第一中级人民法院判处编造、故意传播虚假恐怖信息罪。[②] 但是,上述司法解释和判决书都没有明确指出"虚假疫情信息"属于"虚假恐怖信息"。明确指出这一点的是2013年最高人民法院颁布的《关于审理编造、故意

---

① 参见《黄旭、李雁编造虚假恐怖信息案》,《刑事审判参考》2006年第3期。
② 参见北京市第一中级人民法院(2003)一中刑初字第1499号刑事判决书。

传播虚假恐怖信息刑事案件适用法律若干问题的解释》（以下简称《恐怖信息解释》）。该解释第6条明确规定：虚假恐怖信息，是指以发生爆炸威胁、生化威胁、放射威胁、劫持航空器威胁、重大灾情、重大疫情等严重威胁公共安全的事件为内容，可能引起社会恐慌或者公共安全危机的不真实信息。

第二次是对寻衅滋事罪的扩张解释。2013年最高人民法院、最高人民检察院《关于办理利用信息网络实施诽谤等刑事案件适用法律若干问题的解释》（以下简称《诽谤等案件解释》）第5条规定，编造虚假信息，或者明知是编造的虚假信息，在信息网络上散布，或者组织、指示人员在信息网络上散布，起哄闹事、造成公共秩序严重混乱的，依照《刑法》第293条第1款第4项规定，以寻衅滋事罪定罪处罚。该解释把《刑法》第293条第1款第4项规定的"起哄闹事"从线下搬到线上，同时把"公共场所秩序"解释为"公共秩序"。这属于明显的扩张解释。自此之后，寻衅滋事罪成为刑法规制网络谣言的口袋罪。"寻衅滋事罪所具有的口袋性特征使其能对网络谣言无所不包地一网打尽"。①

（二）通过刑法修正案扩张对谣言的规制

2015年《刑法修正案（九）》在编造、故意传播虚假恐怖信息罪之外新增了编造、故意传播虚假信息罪，将编造、传播虚假险情、疫情、灾情、警情的行为单独规定为犯罪。同时，《刑法修正案（九）》还增设了拒不履行信息网络安全管理义务罪，用以规制网络服务提供者的不作为犯罪。2020年2月6日，最高人民法院、最高人民检察院、公安部、司法部联合发布了《关于依法惩治妨害新型冠状病毒感染肺炎疫情防控违法犯罪的意见》（以下简称《疫情案件意见》）。对比该意见与2003年的《疫情案件解释》，可以发现，规制谣言的犯罪从2003年的三个（编造、故意传播虚假恐怖信息罪、煽动分裂国家罪或者煽动颠覆国家政权罪）增加到了五个犯罪（编造、故意传播虚假信息罪、寻衅滋事罪、煽动分裂国家罪、煽动颠覆国家政权罪、拒不履行信息网络安全管理义务罪）。罪名的增多

---

① 孙万怀、卢恒飞：《刑法应当理性应对网络谣言》，《法学》2013年第11期。

使得法律适用也变得复杂了。例如,编造、传播有关疫情的谣言是否一律构成违法犯罪?如果构成犯罪的话,是构成编造、故意传播虚假恐怖信息罪,还是编造、故意传播虚假信息罪,抑或是寻衅滋事罪?这些都是当前重大疫情时期,司法实践不可回避的重要问题。

二 谣言的界定

我国法律并没有对"谣言"进行解释,不同法律的表述方式也各不相同。《治安管理处罚法》第25条的表述是"散布谣言,谎报险情、疫情、警情或者以其他方法故意扰乱公共秩序"。我国《刑法》第105条的表述是"以造谣……方式煽动颠覆国家政权",第378条、第433条的表述是"战时造谣惑众"。此外,我国刑法条文和司法解释用得更多的表述是"虚假信息"。一般认为,谣言是未经证实的信息。[①] "谣言是一只凭着推测、猜疑和臆度吹响的笛子",[②] 谣言的本质是信息没有经过事实验证,没有可靠的信息源头。谣言不等于谎言,谣言在事后可能被证伪,也可能被证实。因此,刑法在规制谣言的时候,应该保持谦抑性,合理处理好以下几个问题。

(一) 事实陈述与意见表达

谣言也是一种言论,刑法在规制谣言的时候,需要注意把握谣言和言论自由的边界。言论自由是世界各国宪法所普遍承认的基本权利,例如我国《宪法》第35条、《德国基本法》第5条、《美国宪法》第一修正案都明确规定了公民的言论自由。现在一般认为,谣言止于意见表达,也就是说应该区别事实陈述和意见表达这两种不同的言论,谣言只涉及事实陈述,而与意见表达无涉。只有事实陈述才可能构成谣言并受到刑法规制,而意见表达,无论其是否有价值,是否正确,是否激进,是否刺耳,都属

---

① 参见刘浩、王锴《网络谣言的宪法规制》,《首都师范大学学报》(社会科学版)2015年第5期。

② 刘宪权:《网络造谣、传谣行为刑法规制体系的构建与完善》,《法学家》2016年第3期。

于宪法言论自由的范畴，不得以犯罪论处。① 当然实践中，事实陈述与意见表达有时候很难断然分开。德国联邦宪法法院的原则是，如果事实陈述与意见表达结合在一起，特别是，当事实陈述乃是意见形成的必要前提时，事实陈述也就一并落入言论自由的保护范围。②

据此，只有关于疫情的事实陈述才可能构成谣言并受到刑法的规制，而单纯的意见表达则不应承担刑事责任。例如，微博"通州警方在线"公布：2020年1月26日，通州警方接群众反映，刘某（男，22岁）发帖自称感染新型冠状病毒后，多次前往人员密集场所，意图传染他人。通州警方迅速开展调查，于当日将发帖人刘某查获，经查，该人未感染病毒，身体健康，其供述称出于恶作剧心态编造散布虚假信息。目前，刘某因涉嫌编造、故意传播虚假恐怖信息罪已被通州公安分局依法刑事拘留。该案的处理具有一定的合理性，刘某虚构自己感染新冠病毒的事实，散布谣言，造成了社会的恐慌，应受刑事处罚。至于刘某是应构成编造、故意传播虚假恐怖信息罪还是编造、故意传播虚假信息罪，下文将进一步分析。但是，如果刘某确实感染了新冠病毒，然后再上网发帖要求政府收治，声称如果不收治就将前往人员密集场所，以传染他人。那么在这种场合，刘某表达的只是一种意见，虽然这种意见传递了负能量，让人害怕，但仍然不能作为谣言以追究其刑事责任。

（二）真实与虚假

关于谣言的真实性与虚假性，学界存在两种比较极端的观点。一种观点认为，谣言就是谎言，对谣言与虚假信息可以作同一理解。③ 另一种观点认为，虚假信息的外延大于谣言，虚假信息包括有根据的和无根据的两种，谣言只是其中没有根据的虚假信息。④ 本文不同意这两种看法，谣言的外延不等于虚假信息，更不小于虚假信息。如前所述，谣言的本质在于

---

① 参见刘艳红《网络时代言论自由的刑法边界》，《中国社会科学》2016年第10期。
② 参见张翔主编《德国宪法案例选释》（第2辑），法律出版社2016年版，第95页。
③ 参见朱志伟《重大公共卫生事件中网络谣言的双重认知及治理》，《华侨大学学报》（哲学社会科学版）2020年第6期。
④ 参见刘浩、王锴《网络谣言的宪法规制》，《首都师范大学学报》（社会科学版）2015年第5期。

其未经证实性,而不在于其虚假性,谣言事后可能被证伪也可能被证实。因此,谣言的外延应该大于虚假信息。谣言之所以具有迷惑性和危害性,不是因为其虚假性,而正是因为其真假难辨的模糊性和不确定性。虽然我国刑法规定的编造传播型谣言犯罪,需要谣言的内容是虚假信息才构成犯罪。但是对于煽动型谣言犯罪,刑法条文和相关司法解释都没有要求谣言必须是虚假的。例如,《刑法》第378条规定"战时造谣惑众,扰乱军心的",第433条规定"战时造谣惑众,动摇军心的",第105条规定"以造谣、诽谤或者其他方式煽动颠覆国家政权"。这几条的谣言就无须内容虚假,只要行为人利用了谣言的迷惑性和真假难辨性就可以构成犯罪,即使事后证明谣言的内容属实,也不影响犯罪的认定。《疫情案件意见》第6条对于编造、故意传播虚假信息罪和寻衅滋事罪的成立都要求"编造""传播""虚假信息",但对于煽动分裂国家罪和煽动颠覆国家政权罪的成立只要求"制造""传播""谣言"。很明显,司法的解释也认为"制造"不同于"编造","谣言"不同于"虚假信息"。

即使是对于编造传播型谣言犯罪,在认定谣言内容的虚假性时,不能采用"客观真实"标准,而应该采取合理确信规制下的"主观真实"标准。申言之,只要行为人合理确信自己的事实陈述真实,即使客观虚假,也不能成立犯罪。① 主观真实标准对于重大疫情初期谣言的判断具有特别重要的意义。在疫情初期人们对于是否发生疫情,发生了什么样的疫情都处于模糊懵懂状态中,而我国《传染病防治法》第38条第3款规定:传染病暴发、流行时,国务院卫生行政部门负责向社会公布传染病疫情信息,并可以授权省、自治区、直辖市人民政府卫生行政部门向社会公布本行政区域的传染病疫情信息。根据该规定,社会一般人员包括医生都无权发表疫情的相关信息,他们所发表的疫情言论都很可能会被认定为谣言。实际上只要医生等专业技术人员基于合理确信所发表的信息,不论事后证明是否真实,是否与卫生行政部门的态度一致,都不能认定为谣言,不能追究法律责任。

---

① 参见朱志伟《重大公共卫生事件中网络谣言的双重认知及治理》,《华侨大学学报》(哲学社会科学版) 2020 年第6期。

三 谣言的类型

对于谣言可以从不同角度进行分类，例如根据对象是否确定，可以分为针对特定对象的谣言和针对不特定对象的谣言；根据源头的不同，可以分为来源于己的谣言和来源于他人的谣言；根据内容的不同，可以分为关于自然灾害的谣言、关于污染的谣言、关于人员伤亡的谣言、关于食品安全的谣言等。① 这种分类对谣言的立法和司法具有一定的意义。就疫情谣言的刑法规制来说，最主要的问题是要把握虚假疫情信息同虚假恐怖信息、虚假疫情相关信息之间的区别。

（一）虚假恐怖信息和虚假疫情信息

2013年最高人民法院《恐怖信息解释》把虚假恐怖信息解释为，以发生爆炸性威胁、生化威胁、放射威胁、劫持航空器威胁、重大灾情、重大疫情等严重威胁公共安全的事件为内容，可能引起社会恐慌或者公共安全危机的不真实信息。根据这一解释，编造、传播虚假疫情的行为可能构成编造、故意传播虚假恐怖信息罪。而在2015年《刑法修正案（九）》新增编造、故意传播虚假信息罪之后，如何区别两罪之间的界限呢？在前述通州警方通报的案例中，刘某发帖自称感染新型冠状病毒后，多次前往人员密集场所，意图传染他人，被警方以编造、故意传播虚假恐怖信息罪立案追究刑事责任。本文认为，该案件的定性值得商榷。由于刑法新设了编造、故意传播虚假信息罪，并把编造、传播虚假疫情的行为纳入了该罪的构成要件，而且该罪的法定刑轻于编造、故意传播虚假恐怖信息罪，所以《刑法修正案（九）》实施以后，就应当认为前述2013年《恐怖信息解释》和2003年《疫情案件解释》的相关条款自动失效。之后，对于编造、传播虚假疫情信息的行为应该以较轻的编造、故意传播虚假信息罪定罪处罚，而不能再以较重的编造、故意传播虚假恐怖信息罪定罪处罚。

---

① 参见刘艳红《网络时代言论自由的刑法边界》，《中国社会科学》2016年第10期。

（二）虚假疫情信息和虚假疫情相关信息

《疫情案件意见》在重申了编造、故意传播虚假信息罪的适用条件之外，还对寻衅滋事罪的适用进行了解释："编造虚假信息，或者明知是编造的虚假信息，在信息网络上散布，或者组织、指使人员在信息网络上散布，起哄闹事，造成公共秩序严重混乱的，依照刑法第二百九十三条第一款第四项的规定，以寻衅滋事罪定罪处罚"。那么，需要解决的问题是，构成寻衅滋事罪中的"虚假信息"与编造、故意传播虚假信息罪中的"虚假信息"是什么关系呢？首先可以明确的是，寻衅滋事罪中的虚假信息不能是关于疫情本身的谣言。如果编造、传播的是无中生有的传染病信息，或者是传染病的传染性强弱、传染途径信息，或者是感染人数、死伤人数信息等，那么应该以编造、故意传播虚假信息罪定罪处罚，因为这些信息属于疫情本身的信息。但是，如果编造、传播的是与疫情相关的信息，则无法构成编造、故意传播虚假信息罪，其中严重扰乱公共秩序的，可以以寻衅滋事罪定罪处罚。例如，江苏省南京市公安局官方微博"@平安南京"2020年1月26日通报，孙某（男，27岁）编造"南京自1月27日0时起交通停运、全面封城"等谣言，并发布在多个网络群组中，被快速转发扩散，造成恶劣社会影响。26日当晚，孙某因涉嫌寻衅滋事罪被公安机关依法刑事拘留。无独有偶，2020年1月26日田某（男，31岁）在网上传播太原将实施交通管制的谣言，造成恶劣社会影响。田某因涉嫌寻衅滋事罪被刑事拘留。再如，编造、传播双黄连口服液能够治疗新冠肺炎也属于与疫情相关的信息，虽不会构成编造、故意传播虚假信息罪，但如果造成人们抢购药品，扰乱公共秩序的，可以以寻衅滋事罪定罪处罚。

四　兜底条款的限制适用

自2013年"两高"发布《诽谤等案件解释》以来，寻衅滋事罪逐渐成为规制网络谣言的兜底罪名并且具有很高的适用率。有学者统计认为，在对网络谣言的法律规制手段中，行政手段占了73%，刑事手段只占

27%，而在刑事手段中，寻衅滋事罪的适用率高达40.7%。①

与司法实践对寻衅滋事罪的偏爱不同，刑法学理论界对于用寻衅滋事罪来规制网络谣言的做法多持批判的态度。一种观点是从罪刑法定原则的角度对上述司法解释和司法实践进行了批评。有的学者认为，不能将刑法条文中的"在公共场所"扩大解释为包括"在信息网络上"，我国刑法中的"公共场所"只能是物理空间，而不可能是网络空间。例如，我国刑法规定的"在公共场所穿着、佩戴宣扬恐怖主义、极端主义服饰""在公共场所当众强奸""在公共场所强制猥亵""在公共场所聚众斗殴"都只能发生在现实社会，而不可能发生在信息网络上。② 也有学者认为，网络传谣行为根本不能等同于刑法条文规定的"起哄闹事"，司法解释实际上是将网络传谣这种刑法没有规定的行为，利用起哄闹事这一中介加以转换，由此实现了司法解释的造法功能。③ 另一种观点是从罪刑均衡原则的角度对上述司法解释和司法实践进行批评。例如，张明楷教授认为，在我国的刑法体系中，寻衅滋事罪的基本法定刑和加重法定刑都重于编造、故意传播虚假信息罪。但是如果按照上述司法解释和司法实践，编造、传播危害性较大的虚假疫情信息的行为成立较轻的编造、故意传播虚假信息罪，而编造、传播危害性较轻的其他虚假信息的行为反而成立较重的寻衅滋事罪。这明显违反了罪刑均衡原则。因此，在《刑法修正案（九）》增设编造、故意传播虚假信息罪之后，就应该认为《诽谤等案件解释》第5条第2款的规定自动失效了。此后，行为人编造、传播险情、疫情、灾情、警情之外的谣言的行为，不应再以寻衅滋事罪处理。④

不过，让法官、检察官去否定现行有效的司法解释是不现实的，比较务实的做法是对扩张了的司法解释作限缩适用。《诽谤等案件解释》第5条第2款和《疫情案件意见》都规定在网络上散布谣言，起哄闹事，需要造成"公共秩序"严重混乱才构成寻衅滋事罪。《刑法》第293条只规定

---

① 参见刘浩、王锴《网络谣言的宪法规制》，《首都师范大学学报》（社会科学版）2015年第5期。

② 参见欧阳本祺《论网络时代刑法解释的限度》，《中国法学》2017年第3期。

③ 参见陈兴良《寻衅滋事罪的法教义学形象：以起哄闹事为中心展开》，《中国法学》2015年第3期。

④ 参见张明楷《言论自由与刑事犯罪》，《清华法学》2016年第1期。

了"公共场所秩序"和"社会秩序"。而司法解释所采用的"公共秩序",是一个介于"公共场所秩序"和"社会秩序"之间的概念。因此,对"公共秩序"应该作限制解释,使其仅指现实社会中公众活动的秩序,而不包括网络秩序。具体来说,判断网络谣言是否造成"公共秩序"严重混乱时,需要考虑两个方面的因素:一是看网络谣言是否作为直接原因引发了群体性事件而对现实秩序造成严重影响;二是看网络谣言是否在公众中造成恐慌,打破了正常活动的安宁,对公众的日常活动造成了严重影响。[1]对"公共秩序"作这样的限制解释是有一定的立法依据的。我国《刑法》只在第298条规定了公共秩序:"扰乱、冲击或者以其他方法破坏依法举行的集会、游行、示威,造成公共秩序混乱的,处五年以下有期徒刑、拘役、管制或者剥夺政治权利"。可见,集会、游行、示威的秩序就是典型的公共秩序,当然公共秩序不限于集会、游行、示威的秩序,但公共秩序也只能限于公众现实活动的秩序。因此,前述南京警方和太原警方对散布"封城"谣言,影响公众生活和出行的行为,以寻衅滋事罪立案追究刑事责任,这一点应该说具有合理性。

(作者为东南大学法学院教授、博士生导师,东南大学网络安全法治研究中心研究员。本文原载《人民检察》2020年第7期,收入本书时略有修改。)

---

[1] 参见张新宇《网络谣言的行政规制及其完善》,《法商研究》2016年第3期。

论妨害突发事件防控的犯罪行为之处罚

汪恭政

一 问题的提出

所谓突发事件，根据 2007 年《突发事件应对法》第 3 条的规定，是指突然发生，造成或可能造成严重社会危害，需要采取应急处置措施予以应对的自然灾害、事故灾难、公共卫生事件和社会安全事件。发生突发事件，需要防控，而在突发事件防控期间，司法机关往往会出台司法解释性文件（包括司法解释）① 从重处罚这些犯罪行为。

近来，我国司法机关出台司法解释性文件从重处罚相关犯罪行为的情形先后涉及了三次。一是 2003 年"SARA"防控期间。最高人民法院（以下简称最高院）、最高人民检察院（以下简称最高检）出台了《关于办理妨害预防、控制突发传染病疫情等灾害的刑事案件具体应用法律若干问题的解释》（以下简称"2003 年《解释》"），分别对行为人实施生产、销售伪劣产品罪，生产、销售假药罪，生产、销售劣药罪，生产、销售不符合标准的医用器材罪，非法经营罪，诈骗罪，抢劫罪，寻衅滋事罪，非法行医罪，贪污罪，侵占罪，挪用公款罪，挪用资金罪的行为（共计 13 个罪名）规定了从重处罚。二是 2008 年汶川地震防控期间。最高院颁布了《关于依法做好抗震救灾期

---

① 2007 年最高院《关于司法解释工作的规定》第 6 条规定："司法解释的形式分为'解释''规定''批复'和'决定'四种。根据该条，《关于依法做好抗震救灾期间审判工作切实维护灾区社会稳定的通知》和《关于依法惩治妨害新型冠状病毒感染肺炎疫情防控违法犯罪的意见》不属于司法解释，但为保持行文的一致性，本文统一用司法解释性文件表述。

间审判工作切实维护灾区社会稳定的通知》（以下简称"2008年《通知》"），对7类犯罪行为（共计27个罪名），[①]予以从重处罚。三是2020年新冠肺炎疫情防控期间。最高院、最高检、公安部、司法部联合发布《关于依法惩治妨害新型冠状病毒感染肺炎疫情防控违法犯罪的意见》（以下简称"2020年《意见》"），对行为人实施抗拒疫情防控措施犯罪、暴力伤医犯罪、制假售假犯罪、哄抬物价犯罪、诈骗、聚众哄抢犯罪、造谣传谣犯罪、疫情防控失职渎职、贪污挪用犯罪、破坏交通设施犯罪（共计33个罪名）的行为规定了从重处罚。

由上可见，我国每临突发事件，特别是重大突发事件时，司法机关出台司法解释性文件惩治相关犯罪行为已呈趋势，体现了依法应对的特点。不过，由此面临的问题是：突发事件防控期间，司法解释性文件对相关犯罪行为规定的从重处罚，是属于法定的从重处罚，还是酌定的从重处罚？从重处罚犯罪行为的理论基础在哪？行为人在突发事件防控期间实施的犯罪行为是否都应处罚从重？面对新冠肺炎疫情防控期间发生的相关犯罪行为，如何具体从重？都值得研究。

二 从重处罚的归属争议

突发事件防控期间，司法机关出台司法解释性文件，对相关犯罪行为规定从重处罚，这到底属于法定的从重处罚，还是酌定的从重处罚，值得关注。

（一）法定的从重处罚

法定的从重处罚属于法定量刑的具体情形，[②]有关法定的从重处罚，

[①] 包括盗窃罪，抢夺罪，抢劫罪，故意毁坏财物罪，诈骗罪，拐卖妇女、儿童罪；非法经营罪，强迫交易罪；编造、故意传播虚假恐怖信息罪，妨害公务罪，聚众扰乱社会秩序罪，聚众扰乱公共场所秩序、交通秩序罪，聚众冲击国家机关罪；生产、销售伪劣产品罪，生产、销售有毒、有害食品罪，生产、销售假药罪，生产、销售劣药罪；贪污罪，挪用公款罪，挪用特定款物罪，滥用职权罪，玩忽职守罪；破坏电力设备罪，破坏交通工具罪，破坏交通设施罪，破坏广播电视设施、公用电信设施罪；妨害传染病防治罪，传染病防治失职罪。

[②] 在我国刑法中，法定的量刑包括应当从重处罚、应当（或可以）从轻处罚、应当（或可以）减轻处罚、应当（或可以）免除处罚、应当不适用死刑、不追究刑事责任等。详见陈庆《量刑理论若干问题探究》，知识产权出版社2011年版，第91—96页。

经历了从形式到实质的界定，这在法定量刑情节的界定上得到充分的体现。起初学界主要从形式上界定法定量刑情节，即"刑法有无明文规定"。随着量刑研究的深入，学界逐渐重视从实质上界定法定量刑情节，即从形式、内容、功能上考虑。由此可知，包括法定从重处罚情节在内的法定量刑情节的界定，就取决于法律是否在内容和功能上作了明确规定。也即，形式上要有法律的规定，内容上有从重处罚的情节，功能上在于发挥从重处罚的作用。就妨害突发事件防控的犯罪行为而言，显然，这种犯罪行为能成为从重处罚的考虑因素，功能上也易实现从重规制的积极效果。

但存疑的是，随着司法解释性文件尤其是司法解释立法化现象的存在，司法解释性文件规定的从重处罚，是否等同于法律规定的从重处罚，即是否符合上述形式上的界定要求？司法实践中，最高司法机关不依赖于具体刑事案件的裁判而直接出台司法解释性文件的倾向明显。就突发事件防控期间出台的司法解释性文件来说，无论是 2003 年《解释》，还是 2008 年《通知》，抑或 2020 年《意见》，并非针对司法实践中的具体法律问题出台解释性规定，而是针对非常时期可能涉及的违法犯罪行为，进行系统性、规模化的解释。之所以如此，理论上支持者认为，这是司法权自然延伸的结果，与司法实践相伴而生，离开司法解释性文件审判工作无从开展。持此观点，进一步佐证了司法解释性文件立法化的趋势。甚至有观点认为："司法解释的'立法化'或'泛立法化'现象已成为我国司法解释的一个基本特征和普遍趋势。"[①] 如此一来，名为司法解释实有立法性质的规范的广泛适用也就愈发明显了，其规定的从重处罚，在形式上也就有了法定性质的基础。

（二）酌定的从重处罚

要确定突发事件防控期间司法解释性文件规定的从重处罚，是否属于酌定的从重处罚，离不开对酌定量刑情节的认识。酌定的量刑情节，有学者将其界定为是在刑法理论指导下总结司法实践经验而形成的可从重或从

---

① 柏孟仁：《合法与谦抑：司法解释权规范运作之基本遵循》，《学习与实践》2018 年第 3 期。

轻处罚的情节；① 还有的界定为不是刑法明文规定的，但对量刑仍起重要影响作用的情节。② 由此可知，酌定量刑情节的核心特征在于"酌定"，即缺乏法定的特征。

为此，学界有不少学者基于酌定的从重处罚有"酌定"而无"法定"的特征，提出司法解释性文件不是法，因而其定的从重处罚，应属于酌定的从重处罚。例如，张明楷教授就指出，司法解释规定的量刑情节均属于酌定量刑情节。③ 酌定从重处罚依据的情节乃酌定的量刑情节，因而司法解释规定的从重处罚，也就属于酌定的从重处罚了。由此表明，司法解释性文件并非法律，非由法律明文规定的从重处罚，无疑也就是酌定的从重处罚了。

（三）本文观点

综上，学界对于司法解释性文件规定的从重处罚，有法定的从重处罚和酌定的从重处罚两类观点。法定从重处罚的界定经历了从形式到实质的走向，即从形式上是否有规定到形式、内容、功能上分别予以判断的趋势；酌定从重处罚的界定主要围绕"酌定"而非"法定"展开。尽管两类从重处罚的界定有别，但都离不开从形式上（即法律上）判断从重处罚的归属。据此，本文认为，突发事件防控期间司法解释性文件对相关犯罪行为规定的从重处罚，属于酌定的从重处罚。

得此观点，理由在于：一是源自刑法的规定。根据《刑法》第62条的规定，从重处罚的判定应限定在法定刑限度内，而法定刑规定在1997年刑法和单行刑法之中，就此而言，包括司法解释在内的司法解释性文件区别于刑法典和单行刑法，不属于法律，因而其规定的从重处罚亦就不属于"法定"的从重处罚。二是从司法解释性文件的性质上也能明确。司法解释性文件，由司法机关制定，是司法权运行的重要体现。恰如有学者所言，司法解释性文件是表达司法权力的重要途径。④ 而法律是源自立法权

---

① 参见高铭暄、马克昌主编《刑法学》（第4版），北京大学出版社、高等教育出版社2010年版，第286页。
② 参见张明楷《刑法学》（第4版），法律出版社2013年版，第506页。
③ 参见张明楷《刑法学》（第4版），法律出版社2013年版，第506页。
④ 参见彭中礼《最高人民法院司法解释性质文件的法律地位探究》，《法律科学》2018年第3期。

的产物,由立法机关制定,两者规范制定背后的权力属性有别,尽管司法解释性文件特别是司法解释存在立法化的现象,但并未改变其制定背后的司法权力的本质属性。就此来看,亦难以满足法定的从重处罚在形式上的界定要求。因此,在突发事件防控期间,出台的司法解释性文件对妨害突发事件防控犯罪行为规定的从重处罚,应属于酌定的从重处罚。

三 从重处罚的理论基础

对犯罪行为进行酌定的从重处罚,理论上有其存在的基础。但目前有关其基础,都是集中在正常时期讨论的,而对于非常时期犯罪行为进行从重处罚的,缺乏应有的关注。

(一) 从重处罚的传统理论

1. 刑事立法角度:刑法不明确的影响

从刑事立法角度看,传统上从重处罚犯罪行为的理论基础在于刑法不明确的影响。刑法条文由语言文字表达,然而,"我们的语言的丰富程度和精妙程度还不足以反映自然现象在种类上的无限性、自然要素的组合与变化,以及一个事物向另一个事物的逐渐演变过程"。[①] 由于语言的模糊属性,本身也促成了刑法不明确影响的存在,出现了"法律整体内部的一个令人不满意的不完整性"[②]。

具体来说,刑法不明确的影响包括:一是罪状不明确的影响。主要表现为刑法对罪状的描述具有抽象性和含混性,由于很多犯罪的罪状描述过于抽象,致使法定量刑情节的范围过于狭窄,故而司法者只能在法定量刑情节之外寻找刑罚轻重的根据。[③] 二是刑罚不明确的影响。刑罚的不明确,一般表现为处罚犯罪的刑罚幅度过宽。之所以如此,理论上有不同原因,

---

① [美] E. 博登海默:《法理学:法律哲学与法学方法》,邓正来译,中国政法大学出版社2004年版,第503页。
② [德] 卡尔·恩吉施:《法律思维导论》,郑永流译,法律出版社2004年版,第168页。
③ 参见苏永生《"酌定从重处罚情节"之否定——一个罪刑法定主义的当然逻辑》,《政法论坛》2016年第6期。

如立法技术的缺陷、条文的不明确性、对事实的相对无知性等。① 归根结底，主要在于很难将所有犯罪行为一一对应具体的刑罚。因而，不得不设置过宽的刑罚幅度，而这无疑为酌定的从重处罚留下了适用空间。

2. 刑事司法角度：自由裁量权的存在

从刑事司法角度看，酌定从重处罚犯罪行为的理论基础在于法官自由裁量权的存在。量刑，乃刑罚的量定，是法官裁量问题的体现。② 司法实践中，法官无论是事实认定，还是法律裁决，都离不开自由裁量权的运用。当法官在做必要的事实认定和法律裁决时，若要在手段、规则、惩罚和赔偿中做出选择，则要行使自由裁量权。③ 尽管自由裁量权或多或少存在问题，但不改变其客观存在的事实。

自由裁量权的存在，说明法官裁量刑罚时有一定的自由权限，因而作出的刑罚评价会有差别，而差别恰恰说明了从重处罚存在的可能。法官面对个案时，在受法律约束的条件下，④ 都有根据案情斟酌适用刑罚的权力。这种斟酌受个案不同情况的影响，因而享有自由裁量权的法官，在对犯罪行为进行刑罚评价时，会有细微的差别，对于案情严重的，往往会作从重处罚的评价，反之，则从轻评价。由此看来，由于自由裁量权的存在，法官无论是从重处罚，还是从轻处罚，都有裁量刑罚的理论基础。

（二）从重处罚的本文立场

相比正常时期从重处罚犯罪行为的理论基础，非常时期存在的理论基础并非与前者对立。恰恰相反，后者是对前者的补充。无论是刑事立法角度的刑法不明确的影响，还是刑事司法角度的自由裁量权的存在，都意在维护规范所维系的法秩序。非常时期从重处罚犯罪行为，更是在强化法秩序的维护，以确保法秩序下人们行为的一致性、连续性和稳定性。非常时期，行为人实施相关犯罪行为，说明其妨害了规范所期待的法秩序，特别

---

① See Hart, *The Concept of Law*, Clarendon Press, 1994, p. 128.
② 参见［德］汉斯·海因里希·耶赛克、托马斯·魏根特《德国刑法教科书》（总论），徐久生译，中国法制出版社2011年版，第1039页。
③ Bingham, "The Discretion of the Judge", *Denning Law Journal*, 1990, Vol. 5, No. 1, p. 28.
④ Vgl. Jescheck, Weigend, *Lb Strafrecht* AT5, 1996, S. 871.

是非常时期应须维护的秩序。

就突发事件而言，为了降低或较少突发事件带来的危害，离不开突发事件防控秩序的构建。《突发事件应对法》第1条就已规定，为了预防和减少突发事件的发生，控制、减轻和消除突发事件引起的严重社会危害，除了保护民众生命财产外，重在维护国家安全、公共安全、环境安全和社会秩序。因此，突发事件防控秩序必须确立。与此同时，考虑到突发事件防控期间，现有规范并非因突发事件的发生而失去效力，相反，更应发挥这些规范的治理作用。由此看来，突发事件防控期间实施的相关犯罪行为，对其从重处罚的理论基础就在于犯罪行为妨害了突发事件防控秩序，这就是本文的立场。

坚持此立场，作用在于：一是相比正常时期，更利于维护规范所维系的法秩序。突发事件的发生，由于很难预见、无法预见或事出突然，以及很大的破坏性，[1] 会打乱正常的社会节奏。"紧急时无法律"就是此情况下的产物。"紧急时无法律"并非紧急状态或突发事件下无须法律，而只是说明了这种情形下的无序状态。突发事件的发生，不仅需要应对，更离不开有秩序的应对。"秩序并非一种从外部强加给社会的压力，而是一种从内部建立起来的平衡。"[2] 通过在应对突发事件时，保持自然或社会进程的一致性、连续性，不仅利于实现社会的规范化状态，更利于应对突发事件。

二是相比正常时期，更利于发挥规范规制犯罪的效用。"保障规范的效用，在于反映社会的同一性。"[3] 罪刑规范伴随犯罪产生而发展，其对民众的社会生活产生广泛影响。突发事件的发生，并非因为事件的突发性，就断绝民众对罪刑规范的接纳与认同。人们遵守法律并非是因为法律外在强制的影响，而是基于法律的合理、合法使其产生了内心的认同。[4] 时至今日，突发事件发生的相关犯罪行为，都已纳入刑法的调整范围，发挥罪

---

[1] See Oren Gross and Fionnuala Ní Aoláin, *Law in Times of Crisis: Emergency Powers in Theory and Practice*, Cambridge University Press, 2006, pp. 5–6.

[2] [英] 弗里德里希·冯·哈耶克：《自由秩序原理》，邓正来译，生活·读书·新知三联书店1997年版，第183页。

[3] 许玉秀：《刑法的任务——与效能论的小小对话》，《刑事法杂志》2003年第2期。

[4] Vgl. Manfred Rehbinder, *Rechtssoziologie*, 6. Aufl., Verlag C. H. Beck, 2007, S. 109–111.

刑规范规制行为的效用并未因为非常时期而丧失，与之相对，更强调了对行为的严厉打击，以彰显罪刑规范的有效性。诚如有学者所说，在规范组成的社会里，规范的效力旨在保护共同体的生活秩序，国家通过刑罚强化威胁意在保护共同体秩序的规范有效性。①

三是相比正常时期，更利于确保法秩序所允许行为的存在。反之，对于法秩序不允许的行为更易受规范的否定评价。突发事件防控期间，为了更好地应对突发情况，秩序价值的作用就更明显。"在各个生活领域、职业领域、经济活动领域等，被认定具有日常性、通常性，这种类型的行为，不会唤起任何处罚感情。"② 然而，在非常时期，出现与所维系法秩序相背离的犯罪行为，不仅使社会降低对行为人的容忍度，也易激起民众对罪刑规范的更多期待，因而，更需要否定评价。

四是更利于避免因缺乏刑法的明文规定而擅自裁量刑罚的弊端。这是因为，在非常时期，突发事件发生的突然性、特殊性，事件应对的时间紧迫，大规模地修法不仅没必要，也难以实现。因此，遵守既有生效规范所维系的法秩序，就很必要。此举在有关司法解释性文件中也予以证实，如2010年最高院《关于贯彻宽严相济刑事政策的若干意见》第4项所规定的那样，要根据经济社会的发展和治安形势的变化，在法律规定的范围内，适时调整从严、从宽的对象、范围和力度。该意见中的法律规定，往往是既有生效的规定。遵守该规定，出台司法解释性文件从重处罚妨害突发事件防控的犯罪行为，就有了法律特别是刑法的依据，如此也就避免了并非基于突发事件的突然性、特殊性就擅自裁量刑罚处罚行为人的弊端。

四　从重处罚的判断准则

根据前文，突发事件防控期间，从重处罚犯罪行为，更多的在于其妨害了突发事件防控秩序，而法官如何在司法实践中判断此秩序构成妨害，

---

① Vgl. Günther Jakobs, *Rechtsgüterschutz? Zur Legitimation des Strafrechts*, Ferdinand Schöningh GmbH, 2012, S. 41 ff; Michael Pawlik, *Unrechts des Bürgers*, Mohr Siebeck, 2012, S. 122ff.

② ［日］福田平：《全订刑法总论》，有斐阁2004年版，第147页以下。

就需要确立判断准则，而确立此准则的关键在于，把握从重处罚的犯罪行为与突发事件防控秩序受妨害之间的关系。

（一）二者要有时空联系

任何犯罪都有所处的时空环境。没有时空环境，犯罪行为就无所依附，也就无法发生。突发事件防控秩序受妨害也一样，也要有时空环境的存在。"时间和空间是社会运行中不可缺失的关键元素。"① 由此，要从重处罚犯罪行为，就需要判断其与突发事件防控秩序受妨害是否有时空联系。

具体来说：一是从重处罚的犯罪行为与突发事件防控秩序受妨害要有时间上的联系。通常表现为行为人实施的犯罪行为是在突发事件防控期间发生的，若犯罪行为不在突发事件防控期间发生，无疑也就缺少了突发事件防控秩序受妨害的可能。由此，突发事件发生前或（防控）结束后实施的犯罪行为，就缺少了与突发事件防控秩序受妨害发生时间联系的基础。但存疑的是，突发事件发生后、相关司法解释性文件出台前出现的犯罪行为，是否应从重处罚？本文认为，这种司法解释性文件尽管是应对妨害突发事件防控犯罪行为制定的，但其没有类似刑法从旧兼从轻的时间效力，因为无论是在参照此解释性文件之前还是之后，适用的刑法都是一样的，都是依据同一罪刑规范裁量刑罚，因而，无须针对此解释性文件从旧兼从轻。二是从重处罚的犯罪行为与突发事件防控秩序受妨害要有空间上的联系。通常包括：其一，犯罪行为要发生在突发事件防控秩序受妨害地，在该受妨害地实施犯罪行为，无疑给突发事件防控秩序受妨害创造了条件；其二，虽然犯罪行为未发生在突发事件防控秩序受妨害地，但犯罪行为作用的对象处于该受妨害地的，也能说明犯罪行为与该受妨害地有空间上的联系；其三，与第二类情形相似，犯罪行为未在突发事件防控秩序受妨害地发生，但其造成的危害结果发生在该受妨害地的，也说明二者有空间上的联系。

此外，要考虑的是：突发事件有不同等级之分，如《突发事件应对

---

① 常进锋：《时空社会学：青少年犯罪成因的新视角》，《中国青年社会科学》2020年第1期。

法》第3条规定，自然灾害、事故灾难、公共卫生事件分为特别重大、重大、较大和一般四级，等级越高表明突发事件防控秩序更需要维护，但是否意味着从重处罚的犯罪行为，妨害的突发事件防控秩序越需要维护的，则从重处罚的程度越高？比如，犯罪行为妨害特别重大突发事件防控秩序的，从重处罚的程度是否比妨害重大突发事件防控秩序的更高。本文认为，无须如此考虑，此问题在从重处罚的犯罪行为与突发事件防控秩序受妨害要有时空联系上能得以解决。理由有二：一是突发事件等级越高，防控越必要，说明了防控突发事件持续的时间就越长、波及的空间就越广泛，如此一来，就延长了犯罪行为与突发事件防控秩序受妨害的时空联系；二是犯罪行为对突发事件防控秩序构成妨害，是依托于具体利益（下文详述）的侵犯，除了能在定罪上完成评价的外，若利益受损越重的，则处罚程度越重，而与突发事件本身的等级程度并无正相关关系。

（二）二者要有因果关系

从重处罚的犯罪行为与突发事件防控秩序受妨害要有因果关系，理由在于：一是由刑法条文得知。根据《刑法》第5条的规定，裁量刑罚的轻重程度离不开对行为人所犯罪行的判断，罪行越重则刑罚裁量越重。罪行轻重表明对抗规范的程度，在突发事件防控期间，主要体现为犯罪行为妨害突发事件防控秩序的程度。由此，非常时期裁量行为人刑罚的轻重程度就取决于突发事件防控秩序受妨害的严重程度。又如，根据《刑法》第61条的规定，行为人犯罪造成的危害程度是判处其刑罚的重要依据。由此也说明，行为人的犯罪行为应与所造成的危害程度要有因果关系。同样，非常时期行为人的相关犯罪行为也与之类似，从重处罚时，应立足其所造成的危害程度。二是基于量刑的证明要求。量刑证明乃法官依据案件事实裁量刑罚的活动。通常而言，法官在对犯罪分子裁量刑罚时，不仅有依法裁量权，也有自由裁量权。无论是前者，还是后者，除了罪刑规范作为裁判规范外，刑罚裁量的依据都在于案件事实，不得随意裁量。非常时期实施妨害突发事件防控秩序的犯罪行为，法官根据裁判规范要对其从重处罚，就要依托案件事实判断其对此秩序构成妨害。而且，量刑的证明活动离不开证据关联性的判断。证据的关联性是作为证据与待证事实之间的关系而存在的,① 也即,证据材料与待证事实之间存在联系,前者对后者具有关联性。② 待证事实在于判断犯罪行为是否妨害突发事件防控秩序,而现有的证据材料能反映案件事实,依据证据材料分析与待证事实的关联关系,就已说明了非常时期的犯罪行为与突发事件防控秩序受妨害要有因果关系。

不过,难点在于如何判断从重处罚的犯罪行为与突发事件防控秩序受妨害之间存在因果关系。本文认为,判断的流程包括:(1)确定原因和结果层面的因素。原因层面的因素,乃从重处罚的犯罪行为。该行为由于在定罪上已有证据认定,因此,裁量刑罚时容易判断。结果层面的因素,即突发事件防控秩序受妨害。由于判断受妨害的秩序是抽象的,为了罚当其罪,应具体化。一般来说,可从三方面具体化:一是身体(包括生命)利益受损或面临受损的具体危险;二是财产利益受损或面临受损的具体危险;三是其他具体利益受损或面临受损的具体危险。(2)明确因果关系的判断方法。目前,有关该判断方法主要集中在定罪领域。理论上,先后衍生出条件说、相当因果关系说、③ 客观归责理论、流行病学④等。本文认为,在量刑上判断犯罪行为与突发事件防控秩序受妨害的因果关系,应先从事实层面判断,采纳条件说,判断是否没有从重处罚的犯罪行为就没有突发事件防控秩序受妨害,即无前者则无后者。若符合,再从规范层面判断,考虑行为与结果的相当性,判断突发事件防控秩序受妨害是否是从重处罚的犯罪行为危险现实化的结果。(3)不同角度的具体判断。考虑到从重处罚的犯罪行为,往往会作用对象,导致危害结果,且这些因素在空间上有分散分布的特点。基于此,一是从犯罪行为本身角度考虑,这是针对犯罪行为发生在突发事件防控秩序受妨害地而言的,判断犯罪行为本身是否有损及上述三类其中之一利益的具体危险,若有,则从重评价。二是当

---

① See James, *Relevancy, Probability and the Law*, California Law Review, 1941, Vol. 29, pp. 689–690.

② See Ratanlal Ranchhoddas and Dhirajlal Keshavlal Thakore, *The Law of Evidence*, 2010, Lexis-Nexis Butterworths Wadhwa Nagpur, p. 14.

③ 详见[日]前田雅英《刑法总论讲义》,东京大学出版会2006年版,第176页。

④ 详见[日]大塚仁《犯罪论的基本问题》,冯军译,中国政法大学出版社1993年版,第104页。

犯罪行为的实施不在突发事件防控秩序受妨害地，难以直接判断时，就从行为对象角度考虑是否与上述其中之一受损的利益发生关系，即从行为对象的规模、价值、性质上判断是否影响突发事件的有序防控，若有，则从重处罚；三是当两者都不能判断时，就从导致的危害结果角度看，即犯罪行为是否会损及上述其中之一的利益，若是，则从重处罚，但若损及利益的行为能在定罪上完成评价的，量刑时无须再从重处罚。

五 从重处罚的具体运用

突发事件防控期间，司法机关出台司法解释性文件从重处罚相关犯罪行为，意在维护突发事件防控秩序。不过，为了更好地从重处罚这些行为，明确从重处罚的具体运用，本文拟以新冠肺炎防控期间出现的典型案例为例，考虑如下。

（一）新冠肺炎疫情防控期间从重处罚判断准则的确立

自2019年12月武汉暴发新冠肺炎疫情以来，司法机关为依法惩治妨害新冠肺炎疫情防控的犯罪行为，发布了2020年《意见》，对其梳理后发现从重处罚相关犯罪行为的规定较笼统，能否针对个案直接适用，有待商榷。为此，在理论界，姜涛教授提出以"区别类型提升涉疫犯罪治理效果"。也即，划分2020年《意见》规定的犯罪行为类型，决定是否从重处罚应根据不同的类型作出区分。例如，对于以疫情为情势和以疫情为空间的犯罪行为，予以从严从重处罚；对于以疫情为工具和以疫情为对象的犯罪行为，无须从重处罚；对于以疫情为理由的犯罪行为，可酌情从轻处罚或不作为犯罪。① 本文认为，这属于静态的区分犯罪行为类型进行从重处罚的观点，难以把握犯罪行为对新冠肺炎疫情防控秩序的具体妨害。维护新冠肺炎疫情防控秩序，有必要根据具体涉案特点考虑是否从重处罚，这是因为量刑毕竟在结构上是属于法律适用的问

---

① 参见姜涛《区别类型提升涉疫犯罪治理效果》，《检察日报》2020年3月2日第3版。

题，① 法律适用离不开个案的具体判断。基于此，从重处罚妨害新冠肺炎疫情防控的犯罪行为，就应结合涉案特点判断其是否具体妨害新冠肺炎疫情防控秩序。

第一，行为人在新冠肺炎疫情防控期间实施的犯罪行为，能给新冠肺炎疫情防控地区的人员造成新冠肺炎感染或面临感染的具体危险的，应酌定从重处罚。其中，这些人员不限于参与新冠肺炎疫情防控工作的医护救援人员和执行公务人员，只要面临新冠肺炎感染或感染（具体）危险的人员都应包括在内，但对于已感染新冠肺炎尚未治愈的人员，实施犯罪行为时就缺乏损及这种人身利益的可能性。第二，行为人的犯罪行为，能对用于新冠肺炎防控的财物（包括财产性利益）造成损害或损害的具体危险的，应酌定从重处罚。而对于只是利用新冠肺炎之名行犯罪之实且未对这些财物造成损害或损害的具体危险的，不应从重处罚。第三，行为人的犯罪行为，能对新冠肺炎疫情防控地区的其他具体利益，造成损害或损害的具体危险的，应酌定从重处罚。除此之外，对于姜涛教授提出的重罪和轻罪、罪与非罪的从重评价问题，② 本文认为，此种情形混同了定罪和量刑的区别。因为无论是判定重罪或轻罪，还是确定罪与非罪，都属于定罪上的问题，应根据构成要件层面的客观危害和主观恶性，判定是处罚重罪或轻罪，还是构罪或不入罪，而非从量刑上考虑是否从重处罚。

（二）新冠肺炎疫情防控期间从重处罚判断准则的运用

自 2020 年《意见》颁布以来，司法实践中出现不少妨害新冠肺炎疫情防控的犯罪行为。最高院、最高检为了更好地聚焦妨害新冠肺炎疫情防控的犯罪行为，发布了不少典型案例。鉴于最高院发布的典型案例，不仅介绍了案情，也列明了裁判结果，尤其对是否从重处罚规定的较详细，因而，本文拟针对最高院发布的 10 个典型案例，予以评析。经整理，裁判结果中涉及从重处罚的有 5 个典型案例。

---

① Vgl. Manfred, *Grundprobleme des Strafzumes-sungsrechts in Österreich*, ZStW 94, S. 129.
② 参见姜涛《区别类型提升涉疫犯罪治理效果》，《检察日报》2020 年 3 月 2 日第 3 版。

表1　最高院第1批依法惩处妨害新冠肺炎疫情防控犯罪的典型案例

典型案例的名称	从重处罚的内容
案例2：马某某故意杀人案——持刀杀害两名防疫卡点工作人员	马某某在疫情期间杀害两名疫情防控工作人员，主观恶性极深，犯罪手段残忍，情节极其恶劣，后果特别严重。马某某曾因犯故意伤害罪被判处有期徒刑，在刑罚执行完毕后五年内再犯应当判处有期徒刑以上刑罚之罪，系累犯，应依法从重处罚
案例3：业某某抢劫案——冒充疫情防控人员持刀入户抢劫	被告人业某某在疫情防控期间，冒充疫情防控人员，骗开小区住户房门，持刀入户抢劫，其行为构成抢劫罪，应依法从严惩处
案例5：赵某某诈骗案——疫情期间虚构销售口罩诈骗财物	赵某某在疫情防控期间，虚构销售疫情防护用品事实，骗取他人财物，应依法从严惩处
案例6：孙某某、蒋某诈骗案——假冒慈善机构骗取疫情募捐	孙某某、蒋某假借抗疫之名，实施诈骗行为，主观恶性深，社会影响恶劣，应依法从严惩处
案例7：叶某妨害公务案——拒不配合疫情防控管理暴力袭警	被告人叶某在疫情防控期间，拒不配合防控管理，以暴力方法阻碍人民警察执行公务，致二人轻微伤，其行为构成妨害公务罪，应依法从重处罚

注：此表所示的"疫情"，特指新冠肺炎疫情突发事件。

表1案例，是否从重处罚，本文认为，应根据新冠肺炎疫情防控期间从重处罚的判断准则并结合涉案特点判断。对于案例2，从重处罚马某某是由于其是累犯，根据《刑法》第65条的规定，应从重处罚，这属于法定的从重处罚，不属于本文关注的从重处罚情形，按正常时期的量刑规定从重处罚即可。对于案例3，业某某冒充新冠肺炎疫情防控人员的行为，只是骗取被害人开门实施入户抢劫的手段，该手段不仅未使被害人感染新冠肺炎的危险现实化，也未损及用于新冠肺炎疫情防控的财物，因而，不宜酌定从重处罚，按正常时期有关入户抢劫的规定定罪量刑即可。对于案例5，赵某某虚构销售口罩诈骗财物的行为，由于未损及用于新冠肺炎疫情防控的财物，且未出现损及的具体危险，因而，也缺乏从重处罚的必要性，除非该行为会使被害人感染新冠肺炎的危险现实化，则另当别论。对于案例6，孙某某、蒋某假冒慈善机构骗取新冠肺炎募捐的行为，实质上是以防控新冠肺炎疫情为名行诈骗之实的行为，其并未直接损及用于新冠肺炎疫情防控的财物，因而，处罚不宜从重。对于案例7，从重处罚合理，

这是因为叶某以暴力方法拒不配合导致执行防控新冠肺炎公务的人员轻微伤的，说明其行为直接妨害了新冠肺炎疫情防控工作，损及了上述第一类具体利益，说明二者有因果关系，有必要酌定从重。

总之，在新冠肺炎疫情防控期间，若行为人的犯罪行为妨害了新冠肺炎疫情防控秩序的，处罚时应酌定从重。具体可按 2017 年最高院《关于常见犯罪的量刑指导意见》的规定，在增加基准刑的 20% 以下裁量刑罚。尽管该规定只适用于故意的犯罪行为，但若行为人实施滥用职权、玩忽职守、防治新冠肺炎疫情失职的犯罪行为，直接妨害新冠肺炎疫情防控秩序的，即损及上述三类其中之一的利益的，裁量刑罚时建议也适用该规定。

（作者为浙江工商大学法学院讲师，中国社会科学院法学研究所暨贵州省社会科学院联合培养博士后。本文原载《北方法学》2020 年第 4 期，收入本书时略有修改。）

第三编
新型网络犯罪

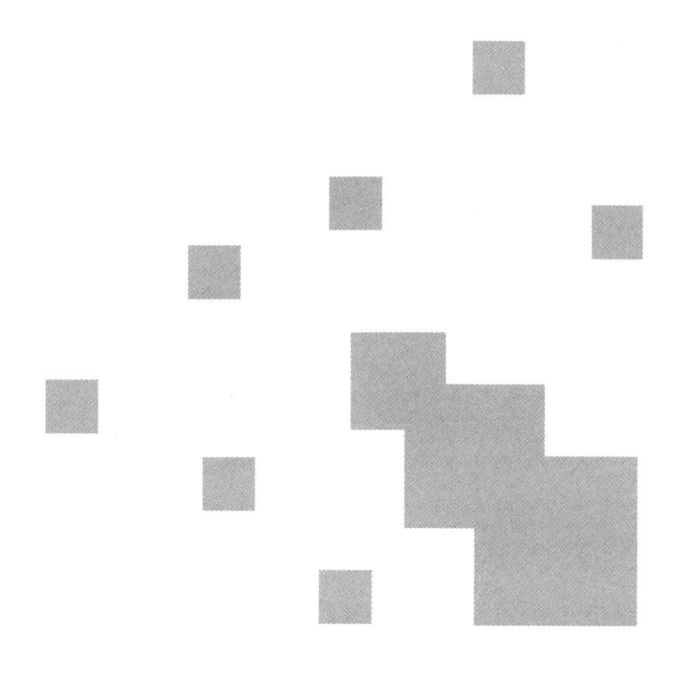

论网络犯罪治理的公私合作模式*

江 溯

网络的飞速发展给社会群体的生活带来了极大便利，与此同时，司法实践中激增的网络犯罪案件也给国家、社会和个人的发展造成了严重威胁。据有关报道，在中国，网络犯罪的数量在总体犯罪中的占比已达到三分之一，其所具有的社会危害性不容小觑。相比于传统犯罪，网络犯罪具有智能性、隐蔽性、匿名性、跨国性等特征，给传统犯罪治理带来了诸多严峻的挑战。不仅如此，网络犯罪也具有全球性和无国界性，因此，如何通过加强与国际社会的合作有效打击跨国网络犯罪，也是目前国际社会面临的一个重大课题。传统的网络犯罪治理模式以公共部门力量为主导，然而，由于在资源、技术、效率等方面存在不足，传统的公力模式并不足以应对新型网络犯罪类型。正因为如此，近年来，无论是在域外还是在我国，强调公共部门与私营机构共同合作治理网络犯罪的公私合作模式应运而生。笔者于本文中通过对域外公私合作治理模式的相关立法与实践进行分析，为我国构建相关法律制度提供参考。

一 网络犯罪治理的三种模式

从世界各国网络犯罪治理的立法和实践来看，主要存在以下三种模式。

---

* 本文是作者主持的中国政法大学网络法学研究院2019年度网络法治理论研究项目课题"打击网络犯罪的公私合作伙伴关系研究"的最终成果；本文的写作受到北京大学法学院博士后王华伟的指点，谨致谢意；感谢北京大学法学院硕士研究生赵文阁在课题研究中所提供的支持。

（一）公力模式：传统的政府主导模式

以新加坡为代表的公力模式即政府主导型网络犯罪治理模式，强调政府在整个网络行为监管过程中的决定性作用。公力模式强调公共部门对网络信息资源的控制与投入，公共部门在明确管理目标、管理过程和管理方法后，就会制定相应的治理措施和行动方案，最后由各级公共部门落实对犯罪行为的预防和打击。这种模式的优点是能够最大限度地集中资源去落实政策和设计制度，适合行政决策与管理。与此同时，政府部门基于公权力主体地位，能够在短时间内聚集资源，提高打击网络犯罪的效率和力度。由于政府的主导角色，公力模式在打击网络犯罪行为过程中具有稳定性和确定性。然而，由于缺乏社会力量（私营机构、个体消费者等）的参与，导致无法及时更新和发展相关信息与技术，进而缺乏灵活性与适应性。

（二）私力模式：以私营主体为主导的治理模式

私力模式由私营主体间自由合作治理网络犯罪，强调应尽可能减少政策和法规对互联网进行监管。在这一政策的指导下，互联网企业、社会部门组织和消费者个体会相互建立牢固的数据分享交流渠道与平台。该模式的优点是能够发挥行业间优势，聚集来自不同企业组织的数据、产品和服务，共同对抗网络犯罪行为。此外，也有利于提升效率和营造信任、互惠互利的网络安全环境。然而，私力模式缺少公共部门的参与，存在以下不足：一是覆盖范围有限，中小企业缺乏参与权和话语权，容易形成以大型互联网企业利益为核心的运行机制；二是缺乏外部监管，使相关法规及政策规定空心化。总体而言，发挥私营主体间的优势打击网络犯罪，突破了以往对公共部门过于依赖的状况，有助于促使各利益相关方不同程度地共同参与网络犯罪的治理，提升打击网络犯罪的效率。

（三）公私合作模式：多方利益相关者合作模式

随着在大数据信息共享机制下第三代信息网络的出现，网络犯罪更为隐蔽和复杂，对网络犯罪的预防和打击提出了更为严格的要求，公私合作模式应运而生。该模式特点在于：第一，鼓励和保证各利益相关方以最大的自由度和主体性参与网络犯罪治理，形成"多主体参与、多层面协同"的治理体系；第二，注重网络犯罪的预防和系统的快速恢复能力。它是现代政府治理政策由单一的政府主导模式向更为多元、灵活和可恢复性方向转变的充分体现。2013年联合国发布的《网络犯罪综合报告》反映，以网络服务提供商为代表的私营机构从执法机构处获得的数据请求日益增多，一些私营机构表示，它们正在创建旨在加强与执法机构合作和信息交流的机制。[①] 这些调查结果表明，私营机构在网络犯罪案件侦查活动中发挥着至关重要的作用。公私合作模式的建立是从以往仅靠权力获取刑事侦查过程中的数据向注重双方利益合作方向转变的有效途径。

二 网络犯罪治理公私合作模式的需求与动力

网络犯罪治理公私合作模式的产生，除了网络犯罪这一最为重要的外因以外，还存在诸多复杂的内因。对公共部门抑或私营机构，采取合作模式治理网络犯罪均有极大动力。

（一）"相互依赖性脆弱"的现实挑战

网络安全的"相互依赖性脆弱"体现为以下两个方面。一是网络的高度互联互通使主体间高度相互依赖表现出脆弱性。在新型大数据背景下，第三代网络犯罪往往表现为利用精准的大数据实施犯罪行为。[②] 故而，网络服务提供商保存的某些通信内容数据在网络犯罪打击中的作用就显得更为重要。然而，私营机构披露和保存数据信息的义务范围并没有统一的标准，因国家、行业和数据类型的不同而迥异。因此，治理和修复这种脆弱性，在不减少各主体相互依赖性的前提下，只能通过各个部门的高度参与和信息共享，来共同应对网络安全威胁。二是网络安全依赖于与网络安全

---

① United Nations Office on Drugs and Crime, *Comprehensive Study on Cybercrime Draft*, February 2013, p. 180.

② 参见傅跃建《挑战与应对——大数据背景下我国网络犯罪的治理模式》，http://www.sohu.com/a/299513909741570。

相关的信息的可信度。没有网络安全就没有可信任的信息安全，信息安全不但表现在信息的产生与存储上，而且表现在信息的传输和交流上，所有这些环节都离不开计算机和网络。在信息传导的任一环节，如果网络遭受攻击，都将直接影响信息的完整性与可靠性。在某种程度上，只有确保网络安全，才能确保信息安全。因此，在网络犯罪治理政策的调整上，既要加强侦测、阻止网络危险的硬实力，又要注重网络系统对犯罪行为的预防和恢复的软实力。

（二）公共部门进行公私合作的内在需求

1. 社会力量参与程度与政府决策的科学性和民主性

维护网络空间安全是整个社会主体的共同责任，大多数网络犯罪行为都会不同程度地对个体私营机构的隐私权、信息权、财产权、知识产权等基本权利产生威胁，因此公众对网络安全治理的建议、网络安全知识与技能的教育培训、网络安全产品的技术研发与生产、信息共享与突发网络事件的处理等对网络安全都具有深层次的意义。[①] 过于强调国家在网络安全治理中的角色和作用，而忽视可能涉及的对个人基本权利和企业相关利益的保护，不利于国家长期决策机制的稳定建立。

2. 侦查机关对执法对象的数据隐私和商业利益的影响

2013年联合国发布的《网络犯罪综合报告》显示，执法机构与互联网服务提供商之间的互动特别复杂。[②] 首先，互联网企业对不同类型数据的保存政策存在差异，并且一些信息只有在用户账户活动期间才会予以保存，这就使得公共部门在获得获取相关数据的批准时，出现相关内容已不复存在的情况。其次，对服务提供商规定数据配合义务的法规多为原则性规定，导致解决服务提供商提供数据过程中出现的隐私问题也面临挑战；一些私营机构会在接受公共部门的数据请求时，明确其是否有进行信息披露的法定义务，以及相关部门是否有请求该信息的基本法定权利，以确保私营机构自身不违反其他任何法律或者与当事人和客户隐私有关的合约义务。

[①] 参见刘军《网络犯罪治理刑事政策研究》，知识产权出版社2017年版，第100页。
[②] United Nations Office on Drugs and Crime, *Comprehensive Study on Cybercrime Draft*, February 2013, p.173.

3. 大型网络科技公司的资金和技术优势

相对政府,大企业组织具有更强的数据、资金、技术、行业互助协调能力。在国外,一些领先的网络科技公司正在大力投资安全可靠的信息和通信技术,部分商业交易实践要求科技公司在研发上投入巨资,以提高商业交易的完整性和可靠性。部分领先的网络科技公司拥有参与网络犯罪治理的安全技术和竞争力。例如,澳大利亚海关采用高科技手段和全面的 IT 基础设施应对边境非法移民、毒品走私和其他非法活动造成的安全威胁。其中,自 2007 年初,澳大利亚海关运用 Forefront 客户端安全技术,成功抵御了一些病毒、间谍软件对国家网络数据系统的威胁。Forefront 是一个商业软件,提供保护、访问和管理解决方案,它是围绕用户构建的可互操作的集成平台。[①] 公共部门通过与私营互联网企业的合作,在提升技术等级的同时降低了操作成本。

4. 建立网络犯罪预防机制的现实需要

建立网络安全防御机制、增强网络犯罪预防能力,是从源头上减少网络犯罪的根本手段。一些金融服务行业的大公司,往往投入巨大的成本开发先进的防御工具,包括防火墙、数字证据保全、特定 IP 地址连接的限制、使用硬件识别标识符等安全技术。网络公司也在积极对新出现的威胁进行检测并发布定期报告。一些大型技术型企业同样采取了积极的法律行动来打击僵尸网络、垃圾邮件发送者和诈骗犯罪分子。然而,也有一些小型网络公司尚未采取相关防范措施,甚至没有认识到网络安全的现实风险。因此,公共部门需充分发挥监管协调功能,提供必要的资金和技术扶持,以便增强网络系统整体的风险预防能力。此外,学术机构和政府间组织也是网络犯罪治理的重要利益相关方,执法当局应当鼓励其进行相关知识的开发和共享、参与法律和政策的制定等活动。

(三)私营机构参与网络犯罪治理公私合作的动力

1. 私营机构作为受害人被攻击风险的提升

网络犯罪技术的发展提升了私营机构成为被攻击对象的风险。时至

---

① Jeffrey Avina, "Public-private partnerships in the fight against crime: An emerging frontier in corporate social responsibility", *Journal of Financial Crime*, Vol. 18: 3, 2011, p. 286.

今日，传统诈骗和金融犯罪已发生革命性变化，可能的犯罪行为与日俱增，既包括欺诈整个企业的财产利益，也包括通过数据泄漏来获得储存的个人和金融信息，使得私营机构遭受网络犯罪的风险显著上升。欧洲国家的有关数据表明，规模越大的企业遭受网络攻击的风险就越大，具有更大的协助公共部门打击网络犯罪的动力。中小型企业在观念上不重视网络安全，导致其不会投入太多的成本进行技术防护和网络配置升级，其网络安全上的漏洞会给犯罪行为提供可乘之机。此外，一些针对互联网企业的突发性网络攻击事件一旦发生，对私营机构和组织的打击是致命的，轻则会导致部分财产利益和关键性数据的丢失，重则会导致整个互联网系统的瘫痪，此时依赖于私营组织自身独自展开补救和调查是不现实的。

2. 私营机构承担社会责任和开展刑事合规的现实需要

打击网络犯罪、增强企业运营安全能力是所有企业应当共同承担的社会责任。网络空间的安全需要所有互联网利益相关者的共同参与。通过一些可视化的成果将社会责任予以呈现，会增加社会公众对私营企业的信任度，提高企业的声誉。实践中，部分互联网公司直接将其CSR投资与核心业务相连接，例如，微软的儿童剥削追踪系统（CETS）、商业欺诈数据管理系统和其他一些跨司法管辖区的犯罪数据存储库都是私营企业将核心竞争力与可衡量结果相结合的范例。积极承担社会责任能有效提升私营企业的社会声誉和知名度，对企业提升运营效益大有裨益。此外，随着刑事合规的重要性日益凸显，互联网公司尤其是大型互联网企业基于对数据隐私风险的担忧，势必会逐渐加入"大数据保护合规"的业务。公私合作模式的开展对私营企业进行刑事合规活动极为有利，因为在与政府等公共部门合作的过程中，企业可以更好地把握法律与政策的红线，从而有效降低自身触犯刑事法律的风险。

3. 私营机构与执法机构信息交流共享的现实需要

网络服务提供商作为服务器开发者和提供者，保存着与案件最直接相关的数据资源和证据信息，只有实现相关数据的共享，才能及时进行犯罪侦查。相关调查报告显示，执法机构普遍反映在向网络服务提供商获取数据时，面临着诸如没有充分的法律权力、披露和取证范围不确定等各种挑战。例如，美洲一个国家的联邦法律规定，政府可要求电子通信服务提供商披露电子存储器的有限通信内容，但披露时限仅为108天或以下，且只能根据令状进行。按照该法律的规定，国内执法机构可通过传票访问某些类型的数据，但其他形式数据的获取则需要法院签发的令状授权。① 与此同时，出于对客户隐私信息的保护，多数私营机构并不认为其在任何情况下都有按要求提供数据的义务，而是会先判断机构自身是否存在提供信息的法定义务，且披露该信息不会违反其他法律或公司合同义务。因此，公私合作模式可以成为加强公私双方信息共享的重要途径，一方面，通过开展非正式合作，可以弥补法律政策方面上的不足；另一方面，在打击跨国网络犯罪实践中，又能够利用司法互助条约或外交合作等形式促进数据内容的共享。

三 网络犯罪治理公私合作模式的立法与实践

在现实需求和内在动力的驱动下，无论是在域外还是在我国，都已出现一些网络犯罪治理公私合作模式的立法和实践。

（一）国际和区域法律文件中的公私合作模式

1. 与网络犯罪公私合作相关的国际和区域法律文件

过去十多年来，相关国际和区域法律文件逐渐开始重视网络犯罪治理公私合作模式，这些文件有的具有拘束力，有的则没有拘束力。其中，《网络犯罪公约》是国际社会第一个关于网络犯罪的公约，旨在建立一个统一协调的区域性打击网络犯罪的合作框架，它是打击网络犯罪全球化合作机制的首次尝试。《网络犯罪公约》第三章规定了"有关相互协助的一般原则"，对网络服务提供商的协助义务进行了具体规定，明确其在快速保护和部分公开业务数据、搜查和查封储存的计算机数据、实时收集业务数据、拦截内容型数据等方面的义务，以协助收集、记录、提交网络用户

---

① United Nations Office on Drugs and Crime, *Comprehensive Study on Cybercrime Draft*, February 2013, p.176.

信息、通信数据和内容数据,并对此负有保密义务。《网络犯罪公约》对公私合作内容的规定是颇具前瞻性的,对于促进国际社会在打击网络犯罪中的相互合作与协助,共同应对网络犯罪威胁具有重要意义。

2. 国家和区域层面实施的多边法律文件

在欧洲,公私合作伙伴关系最早由英国政府于1982年提出:它是指由政府等公共部门和私营组织(营利或非营利)就某个项目达成合作关系,共同提供公共产品和服务的一项模式。在《网络犯罪公约》对公私合作的内容作出相关规定之后,欧盟又陆续出台了一系列规定。美国也非常重视网络犯罪治理中的公私合作伙伴关系,其一,行政部门积极推动网络安全公私合作的建立和推广;其二,国会已经将公私合作作为应对网络犯罪的一种妥善应对措施,并将继续探索支持和扩大公私合作的机会,例如,参议院近年来正在研究金融服务的网络风险,高度重视私营企业部门的参与和合作。此外,据笔者阅读国外相关法律文献发现,德国、奥地利、荷兰、西班牙在网络安全领域的公私伙伴关系建立方面较其他国家领先,均通过相关法律文件建立了正式的公私合作伙伴关系。

(二)国际网络犯罪治理中的公私合作实践

1. 在侦查与电子数据调取方面的公私合作

各国在调取境外数据问题上并未形成统一的国际规则,对是否应允许一国绕过国际司法协助和执法合作渠道直接跨国调取电子数据存在较大分歧。以美国、英国、智利为代表的《网络犯罪公约》缔约国表示,国际司法协助和执法合作渠道取证效率低,无法适应调取电子数据的需求,应授权执法机关直接向互联网企业调取证据,包括存储在他国的证据。美国强调,不应因电子数据存储在外国而影响调查取证,可通过双边协议构建快捷取证通道,并大力推荐《网络犯罪公约》便利合作调取境外证据的"7天24小时机制"。[1] 随着跨国网络犯罪行为的增加,欧美国家政府和私营机构在实践层面上强化了合作,最为突出的是通过建立正式和非正式合作

---

[1] 参见《各国热议应对"云时代"网络犯罪——联合国网络犯罪政府专家组第五次会议综述》,https://sohu.com/a/307543318_120053911。

关系来获取跨境电子数据。例如，2014年，僵尸网络病毒在全球范围内广泛传播，各国执法机构与大型互联网企业通过跨国合作，参与者包括荷兰国家高技术犯罪机构（NHCTU）、EC3、打击犯罪联合行动工作组（J-CAT）、FBI和美国司法部等政府部门，以及英特尔、迈克菲等企业的研究人员。该案例说明在打击跨国网络犯罪中，公私合作势在必行，其中，执法机构侧重于打击方案的规划和执行，私营机构提供威胁情报和必要的技术支持。

2. 在网络犯罪预防方面的公私合作

近年来，公私合作模式在网络犯罪预防中也开始受到重视。在2015年4月召开的第十三届联合国预防犯罪和刑事司法大会上，各方一致认为，"目前打击网络犯罪所面临的严峻挑战远远大于任何人之前的想象，要有效预防和制止相关活动，有必要在私营和公共部门之间建立起牢固的合作伙伴关系"。这次会议着重强调了美国微软公司下设的一个"数字犯罪部"在打击跨国有组织网络犯罪的预防工作中所发挥的重要作用。该部门通过在全球30个地点开设分支机构和应用各种创新方法，帮助有关国家开展遏制相关网络犯罪的行动，已取得令人瞩目的成效，这可以说是网络犯罪预防公私合作模式的一个典型范例。

（三）我国网络犯罪治理公私合作模式的实践

2016年11月，全国人大常委会通过了我国《网络安全法》，这是我国第一部全面规范网络空间安全管理的基础性法律，有力地推动了当前网络空间治理的刑事政策转向。我国《网络安全法》第29条强调公共部门对网络营运者参与网络安全的治理与预防的支持，并对私力模式作出了原则性规定。该法第28条明确规定网络营运者在网络犯罪调查中的配合义务。2016年12月，国家互联网信息办公室发布的《国家网络空间安全战略》强调网络犯罪治理的共同责任原则，并提出了网络安全的体系化治理理念。在这一总体网络安全战略中，网络犯罪治理公私合作模式受到高度重视。近年来，国内由侦查机关与互联网企业合作共同打击网络犯罪的实践逐渐增多。在打击跨国网络电信诈骗、网络赌博、网络组织卖淫等犯罪的过程中，我国大型互联网公司如腾讯、阿里等与执法机关密切合作，为有效打击上述网络犯罪作出了重要贡献,跨国网络犯罪治理的公私合作模式已经初见成效。

四 网络犯罪治理公私合作模式的困难

如前所述,无论是在域外还是在我国,无论是在法律文本还是在具体实践方面,公私合作模式已经成为一种重要的网络犯罪治理模式。然而,也必须看到,网络犯罪治理公私合作模式还存在诸多现实困难。

(一)网络犯罪治理政策的转向困难

在欧美国家和地区,网络适应性(Cyber Resilience)这一政策理念在网络安全治理中被反复提及,并逐渐取代了犯罪控制或安全控制等概念。"网络适应性"是指任何部门和组织面对网络攻击进行阻止、侦测、响应和恢复的能力,凭借这样的能力,力争将网络攻击对其商业信誉和竞争优势所带来的损害降到最低。[1] 相比传统的网络犯罪治理理念,该政策强调维护网络空间安全必须贯穿网络活动的全过程,既包含对潜在网络危险的预防,也包含犯罪行为发生后对攻击行为的侦查、阻止和反击,还包含遭到网络攻击后恢复计算机系统和数据的能力。这种全方位的网络预警和反应机制对网络数据共享的要求程度很高,它要求网络参与主体必须是多元化的。然而,在当前实践中存在两方面问题:一是部分私营企业或组织过于依赖公共部门在网络安全治理中的职能,这样的消极态度不利于发展网络安全伙伴关系和构建信任体系;二是在网络黑产的巡查、恶意程序工具的发现、程序功能鉴定能力、非法网站的排查和取缔、境外赌博、色情等非法链接的拦截等能力上存在监管缺失的情况。

(二)公私部门观念文化层面的不信任

与公力模式相比,公私合作模式更为强调从合作者的共同利益出发,

---

[1] David M. Cook, Mitigating Cyber-Threats through Public-Private Partnerships: low cost governance with high-impact returns, Security Research Center School of Computer and Security Science Edith Cowan University, 2010, p. 24.

注重平衡公共利益和私人利益之间的冲突。在这个过程中，公共权力与私人权利之间的界限问题会变得更加复杂，进而对公共和私人、国家和市场以及政治和经济之间的关系造成挑战。① 由于公共部门长期习惯于犯罪治理的公力模式，在网络犯罪治理方面建立公私合作模式自然就会出现困难。公共部门对私营机构和个人在治理网络犯罪方面的资格和能力都会有所怀疑。与欧美发达国家相比，我国在公私合作方面的基础尤为薄弱，缺乏公共部门在立法和行政上的推动和引导。另外，一部分私营企业和组织长期来将逐利放在首位，犯罪治理的公私合作得不到私营企业和组织管理层的支持，很多企业组织管理者认为公私合作是一个技术问题而非企业组织内部运营管理问题。尤其是一些中小企业，不重视甚至刻意回避网络安全风险可能带来的负面影响，对公私合作采取冷漠态度，认为自身受到网络攻击的可能性很小，这种观念上的不重视和被动性在一定程度上影响了公私部门的合作。

（三）公私合作立法的缺失以及侦查与电子数据获取的困难

目前，网络犯罪公私合作立法的分散化和碎片化状况加剧了网络安全的复杂性和不确定性。当前还尚未出现一部关于具有普遍适用性的网络犯罪国际公约，导致跨国网络犯罪治理的公私合作出现一些混乱的局面。在国内法层面，针对网络安全，我国目前只有2017年出台的我国《网络安全法》，该法只是原则性地规定鼓励开展网络治理的公私合作，并且其规定的重点是私营组织对公权力的配合协助义务，而不是网络治理的公私合作。此外，网络犯罪案件的侦查和电子数据的获取也面临着诸多困难。2013年联合国发布的《网络犯罪综合报告》显示，公众对警方打击网络犯罪的能力缺乏信心、受害者未察觉自己受害和不了解报案机制导致网络犯罪行为的报案率极低，使得执法机构需花费更多的成本去发现犯罪。② 此外，公私合作必然涉及数据共享问题，但大多数情况下，由于缺乏信

---

① Daniel R. McCarthy, Privatizing Political Authority: Cybersecurity, Public-Private Partnerships, and the Reproduction of Liberal Political Order, Politics and Governance, Vol. 6: 2, 2018, p. 5.

② United Nations Office on Drugs and Crime, Comprehensive Study on Cybercrime Draft, February 2013, p. 142.

任，私营机构对此持消极态度，特别是在企业组织内部未完全评估一些安全漏洞之前，一旦对这些漏洞进行了曝光，就会面临极大的潜在风险。网络服务提供商对不同类型数据的储存政策存在差异，一些信息只有在用户账户活动期间才会予以留存，这会导致公共部门在获得获取相关数据的批准之时，相关电子数据内容已不复存在的情况出现。

（四）跨国公私合作实践存在的问题

在打击跨国网络犯罪过程中，如果需要调取位于他国的相关电子数据，一般是通过国际司法协助或双边、多边协议的渠道进行，其优点是能够充分保障证据所在国的司法主权，但也面临着程序烦琐、效率低下等问题。为此，欧美一些国家近年来绕过上述正式渠道和主权国家政府，采取非正式合作的方式直接联系境外网络服务提供商，要求其提供用户、通信或内容数据等直接证据。对于是否应允许一国绕过国际司法协助和执法合作渠道而直接跨国向私营机构调取电子数据，各国之间存在较大分歧。支持者多为《网络犯罪公约》的缔约国，其认为应授权国内执法机构直接向境外互联网企业和组织调取证据，并认为《网络犯罪公约》已将直接调取域外电子数据作为更快捷的程序加以规定。反对者则认为，如果完全允许符合欧美国家执法标准的数据跨境流动，可能会危害国家主权和互联网企业的数据安全；跨境调取电子数据应尊重证据所在地的国家主权，通过优化司法协助和执法合作的程序和方式来提高取证效率，同时尊重相关企业和个人的正当权利。无论是正式合作还是非正式合作，跨国网络犯罪治理的公私合作实践往往由于涉及国家主权问题而变得尤为复杂。

（五）网络犯罪"重打击、轻预防"的理念

犯罪预防是通过能够影响多重犯罪根源的干预手段，降低犯罪发生的风险及其个人对合社会潜在有害影响的战略和措施。网络犯罪预防着眼于提高网络使用者对网络社会变迁的适应能力与自控能力，共同维持网络社会的正常秩序。以往我国对网络犯罪治理"重打击、轻预防"的理念与过于强调政府在网络犯罪治理中的主导地位、忽视互联网私营企业和行业协

会等主体的作用密切相关。网络犯罪预防需要建立大数据的信息收集和共享机制,而我国缺乏专门的网络犯罪信息共享和协调平台,使公共部门在数据信息共享方面不能很好地发挥引导作用,最终使不同规模的私营企业在网络犯罪的预防工作上呈现出断层式的差别。随着风险社会的到来,危险将更加难以预测和感知,这就需要提前预测和感知可能出现的危险。这种网络犯罪治理重心从事后打击到事前预防的转移,使得网络服务提供商的防范技术和能力、个体消费者的网络安全意识、网络数据资源的共享等在网络犯罪治理中的作用更为凸显。

五 网络犯罪治理公私合作模式的前景

基于以上对网络犯罪治理公私合作模式存在的困难和挑战的分析,笔者认为,应当从以下几个方面着手完善这一犯罪治理模式。

(一) 网络犯罪治理政策的观念转向

随着网络社会的到来,网络犯罪治理应当尽可能吸纳利益相关方的参与,从传统强调打击、围堵与控制的公力模式转向多元参与、综合防控的公私合作模式。首先,应当加强公共部门在网络犯罪治理公私合作中的引导和协调功能。公共部门要转化监管理念,建立网络犯罪治理大数据化的牢固观念;国家网络安全主管机构在现有平台基础上与其他国家、区域加强合作,定期发布网络安全威胁、预警信息以及联合响应方案。其次,重视互联网行业协会等社会组织在网络犯罪治理中的作用。既要强化互联网行业协会自律,充分利用互联网行业协会的专业优势,激励其积极主动参与大数据背景下执法机构的网络犯罪侦查,又要加强私营机构网络风险防范意识和实践能力,为确保其在突发性网络安全事故中具有及时高效的处理能力。最后,激励其他互联网参与者共同应对大数据背景下的网络犯罪。例如,网络个体消费者应当提高风险防范意识和能力。总体而言,网络犯罪治理刑事政策的转向,有利于从根本上强化公私合作模式在打击网络犯罪中的实际效果。

(二) 通过对话提升信任感和合作透明度

对于成功的公私合作关系而言,最重要的是双方首先能在高度信任的基础上达成合作协议。就目前而言,公私部门双方对信息和资源的共享状况还很不理想。为改变这种状况需要建立以下的机制。首先,需要公私双方特别是在具有共同利益的情况下建立对话沟通的可能性。鉴于犯罪预防信息的保密性和公共部门的权力主体地位,需要公共部门积极主动地与私营机构建立合作关系,确立一个伙伴关系对接口,由一个专门的政府机构组织负责将私营机构对网络安全的利益诉求与公共部门打击犯罪的职责连接起来。其次,公私双方特别是私营机构在合作交流的过程中,要明确自身建立合作关系的需求,明确双方利益诉求的前提,有助于对合作机制进行灵活调整,以使双方的合作保持长期的稳定。此外,对于已经遭受网络犯罪攻击的私营机构,政府应当将其视为被害人,对其进行帮助和扶持,通过出台相关的优惠政策改善公私部门的社会互动氛围。

(三) 强化网络犯罪治理公私合作的法律基础和信息共享平台

国际组织和国内立法机构应发挥相应职能,建立清晰的法律规范指导。在国际法层面,应加快制定全球性的规制网络犯罪公约。如前所述,目前尚不存在一部全球性的网络犯罪公约,缺乏对网络犯罪治理公私合作的国际法律规范,因此在打击跨国网络犯罪的法律依据方面显得捉襟见肘。我国《网络安全法》对公私合作模式仅作出一些原则性的规定,今后不仅需要将这些原则性规定予以细化,明确公共部门和私营机构在网络犯罪治理中的权利义务,而且需建立专门的公私合作协调机构,配备专业人员,以便推动公私合作模式的良性运作。对于执法机构开展侦查活动和获取电子数据的难题,需要建立以下机制:首先,为了提高网络犯罪的报案率,可以采取一些基本措施包括开展公众意识宣传活动、创建在线和热线报告制度以及改善执法部门的服务机制和信息共享机制。其次,要提升私营机构在合作过程中的数据分享积极性。这就要确保私营机构在合作关系中拥有足够的自主权和话语权,只有私营结构受到平等对待,才更愿意参与和推动合作的开展。此外,要建立一个针对网络犯罪的信息分享平台,承担集中式的信息代管和交换功能,帮助公私部门进行经验交流。

(四) 推动跨国网络犯罪治理中的公私合作

为提升打击跨国网络犯罪的有效性,必须进一步加强公私部门的合作。首先,公私部门应优先就符合双重犯罪原则的案件进行合作。由于各国网络犯罪法律存在很大差异,在短期内很难建立国际通行或相对统一的实体法和程序法规范,因此,各国可以首先在符合双重犯罪原则的案件中加强合作,这在一定程度上可以避免较为敏感的国家主权问题。其次,应推动各国与区域组织间建立双边或多边司法协助协定。在全球性网络犯罪公约缔结之前,为了更好地预防和打击网络犯罪,各国与区域组织间可以通过开展双边或多边合作,重点解决跨国调取网络犯罪相关证据的程序问题,明确协助对方调取电子数据问题的程序以及需要满足的条件,研究解决在不构成双重犯罪的情况下私营机构提供协助的范围和程序。最后,应进一步建立快速协作机制。各国主管网络犯罪的部门各不相同,且通常涉及多个部门,因此各国应统一指定专门的部门组织和机构人员提供国际协作。尤其在需要向域外网络服务提供商获取电子数据的场合,可以通过这些专门的机构组织进行协调和审查,尽可能避免涉及网络数据国家主权问题。

(五) 强化网络犯罪预防中的公私合作

随着网络社会的到来,互联网技术对网络犯罪预防提出了独特挑战。这些挑战对网络犯罪的预防路径也提出了新的要求,应坚持多元和包容的预防理念,促进各利益相关方的共同参与。首先,公共部门应将网络犯罪的预防工作作为其打击犯罪方案的长期内容,在保证政府部门内部网络犯罪预防工作明确、清晰的同时,将网络犯罪预防中的公私合作作为长期的网络安全战略。其次,应当发挥私营机构在网络犯罪预防中的功能。既要强化对互联网内容的管理义务,加强企业内部的预防策略,又要加强大型互联网企业与中小型企业的防御技术交流合作。最后,学术机构和政府间组织也是网络犯罪预防和打击的重要利益相关方,可以在网络犯罪预防中发挥重要作用。其可以参与公共部门法律与政策的制定、与私营企业进行技术的开发和共享、为公私部门成员和社会公众提供网络安全防护的知识科普及宣传等活动。总之，网络犯罪预防是网络犯罪治理的基础，通过公私合作有望实现网络犯罪预防的良好效果。

六　结论

近年来网络犯罪的剧增，迫使人们思考如何构建一个科学有效的网络犯罪治理模式。传统犯罪治理公力模式由于过分强调公共部门在犯罪治理中的核心角色而无法适应现代网络犯罪治理的新局面。只有秉持包容性和多元化理念，大力提倡网络犯罪治理的公私合作模式，才能从根本上遏制网络犯罪给网络安全带来的诸多危害和威胁，实现整体社会治理效益的最大化。

（作者为北京大学法学院副教授、博士生导师。本文原载《政治与法律》2020年第8期，收入本书时略有修改。）

网络数据犯罪的规范局限及拓展

——兼论《数据安全法》中禁止性规范的不足

王安异

数据采集、处理、分析、应用智能化带来新的机会，应成为刑法保护的内容。有学者提出数据犯罪的概念，以突显与计算机犯罪及网络犯罪的区别。例如，"数据犯罪是一个依托于技术数据"的新型犯罪，可"辐射"不同层次、不同方面的法益侵害行为，"涉及刑法分则各章的实体内容"。① 再如，数据犯罪是"以侵犯数据安全法益为终极目的"的非法获取、删除、修改数据的犯罪行为。② 但是，鉴于其数据包括"电子或者非电子形式"，该犯罪概念外延宽、体系大且内容繁复，在网络空间显得大而无当。此类犯罪通常以相关其他部门法为前置法，《网络安全法》（2016年）即涉及网络数据，而《数据安全法》也主要着眼于此，故不宜贸然脱离网络犯罪而"另立山头"。为了突出该类犯罪与网络犯罪、数据安全之间的联系，本文提出"网络数据犯罪"概念，即限定侵害网络数据安全的犯罪行为。这有助于对网络犯罪进行批判性重构并转换司法思维，以厘清其规范界限，服务于定罪量刑，也有利于讨论《数据安全法》作为前置性规范的意义，并检讨该草案的不足。

---

① 李源粒等：《大数据时代数据犯罪的制裁思路》，《中国社会科学》2014年第10期。
② 杨志琼：《我国数据犯罪的司法困境与出路：以数据安全法益为中心》，《环球法律评论》2019年第6期。

一 问题的提出

对网络数据犯罪,这种倾向更多表现为出于其实质特征而进行的司法扩张。对此,司法限定说认为,应基于对数据安全法益的侵害而限制解释该类犯罪,将其限定于"以数据为对象"的相关犯罪行为,而将"以数据为工具、媒介侵害传统法益的行为"排除。[①] 立法扩张说认为,对网络数据的刑法问题,"无法以技术层面的扩张解释一并解决",而应从数据特性出发"增设以网络数据为独立犯罪对象的罪名"。[②] 功能性调整说主张,鉴于"数据上汇集了多方主体的不同性质的权益",应功能性地调整刑法保护策略,分别从"价值取向""刑法规制的重心"及"数据主体的权益内容"三方面进行调整,实现对滥用数据行为的积极控制的权能。[③] 刑事合规化说认为,应基于积极一般预防理论,使"数据合规"可用于预防网络数据犯罪,"使数据安全风险能够直接在合规机制中得到监测、控制和防范",也使数据的非法获取、非法泄露等犯罪得以预防和惩处。[④] 对此类犯罪,最高人民法院、最高人民检察院(以下简称"两高")发布了一些相关指导案例,涉及破坏环境质量监测数据、撞库打码、流量劫持、DDos高流量攻击、域名劫持、删改购物评价数据等数据安全问题,[⑤] 分别暴露刑法规范的不足及其局限性。而上述观点也都鞭长莫及,难以解决其规范问题。

第一,刑法规范不直接保护网络数据安全。

我国《刑法》第285条第2款、第286条等均以保护计算机信息系统安全为实质内容,与保护网络数据安全尚有距离。这些罪名中的"数据"表现为"计算机信息系统中存储、处理或者传输的数据",并未专指是数

[①] 杨志琼:《我国数据犯罪的司法困境与出路:以数据安全法益为中心》,《环球法律评论》2019年第6期。

[②] 李源粒等:《大数据时代数据犯罪的制裁思路》,《中国社会科学》2014年第10期。

[③] 劳东燕:《个人数据的刑法保护模式》,《比较法研究》2020年第5期。

[④] 于冲:《数据安全犯罪的迭代异化与刑法规制路径》,《西北大学学报》2020年第5期。

[⑤] 最高人民法院指导案例102号、104号及最高人民检察院检例第33号、第34号、第36号、第68号、第69号等指导案例。

据安全法中具有保密性、有用性及完整性的数据。在司法工作中，这使网络数据规范特征不明，甚至变得难以认定。例如，《网络安全法》第 21 条第 4 项、《数据安全法》第 21 条规定，对数据应实行"分类分级保护"。但是，这种"分类分级保护"在上述罪名中并无体现，而如何在司法中用于定罪处刑也显得依据不足。我国司法机关适用上述罪名时，通常对网络数据未作特别的限定和区分，不仅不作为罪与非罪的判断根据，而且淡化了此罪和彼罪的区分。在谭某妹非法获取计算机信息系统数据案中，被告人通过下载使用撞库打码软件，在他人帮助"打码"的情况下，获取淘宝账号、密码 2 万余组，并出售获利 25 万余元。法院认定，被告人"违反国家规定，采用技术手段获取计算机信息系统中存储的数据"，情节特别严重，构成非法获取计算机信息系统数据罪。[①] 这一案例中的"计算机信息系统中存储的数据"就是"淘宝账号""密码"，属 2011 年 8 月 1 日"两高"《关于办理危害计算机信息系统安全刑事案件应用法律若干问题的解释》第 1 条中的"网络金融服务的身份认证信息"。在此意义上把握《刑法》第 285 条第 2 款的"数据"，就极易与"公民个人信息"相混淆。因为该数据同时也是"账号密码"，符合 2017 年 5 月 8 日"两高"《关于办理公民个人信息刑事案件适用法律若干问题的解释》第 1 条的规定，应属侵犯公民个人信息罪的"公民个人信息"。这一问题无疑体现分级分类保护制度并未成为刑法中的规范依据。刑事合规化说所主张的数据合规化及其刑事合规制度，正是建立在数据分级分类之上的，在此显然无法形成刑法的规范约束力并避免司法扩张。功能性调整说也面临同样的问题，在司法中难以实现刑法的积极控制。

第二，未明确网络数据犯罪的行为类型。

我国《刑法》第 285 条第 2 款、第 286 条第 1 款采用了"获取""干扰"等概然性语词来定义行为要件，较为笼统，反而不如《网络安全法》第 27 条的"窃取"概念明确。例如，在李某、何某民、张某勃等人破坏计算机信息系统案中，被告人"采取堵塞采样器的方法伪造或者指使伪造监测数据"，"影响了全国大气环境治理情况评估，损害了政府公信力，误

[①] 浙江省杭州市余杭区人民法院（2017）浙 0110 刑初 664 号刑事判决书。

导了环境决策"。法院判决认定,其行为违反《环境保护法》第68条和《大气污染防治法》第126条的规定,属"两高"《关于办理环境污染刑事案件适用法律若干问题的解释》第10条第1款所规定的行为,构成破坏计算机信息系统罪。① 但是,这种"单纯的数据造假行为"只是"对环境质量监测采样设备"的干扰行为,而并非破坏计算机信息系统的"干扰"。② 这种类型特征不明显的行为要件,已被扩大解释且未确定其可罚性的边界,而若结合不同数据类型、场景、算法等,则更易淡化其前置法的规范依据。对此,立法扩张说与司法限定说无疑有助于限定、明确其刑法规范,但若将"以数据为工具、媒介"的撞库打码、流量劫持、DDos高流量攻击等从网络数据犯罪中排除,则将这种"干扰"行为也剔除,不利于惩治犯罪。

第三,仅以"违反国家规定"进行笼统的评价。

我国《刑法》中相关罪名的"违反国家规定"均未指明应参照的具体规范内容,用于评价网络数据犯罪时显得无章可循。前述最高人民法院第104号指导案例即暴露出其规范不足的问题。该指导案例所参照的"国家规定"实际上非常笼统,即国务院《计算机信息系统安全保护条例》(2011年)第7条"不得危害计算机信息系统的安全",并无确切的裁判标准。这种现象在两高发布的其他指导案例中也不罕见。例如,在前述最高人民检察院检例第68号指导案例中,法院因行为人"非法获取"他人的淘宝账号、密码而认定其行为"违反国家规定"。这一判断从表面上看,似乎没有差错,但从该空白罪状的规范功能看,则并不确切,只将该罪状等同于"非法",而未深究该行为究竟违反哪部法律法规及哪个条款,何以确定其可罚的行为类型。这种笼统的规定不利于实现刑法的裁判规范功能。对此,上述立法扩张说、司法限定说、功能性调整说等都没有提出质疑,没有正视其规范问题及由此而形成的司法扩张。

对网络数据犯罪的规范局限及司法扩张,不能仅着眼于其犯罪的实质特征,而应该从规范论的角度考虑,考虑如何在司法中实现规范的功能性

---

① 最高人民法院指导案例第104号。
② 陈兴良:《网络犯罪的刑法应对》,《中国法律评论》2020年第1期。

拓展。这就意味着应通过"违反国家规定"而参照相关部门法规范。网络数据犯罪随着深度学习、技术设计、数据挖掘、协同过滤、人机交互、可视化等技术而花样百出，使上述规范问题溢出刑法范围，而进入数据安全法的法域。如果按照立法扩张说、司法限缩说等观点，均以保护所谓"数据主体的权益"为出发点，纠结于应否及如何进行实质判断，则难免忽视刑法中的规范问题，也难以使其对策切中肯綮。

对网络数据犯罪的制裁，应注意参照数据安全法。作为保护性法律及刑法的前置性规范，数据安全法可将一些保护性措施制度化，从而使刑法所保护的法益更确切，规范内容更具有针对性。从《数据安全法》所公布的规范内容看，其命令性规范较多，而禁止性规范不足，也使该犯罪的刑法规范局限性更显突出。

二 对网络数据犯罪需转换的扩张思维

从刑法的意义上看，对网络数据安全的保护主要并非依据命令性规范。对网络数据犯罪所适用的刑法是一把"双刃剑"，不只具有保护网络数据安全的功能。2020年3月30日国务院《关于构建更加完善的要素市场化配置体制机制的意见》第21条、第22条分别规定，要"加快培育数据要素市场"，"提升社会数据资源价值"，"研究根据数据性质完善产权性质"等。这意味着，刑法通过惩治网络数据犯罪行为，既要保护网络数据安全，也要保护数据要素市场的活力、社会数据资源价值等。刑法的适用需应对网络技术及社会经济的变化，在制裁其犯罪行为时，不得限制正常的数据清理、数据挖掘、数据集成、数据归约、数据分发等活动，以免威胁其整合社会资源、创造价值的过程。这使刑法保护面临两难，无论有没有设置新罪名，在司法中都不得损害这种新兴的要素市场。刑法规范作为禁止性规范，通常为网络数据活动及刑事政策划定了"不可逾越的樊篱"，通过确立"负面清单"来保护网络数据安全，且保护数据要素市场。

刑法在其规范的功能性拓展中，只有坚守法律保留原则，才能尽可能地降低经营者的法律风险，并兼顾对网络数据安全和数据要素市场的保护。法律保留原则，是指为了维护法律的普遍有效性，根据宪法及宪法性法律的规定，对涉及限制公民基本权利的规定，包括犯罪和刑罚、对公民政治权利的剥夺、限制人身自由的强制措施和处罚等，都须由法律明文规定。[①] 该原则以宪法为根据，是刑事司法应坚守的铁律，要求可罚性行为应由国家法律规定，以保障普通国民对刑法后果的预测可能性，使之不被随意扩大。[②] 对网络数据犯罪，这既要求适用刑法的"违反国家规定"时参照相关保护性法律，即数据安全法，拓宽刑法的规制范围，以保护网络数据安全，又使其刑法后果处于可预测的状态，严格以成文法规范为依据，避免因威不可测而破坏市场活力。理论上对刑法的空白罪状存在不同的分类，如纯正（echte）和不纯正（unechte）的空白刑法（Blankettstrafgesetze）、部分空白要件（Teilblanketttatbestände）和纯粹空白刑法（reine Blankettstrafgesetze）等。我国刑法通常仅承认相对空白罪状，即只有部分要素需参照其他部门法的情况，以区别于绝对空白罪状，避免违反法律明确性原则。笔者认为，相对空白罪状虽不违反法律保留原则，但若仅部分要素需参照其他规范，与评价要素纠缠不清，且不参照数据安全法所禁止的行为类型，则仍不能解决网络数据犯罪的规范局限问题。数据安全法中规定这种行为类型的也应是禁止性规范，同样表现为"负面清单"，在刑法规范不明确时可作为前置法规范充当必要"知识储备"。该法在此意义上发挥保护功能，不仅与刑法协调一致，而且同样有利于保护数据要素市场的活力。

当然，相对空白罪状并非与评价要素泾渭分明，虽无须拒绝各种命令性规范，但不能以此代替数据安全法中的禁止性规范。这是缓和的法律保留原则所要求的。若坚持严格的法律保留原则，则应在刑法中一概排除行政机关的"造法"（rechtssetzende Tätigkeit）或其他机构的规范创制。这无疑使规范参照变得近乎苛刻，[③] 也使刑法的某些"留白"无法得以弥补。

---

① 对该原则的内容，可以我国《立法法》第 8 条、《德国基本法》第 19 条第 1 款的规定。《德国基本法》第 19 条第 1 款规定："依据基本法，基本权利可由法律或基于法律而受到限制，该法律须普遍有效而非仅用于个案。"我国《立法法》第 8 条中规定，关于犯罪和刑罚、对公民政治权利的剥夺、限制人身自由的强制措施和处罚、对非国有财产的征收等事项"只能制定法律"。

② Vgl. Dannecker, in: Laufhütte/Saan/Tiedemann（hrsg.）, Strafgesetzbuch Leipziger Kommentar, Band I, Aufl. 12, de Gruyter, 2007, § 1 Rn. 114.

③ Vgl. Otto, Die Auslegung von Blankettstraftatbeständen, in: Jura, 2005（8）, S. 538.

为了避免这种情况，理论上转向支持缓和的法律保留观。按照该观点，所谓"法律"应被泛化，在充当参照规范时表现为"立法者决意的具体化或细化"即可，被扩展为"所有源于合宪之法律渊源的成文规范"，包括法律、被授权的条例、部门法规范、地方立法规定等。① 我国《刑法》第96条在一定程度上接受了缓和的法律保留原则，给相对空白罪状留下较大规范拓展空间。为了惩治网络数据犯罪，通过数据安全法细化侵害计算机信息系统安全的行为类型，才是法律保留原则的要求。从《数据安全法》内容看，个别条款即禁止性规范细化了这些行为类型，如第51条的"窃取或者以其他非法方式获取"，也有条款提及却未有相应的禁止性规范，如第21条提及的"篡改、破坏、泄露或者非法获取、非法利用"网络数据行为，还有条款则浓缩了一系列的危害行为，如第45条的不履行"数据安全保护义务"等。相比较而言，参照上述细化的禁止性规范条款无疑更能拓展《刑法》第285条、第286条等对网络数据安全的保护，克服刑法的规范局限。

有学者主张，为了惩治网络数据犯罪，应依据其保护法益，通过解释对刑法进行实质性重构，或者通过立法另设新罪。对这种法益的理解，理论上分别有"数据安全法益""数据的可行性、完整性和可用性"及作为"技术资源"的网络数据等不同观点。② 然而，这些着眼于"数据主体的权益"的实质判断思维，无助于保护网络数据安全。

第一，网络数据具有非客体性，尚不足以成为实质判断的依据。网络数据在技术上表现为比特形式，是基于现代计算机数字化技术而产生的"信息的数字化媒体"，"具有天然的工具中立性"，③ 在智能网络中是深度学习、分布式计算及信号图像处理技术等支持下可进行量化分析的信息、事实或场景。《数据安全法》第21条规定，对网络数据重要性的认定依据为"数据在经济社会发展中的重要程度"及受侵害后"对国家安全、公共

---

① Vgl. Dannecker, in: Laufhütte/Saan/Tiedemann（hrsg.），Strafgesetzbuch Leipziger Kommentar, Band I, Aufl. 12, de Gruyter, 2007, § 1 Rn. 113.

② 杨志琼：《我国数据犯罪的司法困境与出路：以数据安全法益为中心》，《环球法律评论》2019年第6期；王肃之：《我国网络犯罪规范模式的理论形塑——基于信息中心与数据中心的范式比较》，《政治与法律》2019年第11期。

③ 梅夏英：《数据的法律属性及其民法定位》，《中国社会科学》2016年第9期。

利益或者个人、组织合法权益造成的危害程度"。这表明，网络数据的规范意义在本质上依从于国家安全、公共利益或社会、个人权益。也有观点认为，数据可以作为权利的客体，应予以保护。如《深圳经济特区数据条例（征求意见稿）》（2020年7月15日）第4条规定的"数据权"，即"依法对特定数据的自主决定、控制、处理、收益、利益损害受偿的权利"。再如《腾讯游戏许可及服务协议》第7条第2款也规定，腾讯公司享有对其"游戏服务中产生的游戏数据的所有权和知识产权"。这些观点无疑反映了网络数据作为社会资源的价值，但正如腾讯公司无权剥夺玩家对游戏金币的占有、收益权等，所谓"数据权"并不能对抗各种实体的权利，没有改变其作为技术媒介的特征。

有学者认为，制裁数据犯罪应"关注其现实意义"，而不宜限于"计算机信息系统的运算和管理对象"。这种"现实意义"若仅是"数据主体的权益"，且依"事实的"解读，而不注重"形式上的界限和范畴"，[①] 不借助于保护性法律规范的界定及拓展，则难以明确其规范意义，也难以进行真正的实质判断。例如，对网络数据的深度挖掘、集成、分析、机器学习等，在未经所谓的"数据主体"允许时，都可能涉及事实上的"非法获取""修改""增加""干扰"等操作，让其所谓的"权益"受到侵害。但是，这些都不能说明上述操作行为具有非法性。只有《数据安全法》能细化、明确被禁止的行为类型，如窃取、非法买卖网络数据、过度挖掘、破坏该数据在技术上的可控制性等，才能进一步确定其实质特征，并限定其可罚性。

第二，网络数据应为计算机信息系统数据。有学者认为，"物联网、智能手机、可穿戴设备等多终端数据"，包括"由物端 RFID 而产生的数据""可嵌入设备及智能医疗设备传输"的数据、移动终端的"地理位置数据"等，都有别于我国《刑法》中的"计算机信息系统数据"。对"数据"概念，我国《刑法》第285条第2款、第286条第2款均规定为"计算机信息系统中存储、处理或者传输的数据"。而根据《网络安全法》第76条第4项的规定，"网络数据"存在于网络空间，即使在云端，也不能

[①] Vgl. Tiedemann, Tatbestandsfunktionen im Nebenstrafrecht, J. C. B. Mohr, 1969, S. 245.

脱离计算机信息系统，表现为该系统"收集、存储、传输、处理"的各种电子数据。在《德国刑法典》第202a条、第303a条等条款中，"数据"也被定义为"通过电子、磁体或其他无法直接感知的方式而存储、传输"的数据。① 随着有情景感知能力的人机系统、自然语言处理技术、信号图像处理技术的发展，除结构化数据外，各种非结构化、半结构化的文本、地理位置、视频、音频、点击流量等多源数据也可予统一集成，均可转化为比特形式，成为人机交互、深度学习、量化分析等内容，无疑应属计算机信息系统"存储、处理或者传输"的数据，很难根据不同采集终端而区分彼此。

刑法中计算机系统数据应有别于相关其他概念。首先，应区别于计算机软件、应用程序等。我国《刑法》第286条第2款中并列规定了"数据和应用程序"，以示其区别。《德国刑法典》第263a条也明确区分了"程序"和"数据"。这种区分更适于国内立法。2013年8月欧盟《关于打击信息系统犯罪的欧盟委员会框架决议》第1条规定，"'计算机数据'是指适于信息系统处理的事实、信息或概念"，包括"驱动信息系统执行功能的程序"。这种混同的观点，在刑法的罪刑规范中显然不利于明确网络数据犯罪的行为类型。其次，也应适当区别于"个人信息"。依据2011年8月1日"两高"《关于办理危害计算机信息系统安全刑事案件应用法律若干问题的解释》第1条的规定，该"数据"主要是"身份认证信息"，与刑法中的"个人信息"难以区分。欧洲议会及理事会《通用数据保护条例》（2016年4月27日）第4条第1款、德国《联邦数据保护法》（2019年11月修订）第42条及德国《刑法典》第238条第1款第3项等均有类似规定，其"数据"均为个人数据，为"自然人的各种信息"。② 这些数据主要来源于个人信息，正如全国人大常委会法工委刘俊臣副主任所指出，"个人信息数据是大数据的核心和基础"。虽然如此，根据《个人信息

---

① 《德国刑法典》第202a条第2款、第202b条、第202c条第1款第1项、第202d条第1款、第303a条第1款、第303b条第2款的规定。
② 德国刑法理论上对这种"个人数据"的理解是"姓名、住址、电话号码、E-Mail及其他收件信息、利益、消费行为、行踪等"，与我国上述司法解释中对"个人信息"的规定一致。Vgl. Fischer, Strafgesetzbuch und Nebengesetze, 66. Aufl., C. H. Beck, 2019, S. 1684.

保护法》第4条的规定，个人信息"不包括匿名化处理后的信息"，区别于大数据中那些被匿名化的数据。从法律保护看，这些被用作者一产资料的数据，通过"不可复原的匿名化处理等"后，已不属于个人住处保护法所保护的对象，但其作为资源可被广泛利用，如进行"产品模式设计和技术创新"，也应在资源的可利用性意义上受到法律的保护。①

第三，网络数据安全作为实质内容，并非刑法中孤立的存在。有学者认为，数据安全法益包含数据的完整性、保密性和可用性，具体而言，就是数据不被修改、损害、免受未授权者的访问及确保权利人的获取、使用等。② 这一观点其实与《网络安全法》第76条第2款所规定的网络数据安全不一致，而该安全即"保障网络数据的完整性、保密性、可用性的能力"。《数据安全法》第3条第3款延续了这一规定，且丰富了其内容，不再拘泥于保障数据的"保密性""完整性"等，而扩展为使之"处于有效保护和合法利用的状态"及"持续处于安全状态"的能力。这种能力才是网络数据安全的法定意义和完整内容，既是平台、设备及其他软硬件的工作能力，又是算法公平、数据真实性等合法、稳定的可利用状态。这种网络数据安全无疑离不开计算机信息系统安全，确切地说，应是该系统安全在网络数据条件下的表现。

对数据安全法益的理解，应从"安全"概念上挖掘其实质内容。德国刑法中的网络数据犯罪被认为采取了"以数据为中心的行为模式"，其保护法益有助于我们对数据安全的理解。其中，《德国刑法典》第202a条数据间谍罪的保护法益为"私密空间""受益人的利益"及"数据中所储存的信息免于无权访问"，着眼于数据背后的利益或权利。此外，第202b条数据拦截罪的"处分权人的正式保密利益"、第202d条数据窝藏罪的"该数字文本的信息内容"、第303a条数据变更罪的"对数据存储信息的处分权"等均不外乎这种个人权益。③ 当然，理论上也有不同的观点，如格尔

---

① 北京互联网法院（2019）京0491民初6694号民事判决书。
② 杨志琼：《我国数据犯罪的司法困境与出路：以数据安全法益为中心》，《环球法律评论》2019年第6期。
③ Vgl. Fischer, Strafgesetzbuch und Nebengesetze, 66. Aufl., C. H. Beck, 2019, S. 1402, 1406, 1410.

克认为，数据窝藏罪的法益是"正式的数据秘密"，数据变更罪的为"电脑数据的完整性"。① 无论如何，对数据安全都不应忽视数据所承载或保护的信息安全、隐私权、经济利益等，应与我国刑法所保护的计算机信息系统安全一样，把握其复杂、丰富的规范内容。

对网络数据安全的刑法保护，与其在储存于 Cookie 中的海量网络行为数据及其他各种非结构化数据中寻找所谓"数据主体的权益内容"，不如先禁止其危害行为，并依据该行为的现实危害性而限定其可罚性。无论是结构化数据、非结构化数据或者可交易数据、不可交易数据等，即使纯粹的"垃圾"数据（如 DDos 攻击、流量劫持中所谓"流量"），也都可作为被禁止行为的对象或手段，可成为刑法规制的内容。

三　对网络数据犯罪需拓展的规范内容

为了惩治网络数据犯罪，还须解决其规范问题，确切地说，即细化其可罚的行为类型。我国侵犯计算机信息系统安全罪的"违反国家规定"属相对空白罪状，即可通过参照数据安全法的禁止性规范，明确可罚的行为类型。

理论上，对以侵犯计算机信息系统安全罪处罚网络数据犯罪倍感疑惑。立法扩张说将其归咎于"技术性的淡化"，即对信息技术与数据安全之间"技术性代际差异"的漠视，并认为数据犯罪是对现有计算机犯罪、网络犯罪的扩张，其可罚的行为类型包括技术破坏、非法获取，以及"大规模数据监听、监控、窃取、过度挖掘、恶意滥用等"，应通过立法予以规制。② 从规范论上看，这几种可罚的行为类型应有相关的禁止性规范，完全可通过数据安全法的立法来完成，并可拓展刑法规范的局限。

事实上，对上述立法扩张的内容，我国《数据安全法》第 21 条、第 32 条、第 45 条、第 47 条及《网络安全法》《刑法》已有相关规定。这些规定包含窃取、背信买卖、滥用及破坏网络数据等行为类型，可涵摄上述内容。

---

① Vgl. M. Gercke, in: Esser/Rübenstahl/Saliger/Tsambikakis (Hrsg.), Wirtschaftsstrafrecht-Kommentar mit Steuerstrafrecht und Verfahrensrecht, Ottoschmidt, 2017, S. 291, 876.
② 李源粒等：《大数据时代数据犯罪的制裁思路》，《中国社会科学》2014 年第 10 期。

1. 窃取网络数据行为。该行为是指以秘密方法非法获取网络数据的行为，较之《刑法》第285条第2款的"非法获取"更窄。《网络安全法》第27条、第44条、《数据安全法》第32条均明确禁止"窃取"网络数据及提供专门用于"窃取网络数据"的程序、工具行为。笔者在"裁判文书网"上检索到十年来被判非法获取计算机信息系统数据罪的二审刑事判决书，共计25例。其中，除了改判其他罪名的3例之外，实施木马程序盗窃的有4例、侵入网站窃取的13例、撞库1例，共计18例为"窃取"行为，采取骗取行为的有4例，如使用同一订单虚假反复充值获利、利用钓鱼网站取得网络虚拟财产。该骗取行为因涉及财产性利益的转移问题，更宜深究，而不应统统塞进"非法获取"这一泛化概念。除此之外，上述判例中非法获取网络数据的犯罪均为窃取行为。当然，由此尚不能完全否定针对网络数据的骗取行为，如利用网络爬虫突破技术限制而申请数据包的，再如德国《联邦数据保护法》第42条第2款第2项也规制了"通过不正确陈述骗取"数据的犯罪行为。虽然如此，笔者认为，该"骗取"在网络条件下须由数据库系统的自动处理、交付才能完成，具有隐秘性，符合"窃取"的特征，而也只有以窃取行为论，才符合"机器不能被骗"的理念。此外，《德国刑法典》第202a条数据间谍罪和第202b条数据拦截罪均以"未经许可"为内容，分别是通过"克服访问防护措施"或"使用技术手段"而获取数据的行为，① 在网络条件下均带有相当的隐秘性，应被解释为"窃取"行为。

立法扩张说所论及的数据监听行为，可以归为这种"窃取"行为。该行为是网络监听的一种，是通过管理工具将网络界面设定成监听模式，监视数据流程及信息传输并可随意截获的行为。这是一种黑客行为，被用来获取用户的密码、业务数据、访问流等。这种管理工具即《网络安全法》第22条所规定的"恶意程序"，而数据监听行为本身更符合该法第27条的"窃取网络数据"及《数据安全法》第32条"窃取"的特征，应属我

---

① 《德国刑法典》第202a条规定，"未经授权，通过克服访问防护措施，访问非为其提供的以及在未经授权情况下予以特别防护的数据"，成立数据间谍罪；而第202b条规定，"未经授权，使用技术手段，从非公开数据传输、数据处理系统的电磁辐射中获取非为其提供的数据（即第202a条第2款规定）的"，成立数据拦截罪。

国《刑法》第285条第2款的非法获取计算机信息系统数据行为。同时，网络监听对数据库系统保障数据连续性、稳定性的能力造成破坏，干扰其计算机信息系统功能，符合非法获取计算机信息系统数据罪的实质特征。

非法的数据监控同样可被解释为"窃取"。数据监控是借助技术手段及时、有效地反馈出数据异常情况，以探明其客观真实状态的行为。在利用网络爬虫技术或其他技术手段监控他人的数据库时，就可能成立非法的数据监控，可侵犯数据安全，如对购票网、法律文书网进行非法监控的行为。该行为表现为通过技术手段获取他人数据包并加以分拣，无论是侵入抑或申请而获得，都是利用他人的不知、不允许状态而完成的，符合秘密获取的特征。

此外，与"窃取"网络数据相关的行为也应成立犯罪。《网络安全法》第27条所禁止的提供专门用于"窃取网络数据"的程序、工具行为，是"窃取"的预备或帮助行为。该行为是否符合我国《刑法》第285条第3款的规定固然有待深究，但从非法获取计算机信息系统数据罪的预备行为、帮助行为意义上把握应无问题。《德国刑法典》第202c条"数据间谍和拦截的预备罪"明确将该行为定义为预备行为，并予以正犯化，[①] 显然与上述理解是一致的。

2. 破坏网络数据行为。该行为是指删除、修改、增加网络数据，破坏信息系统对数据完整性、保密性、可用性的保障能力。根据《刑法》第286条第2款的规定，对"数据和应用程序"实施删除、修改、增加的，才属破坏计算机信息系统行为。在深度学习、分布式内存计算、多源数据统一集成的技术条件下，破坏网络数据往往也威胁人工智能系统的运行，威胁网络数据安全即破坏智能系统的应用程序。对此，《数据安全法》第27条、第29条规定了对数据安全的保护义务，但并无必要的禁止性规范，未区分有无破坏应用程序的行为。笔者在"裁判文书网"搜索破坏网络数据的中级人民法院判例共计38例，分别为侵入系统篡改考试成绩、他人高考志愿、注册人员信息、公积金后台数据，删改交通违规信息、案件信

---

① 德国《刑法典》第202c条第2项规定，预备实施数据间谍罪或数据拦截罪而"生产、购买、出售、转移、扩散或以其他方式使用着眼于实施该行为的计算机程序的"，成立数据间谍和拦截的预备罪。

息资料，录入虚假的职称信息、税收证明数据，等等，均针对个人信息，未发现破坏业务数据、大数据等行为，也难以确定是否有破坏相关"应用程序"的表现。相比较而言，《德国刑法典》第303a条数据变更罪、第303b条第1款破坏计算机罪及第202d条第1款数据窝藏罪包含更丰富的破坏行为类型，如压制数据、使数据不可使用、以损害的目的输入或传输数据等，① 更能体现对网络数据安全及"应用程序"的破坏，是值得《数据安全法》借鉴的。

立法扩张说所主张的过度挖掘，没有超出这种行为类型。过度挖掘并非法定的概念，可理解为，为了达到业务目标而不顾数据挖掘技术规则、伦理及他人个人信息或隐私保护的数据挖掘行为。这些行为包括分析无关的个人信息而侵犯隐私、对源数据进行不合适的结构化处理或清洗、数据过度拟合、进行算法歧视、分析的"去情景化"等。其中，对侵犯个人信息的行为，可在《刑法》第253条之一的意义上理解，在此恕不赘述。对源数据不合适的结构化处理、清洗、过度拟合都可能破坏网络数据。对此，德国《联邦数据保护法》第42条第2款第1项规定了"未经授权的数据加工"的犯罪行为，可作为借鉴。而我国《网络安全法》《数据安全法》均未明文禁止这种非法的"数据加工"行为，使适用破坏计算机信息系统罪缺乏前置的禁止性规范。算法歧视、分析的"去情景化"虽然不符合数据科学的要求，但与删除、修改、增加"数据和应用程序"行为有不小的距离，尚难予以涵摄。

3. 背信交易网络数据行为。该行为是指违反对网络用户的忠实义务，对网络数据擅自加以交易的行为。背信交易网络数据是我国《数据安全法》第45条"大量数据泄露"、第47条非法来源"数据交易"中最有危害性的行为，交易对象不限于"身份认证信息"，还应包括业务数据。对此，德国刑法中有相关的罪刑规范，表明其行为的可罚性。如《德国刑法

---

① 《德国刑法典》第303a条规定，"非法删除、压制、使不可用或更改第202a条第2款所规定的数据的"，成立数据变更罪；第303b条第1款规定，非法删除、压制、使不可用或更改数据；以不利于他人之目的，输入或传输数据或者破坏、损害、使无法使用、清除或更改数据处理系统或数据载体，"严重扰乱对他人有重要意义的数据处理的"，成立破坏计算机罪；第202d条第1款规定，"为了损害他人，购买、移交、传播或其他方式访问通常无法获得而已通过非法行为获得的数据"，成立数据窝藏罪。

典》第303b条第4款第2项规定，"以经营的方式"实施"涉及对其他企业、公司或机构有重要意义的数据处理"的，成立计算机破坏罪。再如德国《联邦数据保护法》第42条第1款第2项规定，"未经授权故意处理多数人非通常易接触的个人数据行为"，且"使用并从事商业经营的"，应成立犯罪。故而，在我国刑法中对此进行入罪研究是大有必要的。

我国《刑法》第286条之一规定的"不履行法律、行政法规规定的信息网络安全管理义务"较之这种背信交易行为有更宽的范围，但其"致使用户信息泄露"等情节要素显示与该行为有关联性。笔者在"裁判文书网"上仅找到两例被判拒不履行信息网络安全管理义务罪的案例，且无关泄露用户信息的情节。这显然是不够的，与大量信息泄露的现实不成比例。① 如果在数据安全法中明确禁止背信交易网络数据行为，则有助于细化"不履行法律、行政法规规定的信息网络安全管理义务"行为，使该罪更具可操作性。

4. 滥用网络数据侵害合法利益行为。该行为也即恶意滥用行为，是指出于恶意利用数据、借助数据而侵害刑法所保护的利益。对此，《数据安全法》第51条只进行了概括性规定，未明确具体的行为类型。该行为在实践中一般表现为侵犯他人财产权、著作权、隐私权、利用高频交易技术操纵股市等。其中，我国刑法已有部分的罪名，但也有欠缺。例如，《德国刑法典》第238条第1款第3项跟踪罪、第263a条计算机诈骗罪均规定了我国刑法所未明确的滥用行为类型，② 颇有借鉴意义。对于这种行为类型，还有兜底罪名可供适用，即破坏计算机信息系统罪，可评价为"干扰"计算机信息系统功能的行为。例如，流量劫持、DDos攻击均可归为破坏计算机信息系统罪。

流量劫持是较特殊的滥用网络数据行为。该行为是通过技术手段获取数据流的行为，包括终端劫持、链路劫持和服务端劫持。其中，链路劫持

---

① 据2020年9月中国互联网络信息中心发布的《第46次中国互联网络发展状况统计报告》显示，截至2020年6月反映个人信息泄露的网民达20.4%。
② 《德国刑法典》第238条第1款第3项规定，"滥用他人的个人数据"为其订购商品或服务，或者"诱使第三方与其联系"，成立跟踪罪；第263a条第1款规定，以非法获利为目的，"使用不正确或不完整的数据、未经授权使用数据或其他未经授权影响进程等手段影响数据处理结果"，给他人造成损失的，成立计算机诈骗罪。

涉及数据监听、数据拦截等，符合"窃取网络数据"的特征，故恕不赘述。服务端劫持是引导客户端访问虚假网站或使其无法正常退出网站，干扰他人计算机信息系统功能，通常成立破坏计算机信息系统罪。① 终端劫持即域名劫持，通过攻击 DNS 服务器，修改域名解析，控制他人的域名及数据流。该行为不仅干扰计算机信息系统功能，在私自出售被劫持的域名时，也侵害他人的虚拟财产，可成立盗窃罪。②

四　结论

法谚云："法无禁止即可为"。刑法既应保护网络数据安全，又得保护数据要素市场及社会数据资源价值，只有在禁止性规范体系科学、内容明确的条件下，才能有效惩治网络数据犯罪，同时避免给数据市场带来不良影响。对此犯罪，我国刑法应坚守法律保留原则，通过《数据安全法》的禁止性规范而拓展《刑法》的规制范围，补充其规范不足。网络数据安全作为计算机信息系统安全的表现，不能脱离数据安全法而加以理解。

网络数据系在网络空间而由计算机信息系统收集、存储、传输、处理的各种电子数据。在刑法上，这些数据不可因不同采集终端而区分彼此。虽然如此，该数据仍应区别于计算机软件、应用程序等，也应与刑法上的"个人信息"有所区别。相应地，对网络数据安全法益，应从"安全"概念上把握，不应忽视数据所承载或保护的信息安全、隐私权、经济利益等。

基于相对空白罪状的法理，对网络数据犯罪应拓展其禁止性规范。该罪状是刑法的"留白"，可通过参照数据安全法的禁止性规范，明确、细化其可罚的行为类型，即窃取、破坏、背信交易及滥用网络数据行为，使其刑法后果具有"预测可能性"。这种"预测可能性"虽被批判为"虚构的标准"，③ 但系法律保留原则的最低要求。

（作者为中南财经政法大学刑事司法学院教授、硕士生导师。）

---

① 最高人民法院第 102 号指导案例。
② 最高人民检察院检例第 37 号指导案例。
③ Vgl. Tiedemann, Tatbestandsfunktionen im Nebenstrafrecht, J. C. B. Mohr, 1969, S. 255.

网络时代预防刑法的理性收缩

——意大利近三十年信息犯罪立法之提示

耿佳宁

从《刑法修正案（七）》到《刑法修正案（十一）》，我国预防刑法的立法实践日趋活跃，学界对此议题的讨论也逐渐升温。作为古典刑法、自由刑法的对称，有学者将预防刑法的核心特征总结为"不再严格强调以既成的法益侵害结果作为追究刑事责任的基础，而是着眼于未来，基于对安全的关注，着重于防范潜在的法益侵害危险，从而实现有效的社会控制"；[1] 有学者则反对将预防刑法矮化为法益保护早期化，认为真正的预防刑法"并不是在同一因果流程内将处罚的时点提前，而是在前行为阶段，处罚既先于法益侵害的因果流程又与法益侵害之间具有密切联系的危险行为"；[2] 还有学者以更为概括的方式，将预防刑法定义为与注重事后惩罚的谴责体系相对的"偏好事前预防的危险管控体系"。[3] 事实上，仅就犯罪论而言，完整的预防刑法方案涉及立法技术和立法内容两个方面。在技术上，为实现预防刑法灵活性的要求，一般采用刑法典、单行刑法和附属刑法并行的多轨制，取代单一刑法典的立法模式。[4] 在内容上，预防刑法的核心旨趣在于处罚实害结果发生之前的行为。根据立法类型化的行为与法益侵害是否处于同一因果维度，可分为"量"的前移和"质"的跨越：危险犯的设置是处罚时点"量"的前移；而处罚

---

[1] 何荣功：《预防刑法的扩张及其限度》，《法学研究》2017年第4期。
[2] 王良顺：《预防刑法的合理性及限度》，《法商研究》2019年第6期。
[3] 劳东燕：《风险社会与功能主义的刑法立法观》，《法学评论》2017年第6期。
[4] 参见付立庆《积极主义刑法观及其展开》，中国人民大学出版社2020年版，第80—81页。

时点"质"的跨越则体现为突破无歧义地、适当地导向结果的因果流程，将预备行为实行化、帮助行为正犯化、作为义务刑法化，以分则正条处罚这些"间接危险"行为。

网络犯罪一直是我国预防性刑事立法的主战场。《刑法修正案（九）》增设非法利用信息网络罪、帮助信息网络犯罪活动罪和拒不履行信息网络安全管理义务罪，分别通过预备行为实行化、帮助行为正犯化和网络平台监管义务刑法化的方式，实现了预防刑法意义上"质"的跨越。同时，为了对日新月异的网络犯罪作出快速、灵活、专业的立法回应，不少学者主张制定独立的"网络刑法"①或"网络犯罪控制法"②。然而，众所周知，预防刑法在预防风险的过程中，其自身也有制造新风险之虞。由此衍生出三个疑问：（1）网络时代预防刑法的教义学根据为何、正当性边界在哪？（2）不同的归责范式对预防刑法的接受程度是否存在差异？（3）网络犯罪去法典化有何教义学风险？

与我国的积极预防立场不同，意大利刑法在信息犯罪③的治理方面，一直持较为保守的立场，对预防刑法的扩张性始终保持警惕，因此，梳理意大利近三十年的信息犯罪立法情况，能够帮助我们挖掘预防刑法的"反面"，识别其中蕴含的教义学风险。而且，西班牙、奥地利、瑞士等国在很大程度上借鉴了意大利信息犯罪的立法构型范式，④足见其制度设计在欧洲范围内具有一定的优越性与代表性。本文将先从技术和内容两个方面对意大利信息犯罪立法进行经验考察与研判，之后再将目光转向我国网络犯罪治理现实，以期形成本土化的理性收缩方案。

---

① 孙道萃：《网络刑法学知识转型图景》，《检察日报》2017年2月15日第3版。
② 史振郭：《网络犯罪刑事立法探析》，《东南学术》2003年第5期。
③ 按照意大利学界通说，此处的"信息犯罪"（reati informatici）包含所有出现信息因素的犯罪（cfr. PARODI C., CALICE A., Responsabilità penali e Internet. Le ipotesi di responsabilità penale nell'uso dell'informatica e della telematica, Milano, 2001, 1）。事实上，"信息犯罪""网络犯罪"与"信息网络犯罪"含义大体相同。本文遵循中意两国不同的术语使用习惯，在介绍意大利情况时，称"信息犯罪"；在分析我国情况时，称"网络犯罪"或"信息网络犯罪"。
④ 参见［意］劳伦佐·彼高狄《信息刑法语境下的法益与犯罪构成要件的建构》，吴沈括译，载赵秉志主编《刑法论丛》（总第23卷），法律出版社2010年版，第325页。

一 意大利信息犯罪立法技术的经验考察与研判

（一）刑法典内一元模式的坚持

1993年第547号法律是意大利首次采取立法路径对信息犯罪作出体系化规定。立法者认为，法典内普通犯罪与信息犯罪分立的二元模式不可取。首先，新型信息犯罪的特异性不足以使其成为《意大利刑法典》分则中的独立章节："《意大利刑法典》根据法益将犯罪进行划分，那些需要引入其中的信息犯罪只是因手段或行为对象改变而产生的新的侵害形式，而就其所保护的法益而言并未超出目前分则规定的范围。"① 其次，各种信息犯罪的法益并不统一，② 不属于刑法学意义上的"类罪"，③ 故更适合被分别穿插进与之相近的既有章节当中。

可见，意大利坚持侵害性原则（principio di offensività），尤其重视由此衍生出的法益概念指导立法的机能。④ 面对新型信息犯罪，在选择立法模式时，主要以拟增设的各种新型犯罪就侵害的法益而言，是否属于"同类"以及是否超出《意大利刑法典》分则现有"章""节"的保护范围为标准，来决定是否在分则中专设一章或一节"信息犯罪"。基于各种信息犯罪保护法益的多元性，1993年第547号法律在《意大利刑法典》中未设信息犯罪专章或专节，各种信息犯罪分散于分则各处。就其在《意大利刑法典》内的具体分散方式而言，1993年第547号法律以罪刑法定原则和侵害性原则为指导，兼采维持既有罪名和新设独立罪名两种方案。

维持既有罪名的方案，主要用于规制行为类型能够被传统犯罪所涵摄、侵害的法益亦未超出传统犯罪范围的信息犯罪；而新设独立罪名的方案，则主要用于规制行为类型不能被传统犯罪所涵摄、从而侵害的法益亦

---

① GIANNANTONIO E., L'oggetto giuridico dei reati informatici, in Cassazione penale, 2001, 2033.
② Cfr. PICOTTI L., voce Reati informatici, in Enciclopedia giuridica, XXVI, Roma, 1991, 6.
③ Cfr. GALDIERI P., Teoria e pratica nell'interpretazione del reato informatico, Milano, 1997, 204.
④ Cfr. FIORELLA A., Le strutture del diritto penale, Torino, 2018, 210–212.

超出传统犯罪范围的信息犯罪，例如，1993年增设的信息欺诈罪在行为结构上不同于诈骗罪，不要求他人受骗与取财之间存在因果关系；而且，该罪所保护的法益也更为丰富，除财产权之外，还包括系统和数据安全。

需要说明的是，前述两种方案的选择并非绝对，在具体立法过程中有例外。例如，在《意大利刑法典》第2编第12章第3节第5目"侵犯秘密的犯罪"中，仅为了将行为对象扩展至"与信息或通讯系统有关的联系或多系统间的相互联系"，即在非法获知、中断或阻碍电报或电话联系罪之外，增设非法截获、阻碍或中断信息或通讯联系罪。由于后者所侵犯的法益未超出既有通讯秘密的范围，故学界批评这种立法方式过于强调罪刑法定原则的明确性要求，而忽视了侵害性原则在节制新设罪名方面的意义，有使刑法条文过度膨胀之虞。①

（二）刑法典外统一文本的有限尝试

1993年第547号法律作为意大利信息犯罪的立法"首秀"，严守《意大利刑法典》的中心地位。此后，由于"特定领域的刑法规范与技术性规范紧密联系、难以分割"，为"保证特定分支立法的完整性与有机性"，② 2003年第70号法令（以下简称《电子商务统一文本》）和第196号法令（以下简称《隐私统一文本》）在《意大利刑法典》之外，补充用以规制专门领域的、包含独立罪刑条文的统一文本（testo unico）。③

以《隐私统一文本》为例，该法第167条至第171条明确规定了侵犯公民隐私权④的三个重罪和两个违警罪，其中最核心的无疑是第167条非法处理个人数据罪。对该罪名所涉行为，《意大利刑法典》规制阶段的主要问题在于，隐私权仅是既有法条的次要法益或偶然法益，并非规范保护

---

① Cfr. FIORELLA A., La codificazione penale in Italia e le sue prospettive di riforma, in Archivio penale, 2019（2），12.

② Cfr. Relazione illustrativa al d. lgs. n. 21 del 2018, 3.

③ 需要澄清的是，并非所有行政法、经济法等刑法外规范都可被称为统一文本，后者仅限于描述以建制方式规制某一专门领域的法律渊源形式。

④ 此处的"隐私权"是指每个公民都具有的控制本人信息传播的权利。Cfr. MONDUCCI J., Cenni di tutela della privacy, in Manuale di diritto dell'informatica e delle nuove tecnologie, a cura di PATTARO, Bologna, 2002, 204.

的核心。① 1996 年第 675 号法律规制时期的主要问题在于，纯正空白罪状的立法方式导致需借助非罪刑条文理解犯罪成立条件，但这些条文却不在本法之中。② 2003 年《隐私统一文本》第 167 条虽然延续了技术性空白罪状的立法方式，但罪刑条文对所参照规范有准确提示，二者同处一部法令之中，且所参照规范本身用语明确，由此缓和了与罪刑法定原则的紧张关系。

（三）规范修订的法典化回归

2008 年第 48 号法律再次回归《意大利刑法典》，通过在法典内新增罪名和修改既有罪状的方式，使得"信息毁坏罪群"的罪状更加精细化，位置也更为集中。在此有必要说明意大利刑事立法整体上的法典化趋势。该国最近五年的立法实践表明，《意大利刑法典》规定的犯罪不再局限于"那些社会危害比较明显、属于'传统'刑法调整范围的犯罪"③，原本分散在各统一文本或其他法律中的附属刑法规范逐渐被集中于《意大利刑法典》。立法者主要从《意大利宪法》第 27 条第 3 条刑罚的再教育原则出发，反思该国传统刑事立法模式，认为刑罚再教育目标的实现主要依赖于罪刑规范的公民可知性。为了保障公民可以更好地了解犯罪和刑罚，2018 年第 21 号法令正式在刑事领域引入法典保留原则，并将之固定为《意大利刑法典》第 3 条之二："调整犯罪的新规定，只有在其修改了刑法典或被纳入以建制方式规制相关领域的法律中时，才能被引入制度之内。"

2018 年法典化改革涉及交通肇事犯罪、兴奋剂类犯罪、洗钱类犯罪等技术性较强的领域，这些原本由单行刑法、附属刑法调整的犯罪均被纳入《意大利刑法典》之中。需要特别注意的是，法典化进程并非单纯的规范迁移，正如 2018 年第 21 号法令的说明报告所言："法典化改革不仅可以遏制刑事立法的扩散化、膨胀化趋势，将刑法典置于体系的中心，还能根

---

① LUBERTO M., I reati informatici contro il diritto alla privacy. La tutela fornita dal d. lgs. n. 196 del 2003 e dal codice penale, in Giurisprudenza di merito, 2008, 901.

② Cfr. CONTALDO A., MAROTTA L., Depenalizzazione e nuove tutele dei dati personali anche alla luce del codice della privacy, in Giurisprudenza di merito, 2004, 2502.

③ ［意］杜里奥·帕多瓦尼：《意大利刑法学原理》，陈忠林译，法律出版社 1998 年版，第 2 页。

据受保护法益的重要性与刑罚之间的合理关系,为将来削减刑法介入范围奠定基础。"① 由此可以看出,法典化除了可以保障罪刑条文的可知性之外,还能防止法典外规范与刑法基本原则的实质背离,维护法益概念在刑事立法中的核心影响力。② 尽管2015年和2018年两次大规模的法典化改革均未涉及信息犯罪,但不排除《隐私统一文本》第167条至第171条可能成为未来法典化的目标。

二 意大利信息犯罪立法内容的经验考察与研判

(一) 以罪刑法定原则为内生动力的犯罪化

20世纪80年代中期,意大利刑法主要通过解释路径来应对信息犯罪。例如,尝试以侵入住宅罪、人身顶替罪、中断电报或电话通讯罪涵摄非法进入信息系统的行为,以毁坏罪处罚与病毒有关的破坏行为。但是,上述行为并不完全符合传统犯罪的构成要件:侵入住宅罪的法益是私人住所安宁,而非信息系统安全;人身顶替罪要求使"人"而非"机器"或"系统"陷入错误;中断电报或电话通讯罪的行为对象仅限于复数主体之间的电话或电报通讯,不包括计算机与主体之间的信息交换;毁坏罪要求侵害对象是动产或不动产,而信息既非不动产,也不具有动产所要求的客观物质性。③ 在这一时期,法学家具有批判与建构的双重功能:一方面,基于罪刑法定原则,反对盲目将传统犯罪罪状类推到新的行为类型;另一方面,考虑到上述行为的侵害性值得科处刑罚,要求立法者将其类型化为新的犯罪。

1993年第547号法律基本划定了意大利惩治信息犯罪的罪名体系,此后新增的罪名十分有限,主要是出于罪状精细化和集中化的考虑。只有1996年第675号法律增设后被《隐私统一文本》修改的非法处理个人数

---

① Cfr. Relazione illustrativa al d. lgs. n. 21 del 2018,1.
② Cfr. FIORELLA A., La codificazione penale in Italia e le sue prospettive di riforma, cit., 6.
③ 1993年第547号法律颁布之前意大利刑法对计算机犯罪的处罚困境,参见PICA G., Diritto penale delle tecnologie informatiche: computer's crimes e reati telematici, Internet, banche-dati e privacy, Torino, 1999, 16 – 17.

据罪，是为了将公民隐私权由间接保护法益上升为直接保护法益，姑且可看作预防刑法的立法表现。可见，意大利信息犯罪规范生成与发展的内生动力主要来自罪刑法定原则的教义要求，即立法上的明确性和司法上的禁止不利于被告人之类推，而非积极预防的功利需要。

（二）有限的具体危险犯设置

在意大利广义的信息犯罪概念之下，既包含任意信息犯罪，又包含必要信息犯罪。① 对于不借助信息手段也能实施的任意信息犯罪，如网络诽谤行为，意大利刑法直接援用传统犯罪的规定定罪处罚，并未因信息手段的使用，降低传统犯罪的入罪标准②或将之独立作为法定加重处罚情节③。质言之，信息手段本身不能在抽象的意义上提升传统犯罪的不法程度。针对必要信息犯罪，立法大多设置为实害犯，具体危险犯的规范样本仅限于：

其一，《意大利刑法典》第635条之三毁坏公用信息、数据和信息程序罪与第635条之五毁坏公用信息或通讯系统罪。对非公用数据、系统的毁坏行为，法律一律规定为实害犯。经过2016年第7号法令的去犯罪化，目前针对一般财物的毁坏，须以对人暴力或威胁的方式实施，或者在公共场所或向公众开放的活动之际实施，抑或在《意大利刑法典》第331条规定的情形中实施的，才构成犯罪；其他毁坏行为，只处以民事财产罚。但2016年去犯罪化改革未涉及对数据或系统的毁坏行为，这体现了意大利立法对数据和系统完整性的重视，只不过这种刑事政策意义的重视，只能在

---

① 对于信息犯罪的分类，意大利学界未达成一致意见（cfr. PICOTTI L., Sistematica dei reati informatici, tecniche di formulazione legislativa e beni giuridici tutelati, in Il diritto penale dell'informatica nell'epoca di Internet, a cura di PICOTTI, Padova, 2004, 54; PARODI C., La realtà del crimine informatico in Italia, in Cyberwar o sicurezza?, Milano, 2000, 78; GALDIERI P., Teoria e pratica nell'interpretazione del reato informatico, cit., 14）。笔者认为，其中"任意信息犯罪"和"必要信息犯罪"的分类对行为性质的评价具有实益。

② 意大利信息犯罪立法中，不存在类似我国2011年最高人民法院、最高人民检察院《关于办理诈骗刑事案件具体应用法律若干问题的解释》第5条那样将网络诈骗未遂直接入罪化的规定。

③ 意大利刑法存在"普通加重情节"的立法设置，主要位于《意大利刑法典》第61条。该法条经2008年、2009年、2010年、2013年和2018年五次增补，仍未出现以信息手段之运用为根据的加重情节。

侵害性原则允许的范围内实现。

其二，2003 年《隐私统一文本》第 167 条非法处理个人数据罪。需要注意的是，此处的具体危险犯设置，不是处罚时点的提前而是延后。1996 年第 675 号法律规定的非法处理个人数据罪是抽象危险犯，2003 年改革将其调整为具体危险犯（侵犯他人隐私权的具体危险），并且还增设了客观处罚条件，要求非法处理行为给他人人身或财产造成损害。①

（三）相对克制的预备行为实行化和帮助行为正犯化

非法进入信息或通讯系统罪是预备行为实行化的立法表现；非法持有和传播进入信息或通讯系统的密码罪、传播旨在毁坏或中断信息系统的程序罪②和安装足以非法截获、阻碍或中断信息或通讯联系的设备罪，则既体现了预备行为实行化，也可看作帮助行为正犯化③的立法样本。这些罪名的主体结构由 1993 年第 547 号法律搭建完成，后续法律对其虽有修改，但很少增设拟实行化或正犯化的预备或帮助行为类型。

以非法进入信息或通讯系统罪为例，该罪处罚"非法进入受到安全措施保护的信息或通讯系统，或者违反有权拒绝其进入者的明示或默示之意愿继续停留在该系统之中"的行为。意大利最高法院 1999 年第 3067 号判决指出，该规定引入了一种原本不受刑法重罪体系保护的法益——信息住所安宁。④ 所谓"信息住所"，是指个人领域隐私保护延伸开来的与人有关

---

① Cfr. MANNA A., Codice della privacy: nuove garanzie per i cittadini nel Testo Unico in materia di protezione dei dati personali, in Diritto penale e processo, 2004, 26; GALDIERI P., Le fattispecie di rilevante pericolosità devono essere individuate dal giudice, in Guida al diritto, 2004 (35), 70 - 71.

② 经过 2008 年第 48 号法律的修改，《意大利刑法典》现第 615 条之五为传播旨在毁坏或中断信息或通讯系统的设备、装置或信息程序罪。

③ 诚然若采取扩张的正犯概念，则概念逻辑上便不存在"帮助行为正犯化"。但需要澄清的是，意大利刑法所采纳的统一正犯制并非以扩张的正犯概念为基础，通说反而更认可限制的正犯概念，只有那些实施了符合分则构成要件行为的主体，才是正犯（cfr. GALLO M., Diritto penale italiano. Appunti di parte generale, II, Torino, 2015, 98 - 99; PADOVANI T., Diritto penale, Milano, 2008, 283; SEMINARA S., Tecniche normative e concorso di persone nel reato, Milano, 1987, 282）。因此，意大利刑法语境下也会出现"帮助行为正犯化"的说法。

④ Cass., Sez. VI, 4 ottobre 1999, n. 3067. 关于非法进入信息或通讯系统罪的法益，意大利学界并未达成一致意见，具体参见 CORRIAS LUCENTE G., Brevi note in tema di accesso abusivo e frode informatica: uno strumento per la tutela penale dei servizi, in Il diritto dell'informazione e dell'informatica, 2001 (3), 492 ss。

的空间，根据《意大利宪法》第 14 条所确立的住所不受侵犯原则，个人以信息技术操控的虚拟系统空间，只要配备有安全措施以显示空间所有人对该空间行使排他性权利的意愿，① 则应与物理住所空间一样受到保护。事实上，"信息住所安宁"这一新法益的提出与预备行为实行化，在预防刑法的扩张取向上殊途同归，最终效果都是可以通过分则正条直接处罚那些间接威胁传统法益的危险行为。以传统法益（系统和数据的完整性）为参照系，这些行为与法益侵害的距离过远，至多可被解释为信息毁坏行为的前置环节，与侵害传统法益的因果流程虽有密切联系但并不处于同一维度。这种立法现象已经跨越了"量"上的预防性犯罪化，达到"质"的程度，故与侵害性原则关系紧张。

为缓和这种紧张关系，意大利学界和实务界在对非法进入信息或通讯系统罪的解释上，均持限缩立场，致力于将立法中"质"的预防取向（预备行为实行化）还原为"量"的预防取向（具体危险犯）。从该罪的规范文本出发，似乎单纯进入或与系统建立电子连接就足以构成本罪，不问行为人通过进入或信息交换是否获知了系统内的信息内容。但学界通说和地方法院判例均认为，如此理解有违侵害性原则，模糊了本罪作为重罪与《意大利刑法典》第 660 条对他人造成厌恶或干扰的违警罪之间的界限，也可能将第 615 条之四非法持有和传播进入信息或通讯系统的密码罪彻底推向"预备之预备"的深渊。因此，有必要通过实质解释行为要素来限缩本罪的成立范围：《意大利刑法典》第 615 条之三的"进入"要求与系统建立真正对话，能够获知存储于该系统内的信息内容。② 据此，无差别地发出垃圾邮件的行为不宜评价为本罪，因为未与系统形成有效互动，也无法获知存储于该系统的信息内容。③

---

① 根据意大利学界和判例的优势观点，所有限制未授权人自由使用系统，从而反映出空间所有人对该空间行使排他权利之意愿的逻辑或物理障碍，都可被视为"安全措施"。Cfr. LUSITANO D., In tema di accesso abusivo a sistemi informatici o telematici, in Giurisprudenza italiana, 1998, 1924.

② Cfr. FLOR R., Sull'accesso abusivo ad un sistema informatico o telematico: il concetto di domicilio informatico e lo jus excludendi alios, in Diritto penale e processo, 2005, 91; Trib. Rovereto, 9 gennaio 2004, n. 343, in Diritto penale e processo, 2005, 83.

③ Cfr. LUBERTO M., I reati informatici contro il diritto alla privacy. La tutela fornita dal d. lgs. n. 196 del 2003 e dal codice penale, cit., 915.

(四) 网络服务提供者平台刑事责任的立法排除

2003 年《电子商务统一文本》第 17 条在总体上排除了网络服务提供者一般性的事前监管义务，也未赋予其主动发现违法活动的义务，网络服务提供者仅承担"发现—及时报告""要求—信息共享"与"通知—删除"三项义务。并且，该法还将网络服务提供者根据具体服务内容区分为：单纯通道、缓存服务提供者和虚拟主机提供者，分别赋予其不同程度的作为义务。尽管对虚拟主机提供者《电子商务统一文本》第 16 条已赋予了相对较高的作为义务，但对义务来源仍有两项重要限制：其一，删除或禁用的作为义务只能基于主管机关的通知，否则有侵犯公民表达自由之风险，且有转嫁国家犯罪治理职责之嫌疑；① 其二，删除或禁用的作为义务需以确实了解事实的违法性为前提，主管机关不能仅通知网络服务提供者某项活动可能是违法的，还要向其传达针对上述活动违法性的司法评估结论。

结合《意大利刑法典》分则的相关规定来看，在意大利几乎无法追究网络服务提供者真正不作为犯的刑事责任，也很难追究其不真正不作为犯的刑事责任。《意大利刑法典》第 40 条第 2 款规定的不真正不作为犯，要求行为人客观上负有法定阻止义务，但网络服务提供者对用户罪行事实上并无阻止义务。② 一方面，"通知—删除"义务不同于阻止义务，因为他人实施犯罪之后才产生删除义务，而阻止义务显然应存在于事实发生之前；另一方面，尽管"发现—及时报告"义务不以主管机关的通知为前提，但仅有报告义务也不足以使网络服务提供者居于保证人地位，毕竟此义务不

---

① Cfr. CARBONE R., Responsabilità del Blogger: parziale rivirement della Cassazione?, in Cassazione penale, 2017, 2784; INGRASSIA A., Responsabilità penale degli internet service provider: attualità e prospettive, in Diritto penale e processo, 2017, 1628; BARTOLI R., Brevi considerazioni sulla responsabilità penale dell'Internet Service Provider, in Diritto penale e processo, 2013, 606.

② Cfr. BARTOLI R., Brevi considerazioni sulla responsabilità penale dell'Internet Service Provider, cit., 603; FLOR R., Tutela penale e autotutela tecnologica dei diritti d'autore nell'epoca di internet. Un'indagine comparata in prospettiva europea e internazionale, Padova, 2010, 455; SPAGNOLETTI V., La responsabilità dei provider per i contenuti illeciti in Internet, in Giurisprudenza di merito, 2004, 1935 – 1936.

要求阻止结果发生。①

三　提示之一：预防刑法在支配犯与义务犯领域的差异化展开

本文采纳雅科布斯（Jakobs）教授纯粹机能视角的义务犯理论，彻底放弃存在论上作为犯与不作为犯的区分，以"管辖"为其共同的归责基础。参与者（无论作为还是不作为）若属于基于组织管辖的支配犯，则需衡量其对结果发生的贡献之分量，确定其是正犯还是共犯；若属于基于体制管辖的义务犯，则不区分贡献之分量，在体制内其他成员的法益受到侵害时，即便此侵害不由积极义务承担者所支配，对特定积极义务的违反也足以使其作为正犯（也只能作为正犯）被归责。② 可见，在支配犯领域和义务犯领域，预防刑法的可接受程度应有所区别。

（一）支配犯领域预防刑法的理性介入：警惕支配犯向义务犯的异化

网络时代一味固守古典刑法的自由主义观念，只对已发生的侵害进行事后惩罚的做法，确实无法有效应对以链条型、产业型面貌出现的信息网络犯罪，积极预防的刑法观有其存在的合理性。我国有学者借鉴美国范伯格（Feinberg）教授提出的数学模型，③ 主张应"由可能的侵害性大小与侵害的可能性高低共同动态决定刑法干预风险的合理性"。④ 在以网络为手段和空间的犯罪当中，预备与实行、帮助与正犯往往呈现"一备多""一帮多（又分别再'对多'）"的态势，单个预备/帮助行为的侵害性很可能被后续多个行为所放大。⑤ 从这个意义上说，在以侵害分量决定行为归责结

---

① Cfr. BARTOLI R., Brevi considerazioni sulla responsabilità penale dell'Internet Service Provider, cit., 603; FLOR R., Tutela penale e autotutela tecnologica dei diritti d'autore nell'epoca di internet. Un'indagine comparata in prospettiva europea e internazionale, cit., 454.

② 雅科布斯教授义务犯理论的具体内容及其与罗克辛（Roxin）教授义务犯理论的本质差异，参见耿佳宁《不作为参与行为的评价与犯罪论根基的改变》，《当代法学》2015 年第 2 期。

③ See Feinberg J., *Moral Limits of the Criminal Law I: Harm to Others*, New York, 1984, 216.

④ 郭旨龙：《预防性犯罪化的中国境域——以恐怖主义与网络犯罪的对照为视角》，《法律科学》（西北政法大学学报）2017 年第 2 期。

⑤ 参见皮勇《论中国网络空间犯罪立法的本土化与国际化》，《比较法研究》2020 年第 1 期。

果的支配犯领域，可以将刑法保护的触角适度前伸到预备行为、帮助行为等间接威胁传统法益的危险阶段。意大利《意大利刑法典》第615条之三、第615条之四、第615条之五和第617条之五的立法设置，都可看作支配犯领域预防刑法的扩张表现。不过，如本文第二部分所言，意大利刑法对这种扩张持警惕态度，以司法限缩为主、立法限缩为辅，防止过度扩张可能带来的支配犯向义务犯的异化魔变。

将目光转回到我国，以帮助信息网络犯罪活动罪为例，在立法者看来，网络环境中帮助行为法益侵害的放大化和紧迫性，决定了我国《刑法》可以通过分则正条处罚之。[①] 所以，2019年最高人民法院、最高人民检察院《关于办理非法利用信息网络、帮助信息网络犯罪活动等刑事案件适用法律若干问题的解释》（以下简称《解释》）第12条第1款第1项、第2项和第6项从被帮助对象的范围、帮助行为本身的"能量"、被帮助对象实施犯罪造成的后果这三个方面划定该罪的入罪标准，是基本妥当的。但该《解释》第12条第1款第4项、第5项将"违法所得一万元以上"和"两年内曾因非法利用信息网络、帮助信息网络犯罪活动、危害计算机信息系统安全受过行政处罚"作为入罪标准，却脱离了侵害性原则，与前述帮助行为正犯化的正当性基础相悖。

此外，2019年《解释》第12条第2款明确规定，在特殊情况下可不要求被帮助对象构成犯罪，只要相关数额总计达到该《解释》第1款第2项至第4项规定标准五倍以上的，即成立帮助信息网络犯罪活动罪。司法解释的起草者认为这种做法更能体现立法原意，但我们不禁担忧这里所谓的"立法原意"已不是为了回应网络环境中帮助行为侵害性的异化风险，更多只是出于便利诉讼证明的功利考虑，毕竟"网络犯罪形成比较完整的产业链，实行行为和帮助行为被分为若干个环节；……犯罪链条比较复杂，被害人也具有不特定性，有时很难完全查清全案各个环节"。[②]《解释》把对网络违法行为的帮助也纳入刑法正条正犯化的范畴，有将所有网络参与者均定位为体制建构者（网络秩序控制者）的嫌疑，蕴含着借支配

[①] 参见朗胜主编《中华人民共和国刑法释义》，法律出版社2015年版，第505页。
[②] 缐杰、吴峤滨：《〈关于办理非法利用信息网络、帮助信息网络犯罪活动等刑事案件适用法律若干问题的解释〉重点难点问题解读》，《检察日报》2019年10月27日第3版。

犯之名行义务犯之实的巨大风险。

（二）义务犯领域预防刑法的封闭性

我国《刑法修正案（九）》增设拒不履行信息网络安全管理义务罪。从法条文本出发，该规定为网络服务提供者设置了刑法上的信息网络安全管理义务，对平台责任的追究似乎遵循义务犯的归责范式。① 然而，出于积极预防目的对网络服务提供者的监管义务作刑事化处理，并不等于在立法上赋予其体制管辖地位、创设了义务犯。作为义务与体制管辖据以确立的积极义务之间并无必然的推导关系。② 以违法信息大量传播为例，如果被传播的是诽谤信息，那么，按照支配犯的归责逻辑，支配该信息传播者是正犯，其他对信息传播有贡献者是共犯，否则不构成犯罪。意大利最高法院2014年第5107号判决针对搜索引擎平台遵循的正是支配犯的归责逻辑："谷歌作为搜索引擎，只是用户上传言论内容的平台，除此之外没有其他贡献，故不构成诽谤罪。"③ 而按照义务犯的归责逻辑，被体制赋予了建构责任者，即某一具体网络空间的秩序控制者，无论其行为是否支配了结果的发生，只要违反了积极义务，则是且只能是正犯。意大利最高法院2019年第12546号判决针对私人博客主遵循的就是义务犯的归责逻辑："博客主不同于网络服务提供者，应当因他人发布的诽谤性评论承担诽谤罪的责任。"④

仅凭我国《刑法》第286条之一的立法设置，并不足以确立网络服务提供者控制特定网络空间秩序的体制管辖地位。更何况该条第3款"有前两款行为，同时构成其他犯罪的，依照处罚较重的规定定罪处罚"之规定，也说明网络服务提供者拒不履行信息网络安全管理义务并不一定同时构成其他犯罪。

基于以上认识，应审慎反思2010年最高人民法院《关于办理利用互

---

① 参见于冲《"二分法"视野下网络服务提供者不作为的刑事责任划界》，《当代法学》2019年第5期；周光权《犯罪支配还是义务违反》，《中外法学》2017年第1期。
② 参见耿佳宁《不作为参与行为的评价与犯罪论根基的改变》，《当代法学》2015年第2期。
③ Cass., Sez. Ⅲ, 17 dicembre 2013, dep. 2014, n. 5107.
④ Cass., Sez. V, 8 dicembre 2018, dep. 2019, n. 12546.

联网、移动通讯终端、声讯台制作、复制、出版、贩卖、传播淫秽电子信息刑事案件具体应用法律若干问题的解释（二）》［以下简称《解释（二）》］第4条和第5条的规定。以第4条为例，以牟利为目的，网站建立者、直接负责的管理者明知他人制作、复制、出版、贩卖、传播的是淫秽电子信息，允许或放任他人在自己所有、管理的网站或网页上发布，数量或数额达到本解释第1条第2款前6项规定标准五倍以上，或者数量或数额分别达到第1条第2款前6项规定标准两倍以上，抑或造成严重后果的，以传播淫秽物品牟利罪定罪处罚。有学者主张，该规定对网络服提供者采取了义务犯的归责范式。①但笔者认为此理解不足取，因为该规定对网络服务提供者入罪标准的规定方式并不符合义务犯的基本原理。在义务犯领域，对积极义务的违反，要么全有，要么全无，没有分量的区别；而《解释（二）》第4条却为网络服务提供者设置了数倍于制作、复制、出版、贩卖、传播淫秽电子信息行为人的入罪标准，似乎暗示网络服务提供者允许或放任的行为本身不法程度远低于制作、复制淫秽信息等正犯行为，否则无法解释为何给前者设置了明显高出许多的入罪标准。基于此，仍应在支配犯的意义上把握该解释，而不是将其理解为针对网站服务提供者的义务犯的拟制规定，从而绕过共犯规则，一律成立传播淫秽物品牟利罪。司法解释只能解决罪量的问题，至多在罪刑法定原则允许的范围内扩张解释共犯规定，以使其更契合网络犯罪的特征，但无法弥补（也不应致力于弥补）行为在罪体上的本质缺陷。网络服务提供者在明知情况下不履行作为义务的允许或放任行为并不必然成立传播淫秽物品牟利罪，其定罪处罚仍需符合共同犯罪的相关规定。

四 提示之二：以一元化立法巩固预防刑法的理性收缩观念

意大利的立法经验表明，法典化的优势之一在于防止形式上的规范离

---

① 郭旨龙：《预防性犯罪化的中国境域——以恐怖主义与网络犯罪的对照为视角》，《法律科学》（西北政法大学学报）2017年第2期。

散造成法典外规范与刑法基本原则的实质背离。若采取多轨制，则在刑法典之外，抵御不遵守刑法基本原则的立法活动难度较大。① 正是出于这种考虑，除了用以排除网络服务提供者平台刑事责任的《电子商务统一文本》第14条至第17条之外，意大利信息犯罪的主体内容集中于《意大利刑法典》分则。如此一来，作为《意大利刑法典》支柱的罪刑法定原则和侵害性原则就能时刻提醒立法者注意预防性扩张的限度：以罪刑法定原则为犯罪化的内生动力；设置有限的具体危险犯；保持对预备行为实行化和帮助行为正犯化的相对克制；强调网络服务提供者平台刑事责任的封闭性。

从这个意义上说，一元化立法意味着刑法规范的理性化与合原则化，②而在刑法典之外制定独立的网络刑法，有借特别刑法之名弱化法益观念，模糊刑事罚与行政罚界限的嫌疑。诚然，在预防刑法的观念中，侵害性原则的机能已从对刑罚权的消极约束进化为对刑罚权扩张的积极引导，③但即便认为只要有法益侵害就有必要作犯罪化处理，④法益本身的中心地位也并未动摇。在我国，网络犯罪几乎是除了恐怖犯罪以外预防刑法的最前沿阵地，从立法者到解释者，大都怀揣信息化和网络化终将重塑犯罪与刑罚的信念，随时准备挣脱传统刑法教义的束缚。⑤因此，在这场预防刑法膨胀与收缩的拉锯战中，现阶段预防刑法实体上的理性收缩观念必须依靠一元化的立法技术，才能真正渗透进具体的立法和解释活动当中，保证刑法体系内部协调，不至于跌破法治国自由保障的底线。

当然，规范的离散并不必然导致刑法的过度行政化，只不过意大利刑法的经验和教训都提示我们，分散化立法会明显提高后者出现的概率，而方法论的核心旨趣原本就是从盖然性的角度选择最优方法。如此一来，未

---

① Cfr. BERNARDI S., Il nuovo principio della riserva di codice e le modifiche al codice penale: scheda illustrativa, in Diritto contemporeneo penale, 2018（4），128.

② Cfr. SBRICCOLI M., La penalistica civile. Teorie e ideologie del diritto penale nell'Italia unita, in AA. VV., Stato e cultura giuridica in Italia dall'unità alla repubblica, Roma, 1990, 150-151; VALLAURI L. L., Saggio sul diritto giurisprudenziale, Milano, 1975, 202.

③ 参见古承宗《风险社会与现代刑法的象征性》，《科技法学评论》2013年第1期。

④ 劳东燕：《个人数据的刑法保护模式》，《比较法研究》2020年第5期。

⑤ 参见何怀宏《建构一种预防性的伦理与法律：后果控制与动机遏制》，《探索与争鸣》2018年第12期。

来决定是否增设新罪时，立法者更容易时刻绷紧"法益"这根弦，审慎评估新型犯罪侵害的法益是否超出传统犯罪的保护范围。如果新型犯罪只是对传统法益的不同侵害形式，则不必增设新罪，只需扩张解释既有罪状，或者在既有罪状用语确实无法涵摄新型犯罪的情况下，通过立法丰富传统犯罪的行为对象或行为类型。

（作者为中国政法大学刑事司法学院讲师，意大利罗马第一大学法学博士。）

毒品犯罪网络化的刑事治理

胡 江

在互联网技术迅猛发展的大潮下,网络正深刻影响着当今时代的方方面面。据中国互联网络信息中心(CNNIC)发布的《第45次中国互联网络发展状况统计报告》显示,截至2020年3月,我国网民规模为9.04亿,互联网普及率已经达到64.5%。[①] 作为一种社会现象,犯罪对新兴技术的反应和运用是异常敏捷的,其必然受到网络技术发展的影响。在网络时代的大背景下,网络不仅给人们的学习、生活和工作带来了极大的便利,而且也给犯罪带来了新的表现形式,为犯罪治理带来了新的难题。其中,毒品犯罪作为我国刑法长期以来予以严厉打击的一类犯罪,也深受网络技术发展的影响,毒品犯罪的网络化已经成为毒品犯罪的典型特征,甚至可以说毒品犯罪已经与网络相生相伴。为此,需要结合毒品犯罪网络化发展的新态势,积极探索应对毒品犯罪网络化发展的刑事治理对策。

一 毒品犯罪网络化的事实考察

对毒品犯罪网络化的事实表现可以从两个层面予以考察,首先是立足于全国和各地的总体情况予以分析,其次是针对毒品犯罪网络化的具体特征予以分析,从而在宏观和微观两个层面对当前我国毒品犯罪网络化发展的新情况作出客观理性的认识。

[①] 中国互联网络信息中心:《第45次中国互联网络发展状况统计报告》,http://www.cnnic.net.cn/hlwfzyj/hlwxzbg/hlwtjbg/202004/t20200428_70974.htm。

首先,从全国层面而言,公安机关、检察机关和人民法院的统计数据都显示,目前我国毒品犯罪的网络化特征较为明显。其中,公安部的数据显示,目前网络贩毒活动突出,2019年共破获网络涉毒案件6957起、抓获犯罪嫌疑人1.2万名,缴获毒品2.9吨,分别占全国总数的8.3%、10.6%和4.5%。① 最高人民检察院也指出,检察机关近年来办理的涉网络毒品犯罪案件增长较快,起诉的毒品犯罪大多和网络有关。② 最高人民法院的司法大数据显示,网络毒品犯罪发案量较高,2016年至2017年所审理的涉网络毒品犯罪案件约1.22万件,占全部毒品犯罪案件的5.98%;③ 最高人民法院有关负责人也指出,在犯罪方式上,贩毒活动科技化、智能化手段增多。④

其次,从地方层面而言,毒品犯罪的网络化特征也十分明显,通过考察各地查处的毒品犯罪案件和统计数据能够予以印证。例如,广东检察机关的数据显示,广东检方2019年共批捕毒品犯罪案10097件12614人,起诉毒品犯罪案10513件13171人,犯罪分子大多利用现代化通信工具进行联系交易。⑤ 云南省司法机关的统计数据显示,2016年至2018年3年内,云南省法院审理的毒品犯罪案件占全部刑事案件的20.15%,毒品犯罪手段不断翻新,通过网络物流实施毒品犯罪明显增加,犯罪手段科技化、智能化不断增多。⑥ 其他各省市的数据也呈现出与此大体相似的情况,囿于篇幅而不再赘述。

具体而言,当前我国毒品犯罪的网络化特征主要表现在以下5个方面。

---

① 《2019年中国毒品形势报告》,《人民公安报》2020年6月25日第2版。
② 《最高人民检察院第二检察厅负责人就依法惩治和预防毒品犯罪答记者问》,https://www.spp.gov.cn/spp/xwfbh/wsfbt/202006/t20200626_468560.shtml#3。
③ 《司法大数据专题报告之毒品犯罪》,http://www.court.gov.cn/fabu-xiangqing-119891.html。
④ 孙航:《充分发挥刑事审判职能,推动新时代人民法院禁毒工作取得更大成效——专访最高人民法院副院长李少平》,《人民法院报》2020年6月23日第3版。
⑤ 索有为、刘雅、潘晓彤:《广东检方去年共批捕毒品犯罪案10097件12614人》,http://www.chinanews.com/sh/2020/06-24/9221283.shtml。
⑥ 《云南高院首次发布〈禁毒工作白皮书〉》,http://ynfy.chinacourt.gov.cn/article/detail/2018/10/id/3572202.shtml。

（一）涉毒信息的网络化

所谓涉毒信息的网络化主要表现为，犯罪分子利用网络平台或者通讯群组发布、传播有关毒品违法犯罪的信息。这些信息主要涉及以下内容：一是提供购毒、卖毒的信息，有的是发布购毒的需求，有的是发布卖毒的需求，有的则发布毒品的种类、价格和销售途径，为有需要的吸毒者或者贩毒者提供信息，帮助其实现购毒、卖毒的目标。二是发布制造毒品的信息，犯罪分子利用网络平台将制造毒品或提纯毒品的方法、技术予以发布，使他人通过网络掌握制造毒品或提纯毒品的方法。例如，在最高人民检察院2020年发布的典型案例中，第一个案例即属于利用互联网论坛实施毒品犯罪的情形，"园丁丁"论坛是近年来国内规模较大的大麻论坛，该论坛通过邀请码进入，设有大麻品种、种子、种植等10个分区38个版块，会员1500余人，内容涵盖大麻种植及大麻种子、种植用具、吸食工具、大麻买卖，为国内大麻吸食人群提供种植、交易渠道，逐渐成为制贩大麻的源头组织。在该案中，被告人通过管理的论坛版块发布涉毒信息，呈现出典型的网络化特征。

（二）沟通联络的网络化

传统的毒品犯罪主要表现为犯罪分子依靠面对面的交流、电话、短信等方式进行沟通交流。但是，随着互联网技术的发展，各类社交软件被广泛使用，以微信、QQ等为代表的一大批社交软件具有传统的电话、邮件、短信所不具有的便利性，这也为犯罪分子进行沟通联络提供了绝佳的方式。犯罪分子往往通过这些即时社交软件进行沟通联络，从而增强沟通交流的便利性。同时，为了逃避查处，犯罪分子在进行沟通交流时，经常使用各种隐语、暗号、代号等方式进行交流，事后可能还通过删除聊天记录、删除好友等方式消除网络痕迹。此外，犯罪分子为了逃避查处，还可能使用多个账号、利用多个网络平台，不显露自己的真实身份，既完成了毒品的交易行为，但相互之间并不知道对方的底细，一旦有什么风吹草动，则直接将对方账号从自己的朋友列表中予以删除，或者将自己的账号予以停用、注销等。例如，广东检察机关所查处的案件中，有的毒品犯罪分子使用两部以上移动电话,并且使用移动、联通、电信等多个、多种卡号,不定期更换,交替使用,有的还专号专用,有单独与上线联系的卡号,有专门与下线联系的卡号,相互间也多以绰号相称[①],这极大地增加了毒品犯罪的隐蔽性和复杂性,为案件的查处增加了极大的困难。

(三) 支付方式的网络化

和传统的一手交货、一手交钱的交易和支付方式不同,随着移动支付的兴起,毒品的交易和钱款的转移呈现出相分离的特征。在正常的交易活动中,移动支付已经成为人们最主要的支付方式,而毒品犯罪分子也广泛使用移动支付的方式,支付方式中的网络化特征越来越明显。其具体表现为,犯罪分子通过支付宝、微信、手机银行等移动支付平台予以转账或者直接支付。为了逃避查处,在支付时可能通过发红包、不注明支付用途、化整为零等方式予以支付。在这样的支付方式下,线下的毒品交易现场往往并没有与之相应的毒品价款转移。买家往往是先在移动支付平台上付款,之后卖家再将毒品放到双方约定的隐秘地点,再由买家前往取货。对此,由国家禁毒委员会办公室发布的《2019年中国毒品形势报告》明确指出,利用网络虚拟身份勾连、线上交易毒品,采用手机银行、微信、支付宝转账等网络支付方式付款已成网络贩毒的突出表现。[②]

(四) 运送方式的网络化

在网络化的大背景下,毒品的运送方式也呈现出多样化的特征。除了传统的自己亲自运毒、利用交通工具运毒、利用牲畜运毒或者直接雇用他人运毒之外,近年来毒品的运输方式呈现出以下新的特点。

一是直接利用物流、快递的方式实现毒品的运送和转移,主要表现为将毒品化整为零,将零散、少量的毒品通过物流、快递的方式运送至下家。对此,《2019年中国毒品形势报告》指出,2019年全国共破获物流货运渠道贩毒案件491起、邮寄快递渠道贩毒案件2037起,同比分别上升

---

① 索有为、刘雅、潘晓彤:《广东检方去年共批捕毒品犯罪案10097件12614人》,http://www.chinanews.com/sh/2020/06-24/9221283.shtml。

② 《2019年中国毒品形势报告》,《人民公安报》2020年6月25日第2版。

29.6%和32.4%，共缴获毒品4.9吨。① 因此，目前毒品犯罪中，利用物流寄递途径贩卖毒品的特征较为明显，呈现出"互联网＋物流"的典型特征，犯罪分子通过这种方式，实现了人货分离、人钱分离、钱货分离，极大地增加了打击的难度。

二是假借合法招聘的方式，通过互联网发布招聘信息，雇用他人运送毒品。例如，在最高人民法院发布的2020年十大毒品（涉毒）犯罪典型案例中②，"祝浩走私、运输毒品案"的被告人祝浩是在使用手机上网求职的过程中，搜索到"送货"可以获得高额报酬的信息，之后主动联系对方并同意"送货"，按照对方安排将毒品运送至目的地。

（五）犯罪场所的网络化

虽然当前毒品犯罪最主要的场所仍然是线下场所，但是近年来犯罪场所也逐渐呈现出网络化的特征，呈现出"网上网下相互交织的局面"③。主要有以下两个方面的具体表现。

一是毒品销售场所的网络化。犯罪分子利用暗网、网络群组、网络论坛等渠道，在网络空间发布毒品的种类、价格等方面的信息，有购买需求的人则直接通过网络渠道达成交易，完成毒品买卖。在这种情形下，毒品的卖家和卖家根本不需要见面，完成交易也不需要现实的空间或者线下的场所，而只需将毒品种类、价格等信息发布在网络上即可，毒品的销售场所也就相应地从线下场所转移到了网络空间。

二是吸毒场所的网络化。近年来，全国陆续出现了多起利用网络论坛、通讯群组组织吸毒人员展示吸毒、交流吸毒感受甚至直接提供购毒信息的行为。犯罪分子建立群组之后，若要加入群组，则需要通过缴纳会员费、展示吸毒等方式予以认证。在群组之内，成员之间相互交流吸毒的感受，或者通过直播等方式直接展示吸毒行为。和传统的吸毒人员在现实空间聚集在一起吸毒的方式不同，在这种情形下，吸毒人员之间是在同一个

---

① 《2019年中国毒品形势报告》，《人民公安报》2020年6月25日第2版。
② 《最高人民法院发布2020年十大毒品（涉毒）犯罪典型案例》，http：//www.court.gov.cn/zixun－xiangqing－238021.html。
③ 《2019年中国毒品形势报告》，《人民公安报》2020年6月25日第2版。

群组之内进行吸毒展示活动,成员相互之间也不认识。目前,全国已经陆续发生了多起利用网络空间组织他人吸毒的案件,其中比较典型的案件有2011年发生的"8·31"特大网络吸贩毒案[①]、2014年的"2014-290"特大网络吸毒案[②]、2015年的"3·31"网上聚众吸毒案[③]、2017年"名流汇"网络视频平台聚众吸毒案[④]等。这些案件说明,毒品犯罪的场所已经突破传统的现实空间,呈现出虚拟化、网络化的新特征。

二 毒品犯罪网络化刑事治理的现实困境

刑事治理是毒品犯罪治理的重要内容,但网络化特征使得毒品犯罪具有越来越强的隐蔽性、复杂性、智能性,给刑法认定和刑事程序的适用带来了诸多新问题。为了有效应对毒品犯罪网络化发展的现实,需要厘清网络化背景下毒品犯罪刑事治理存在的现实困境。

(一)犯罪性质的认定困境

由于立法不可避免地具有的滞后性,因而对于发生在网络空间中的行为或者利用网络实施的涉毒犯罪行为,在刑法层面如何认定存在较大的争议。以组织网络吸毒行为为例,其手段方法通常表现为:行为人创建网络论坛、通讯群组等用于群成员直播展示吸毒行为或者群成员之间在群组内交流吸毒感受等。对于该行为应当如何处理,理论上存在着不同的观点。

1. 有观点认为,该行为构成容留他人吸毒罪。其理由主要是,在这种情形之下,通讯群组虽然属于虚拟空间,但仍然是可以供群内成员进行交流、参与有关活动的场所,其性质应当认定为容留他人吸毒罪中的场所。[⑤]

[①] 刘仁文、刘瑞平等:《网络吸毒——8·31特大网络吸贩毒案》,《中国检察官》2011年第12期。

[②] 《瘾君子网络群聊直播吸毒,3000多人被抓有公务员涉案》,http://society.people.com.cn/n/2014/0626/c1008-25204771.html。

[③] 吕钟炜、方乐、郭荣、苗丽娜:《网上聚众吸毒案告破:脱衣舞娘陪上百人"溜冰"》,http://zj.qq.com/a/20150731/022808.htm。

[④] 刘嫒嫒、郭威、周珊:《苏州吴中:批捕一起特大利用网络视频平台吸毒贩毒案》,http://www.xinhuanet.com/legal/2017-08/22/c_1121520351.htm。

[⑤] 谢金金、陈羽:《网络吸毒案中"房主"行为的法律定性》,《中国检察官》2011年第12期。

而组织者创建群组之后,创建者、管理者对于该群组即处于支配控制的地位,负有相应的管理义务。组织者的这种地位和义务就是刑法中容留者的地位,应当认定为其属于容留者。此外,对于在群内实施的直播展示吸毒或者交流吸毒感受的行为,也应当认定为吸毒行为。由此,既然群组属于场所,而创建者、管理者对于该场所具有支配管理的义务,对于发生在群组之内的展示吸毒行为、交流吸毒感受等行为,创建者、管理者的行为就属于容留行为,因而构成容留他人吸毒罪。

2. 有观点认为,该行为构成非法利用信息网络罪。[①] 其理由主要是,设立通讯群组用于直播展示吸毒或者交流吸毒感受,属于《刑法》第287条之一所规定的设立用于实施诈骗、传授犯罪方法、制作或者销售未经物品、管制物品等违法犯罪活动的网站、通讯群组的行为,因而构成该条所规定的非法利用信息网络罪。最高人民法院2016年发布的《关于审理毒品犯罪案件适用法律若干问题的解释》也认可的是这一观点[②]。

3. 有观点认为,该行为不构成犯罪[③]。其理由主要是,依照我国法律规定,吸毒行为本身并不属于犯罪,利用通讯群组直播展示吸毒、交流吸毒感受等行为即便属于吸毒行为,也不应认定为犯罪。对于群组的创建者、管理者而言,则由于群组本身并不是刑法上的场所,群成员的吸毒行为是在现实空间中实施的,而不是在群组之内实施的,相应地也就不能认定创建者、管理者是在自己管理、支配的场所内容留他人吸毒,因而主张不构成犯罪。

上述争议,反映了毒品犯罪网络化发展之后给刑法性质判断上的难题。对于一个行为究竟是构成犯罪还是不构成犯罪,是构成此罪还是彼罪,需要结合刑法所规定的犯罪构成来予以判断。但是,在网络化的背景之下,对于这样的行为,究竟是单纯的吸毒行为还是容留吸毒或者非法利用信息网络的行为,通讯群组的创建者、管理者是否属于容留者,通讯群组是否属于场所,都面临着解释上的难题,甚至"对于聚众吸毒行为,目

---

① 罗娜、郭威:《网络吸毒案件争议问题研究》,《中国检察官》2017年第12期。
② 参见《最高人民法院关于审理毒品犯罪案件适用法律若干问题的解释》第14条。
③ 莫洪宪、周天泓:《论开设网络"烟馆"聚众吸毒行为的定性》,《云南大学学报》(法学版)2014年第6期。

前还是一个法律空白点"①,这些都是毒品犯罪网络化发展之后所带来的新困境。

(二) 既遂标准的认定困境

刑法理论上对于毒品犯罪的既遂标准原本就存在较大的争议,其中争议的核心问题在于贩卖毒品罪和运输毒品罪的既遂标准如何确定。关于贩卖毒品罪的既遂标准,存在开始出卖毒品说、进入交易环节说、毒品实际卖出说、毒品转移说等诸多观点的争议②;关于运输毒品罪的既遂标准,也存在较大的理论争议,其中代表性的观点有交付说、到达目的地说、实现一定距离说、起运说等③。

上述这些观点,主要是立足于传统的毒品交易和运输模式而提出的。在传统的毒品交易中,买卖双方需要通过见面、交付毒品、支付对价等方式来完成整个交易过程;运输毒品也需要运毒者在运输毒品的故意支配下直接实施运输毒品的行为。但是,在网络化的背景下,毒品交易和运输模式都发生了根本性的转变。

首先,就毒品交易而言,买卖双方完全不需要见面,而只是通过网络联系就可以达成买卖毒品的合意。双方完全可以在网络上就毒品的数量、价格、取货地点等进行沟通联络,之后由卖方自己或其雇用的人将毒品放在约定的地点,再由买方自行前往取货。而毒资的交付则根本不需要通过面对面地方式,双方直接通过网络支付方式即可完成。在这种模式下,犯罪的合意达成于网络中,现实中的犯罪现场根本就不是毒品交付和毒资支付的场所,传统的"一手交钱、一手交货"的模式不复存在。在这样的新型模式之下,贩卖毒品行为何时既遂,传统的观点都难以解决。

其次,就毒品运输而言,传统观点认为运输是从一地到另一地间的毒品的空间位移。④ 但是,人货分离已经成为网络化背景下毒品犯罪的常态,真正的运毒者完全可能隐藏在幕后,而是交由受雇佣的人去实施运毒行

---

① 刘仁文、刘瑞平:《"网络吸毒"行为的刑法学分析》,《中国检察官》2011年第12期。
② 高巍:《贩卖毒品罪研究》,武汉大学出版社2007年版,第168—169页。
③ 曾彦:《运输毒品罪研究》,中国人民公安大学出版社2012年版,第160—161页。
④ 赵秉志等:《毒品犯罪》,中国人民公安大学出版社2003年版,第169页。

为。特别是不少犯罪分子采用物流、快递的方式实现运输毒品的目的，其将毒品交付给快递人员后，整个运输环节都处在物流、快递公司或人员的支配之下。由此带来的问题就是，在这种情况下什么时候其运输毒品的行为达到既遂？是交付毒品给快递人员时既遂？还是快递人员开始运输毒品时既遂？又或者是快递人员将毒品运送到目的地以后才既遂？对此应当如何认定已经成为困扰实践并需要理论予以回应的现实问题。

无论是毒品交易方式的转变，还是毒品运输的变化，都是在互联网技术的影响下，毒品犯罪手段方式网络化发展给刑法治理带来的难题。

（三）共犯关系的认定困境

共同犯罪被誉为刑法理论上的绝望之章，在实践认定上也十分困难，在毒品犯罪网络化发展的背景下，毒品犯罪共犯关系的认定显得更为复杂。这种困难主要表现在以下几个方面。

一是共同犯罪人的发现难。由于毒品犯罪人相互之间只是通过网络的方式进行沟通联系，相互之间可能既不认识，也不见面，因而就算是抓获了其中的一个犯罪人，也难以从该犯罪人入手去发现和查获其他犯罪。此外，有的犯罪人注册、提供的个人身份信息为虚假的信息，甚至在有的情况下，有的犯罪人为了逃避查处，而在完成交易后将对方账号予以删除或者将自己的账号予以注销，此时就算能够推断各个犯罪人之间进行了联络沟通，也很难锁定其他犯罪人并按照共同犯罪予以查处。

二是共同故意的认定困难。要成立共同犯罪，要求各个共同犯罪人之间需要通过意思联络形成共同的犯罪故意，即必须存在"犯意联络"。[①] 但是，在网络化的背景下，犯罪人之间既相互不认识，而且还可能存在较为精细的层级关系。以买卖毒品为例，买家只会和自己的直接上家联系，而上家的毒品则可能来自其他人，但是买家对此完全不知晓，就算抓获了直接买卖毒品的上家和下家，而对于整个毒品链条上的其他人，则很难去证明其存在共同故意。在运输毒品案件中同样如此，很多时候实际运毒者是受他人的雇佣而实施，甚至是物流、快递公司的工作

[①] 高铭暄、马克昌主编：《刑法学》，北京大学出版社2007年版，第180页。

人员在毫不知情的情况下为犯罪人运输了毒品。此时，要查实实际运毒者是否具有犯罪故意？实际运毒者和毒品交付者之间是否存在共同的犯罪故意？这些都会面临较大的困难。特别是由于在毒品犯罪案件中，毒品犯罪人之间广泛地使用各种隐语或者暗号，更是为共同犯罪的认定和处理增添了难度。

三是网络平台的责任认定困难。在毒品犯罪的网络化特征之下，涉毒信息通过网络论坛、通讯群组等网络平台得以发布或者传播，犯罪人之间通过网络平台或者社交软件进行沟通联络。对于直接实施毒品犯罪的人需要依法追究刑事责任自不待言，但是对于网络平台的责任如何认定却存在一定的困难。虽然《刑法修正案（九）》为了应对网络犯罪，而专门规定了拒不履行信息网络安全管理义务罪、非法利用信息网络罪、帮助信息网络犯罪活动罪等罪名。但在具体适用中，由于网络平台管理者和毒品犯罪人之间是否存在意思联络较难认定，因而要按照共同犯罪追究网络平台管理者的责任会存在困难。在无法按照共同犯罪处理的情形下，依照拒不履行信息网络安全管理义务罪、帮助信息网络犯罪活动罪等罪名予以处理固然是一种退而求其次的思路，但是这也需要考察网络平台管理者对其平台中的涉毒犯罪信息是否知晓，由于网络信息的隐蔽性、复杂性，在具体判断时也存在诸多困难，从而影响到对网络平台罪与非罪、此罪与彼罪等刑事责任的判断。

（四）毒品属性的认定困境

利用互联网传播的便利性，一些制造毒品、提炼毒品的方法在网络空间传播，使一些犯罪人能够较为便利地获得制造毒品的技能。受这些因素的影响，一些新型毒品的制作方法被犯罪人所掌握，催生了很多新型毒品，而这些毒品的危害性、成瘾性却可能还没有被人们所认识，与此相应，在刑法层面能否认定为毒品？认定为毒品之后如何计算其数量？这些问题就变得尤为突出。特别是近年来，以新精神活性物质为代表的第三代毒品呈现出蔓延趋势，其中很多物质的成瘾性不亚于传统毒品，但由于并未被我国法律法规列管为毒品而难以直接按照毒品犯罪进行打击。因为新精神活性物质能否被认定为毒品，关键在于是否被国家管制，如果没有被管制，则不能认定为毒品①。即便是法律法规将其作为毒品予以列管之后，犯罪分子也可以通过修改其化学结构的形式，使其演变为另一种物质，以此逃避查处。在一定意义上可以说，近些年来不断蔓延的新型毒品以及新精神活性物质，与网络涉毒信息的传播之间具有密切的联系。而这些新类型物质的出现，直接影响到刑法层面对其毒品属性的认定和毒品犯罪的法律适用，为毒品犯罪的刑事治理增添了新的困难。

（五）追诉程序的适用困境

受网络信息技术的影响，现有的毒品犯罪打防管控技术手段跟不上互联网技术的发展②，毒品犯罪的刑事追诉程序也面临着诸多新困难。这主要表现为以下3个方面。

一是犯罪行为的发现难。由于犯罪人之间通过网络平台进行沟通联络，而犯罪人往往通过伪造身份等方式逃避查处，犯罪行为的发生十分隐蔽，因而难以像其他犯罪那样能够为其他人所及时发现并报案，由此导致这类犯罪行为的发现难，刑事追诉程序的启动受到影响。

二是犯罪证据的搜集难。对于发生在网络空间或者利用网络实施的毒品犯罪行为，其证据不易发现和固定，极易因为人为原因或者技术原因而被毁损、灭失，一些犯罪分子为了逃避查处会直接销毁留存的网络信息数据。调查显示，犯罪后将计算机与移动电话等设备和犯罪有关的信息数据删除、隐藏或者加密已经成为网络贩毒犯罪的常态③，这给毒品犯罪的查处增加了不少困难。还有的网络平台利用其服务器在境外的便利而发布涉毒信息，使我国司法机关难以及时地予以查处并固定证据。

三是犯罪人的查获难。和传统的犯罪方式不同，在利用网络实施的毒品犯罪行为中，通常情况下毒品的上家和下家仅有一种简单的单线联系，而对处于更上层级的组织者等其他犯罪人，下家却几乎无从了解，甚至于相互之间都不允许打听。因此，就算是查获了其中的一个或者几个犯罪人，也难以从其联络线索去发现和查获其他犯罪人。此外，由于网络无国

---

① 马岩、王优美主编：《新精神活性物质办案实用手册》，法律出版社2019年版，第3页。
② 任惠华主编：《毒品犯罪打防管控若干重大问题研究》，群众出版社2018年版，第335页。
③ 张雷、胡江：《网络贩毒犯罪电子证据的收集和审查》，《中国刑警学院学报》2020年第1期。

界，在有的毒品犯罪案件中，犯罪人虽然身处境外，却能够通过互联网遥控指挥或者与境内的毒品犯罪分子沟通联络，实现毒品贩运或者走私的目的。而要将这些在境外的犯罪分子抓获归案，却可能面临着刑事司法合作上的障碍，使得这些境外的犯罪分子难以被及时抓获归案并追究其刑事责任。

三 毒品犯罪网络化刑事治理的基本理念

刑事治理应当随着新时代犯罪态势变化和社会发展而向现代化目标迈进，"刑事治理能力现代化建设必须在现代刑事治理理念的引导和支撑下才能取得进步"[①]。面对着互联网信息技术的发展，毒品犯罪的刑事治理也应当顺势而为，积极适应毒品犯罪网络化带来的新挑战和新要求，树立起与网络时代相适应的毒品犯罪刑事治理的基本理念。

（一）刑事立法与刑法解释并重的理念

社会永远处于不停息地变迁和发展历程中，而法律难免具有滞后性，互联网技术的发展给毒品犯罪治理带来的新问题，有很多是立法制定时没有出现或无法预见的问题。对于毒品犯罪所呈现出的网络化特征而言，刑事立法难免存在一些难以应对的问题。对此，从有效应对毒品犯罪网络化的要求而言，完善立法不失为一种最基本的方法。从我国毒品犯罪立法的实际情况而言，也曾经随着毒品犯罪发展态势的变化而经过多次修改完善[②]，其中虽然较少存在直接针对网络化特征而进行的修改情况，但这种随着毒品犯罪态势发展而及时进行立法的修改完善却是值得借鉴的做法。所以，今后我国刑事立法应该有针对性地对毒品犯罪网络化发展的态势作出回应，为毒品犯罪的形式治理提供完善的立法保障。

但与此同时也要注意到，立法天生所具有的滞后性提醒我们不能将应对毒品犯罪网络化的任务完全寄希望于立法之上，其原因在于网络技术日

[①] 高铭暄、曹波：《新中国刑事治理能力现代化之路》，《法治研究》2019年第6期。
[②] 胡江、于浩洋：《我国毒品犯罪刑事立法四十年的回顾与前瞻》，《贵州警官职业学院学报》2019年第1期。

新月异，毒品犯罪的网络化也必定会有新的发展。正如有学者所说，"期待一部刑法明确到不需要解释的程度，那只是一种幻想。"① 所以，在完善刑事立法之外，也应该积极加强刑法解释，通过刑法解释赋予刑法以生命力，从而适应毒品犯罪网络化发展的态势。

（二）刑事实体法与刑事程序法结合的理念

刑事治理是蕴含刑事实体法和刑事程序法的体系化治理，而绝不意味着仅仅依靠刑事实体法"孤身应对"。自储槐植教授在国内法学界积极倡导"刑事一体化"思想以来，刑事一体化已经为刑事法学界所广泛接受和认可。刑事一体化思想强调刑法学研究应当与有关刑事学科知识相结合，疏通学科隔阂，彼此促进②。这样一种思想，改变了以往过于倚重刑事实体法而忽视刑事程序法的做法，对于毒品犯罪治理乃至整个刑事犯罪的治理均具有指导地位。就毒品犯罪而言，其法律适用不仅仅是刑事实体法即刑法的适用，也当然地包括刑事程序法的适用。毒品犯罪网络化发展中所出现的很多问题，很多都不仅是刑法适用层面的问题，也是刑事程序法适用层面的问题，其中最典型的就是关于毒品犯罪侦查、证据等方面的现实问题，由于网络的特殊性，使得毒品犯罪侦查的实施、证据的收集等变得十分困难。为此，既要强调刑事实体法在惩治和预防毒品犯罪方面的重要地位，也要充分发挥刑事程序法在追诉毒品犯罪方面的积极作用，使二者相得益彰、形成合力。

（三）刑法和行政法相衔接协同应对的理念

刑法和行政法在犯罪治理中均发挥着不可替代的作用，对于具有严重社会危害的行为，刑法应当作为犯罪予以惩治。但刑法在整个法律体系中具有最后手段性，对于一个社会行为的治理和应对，首先应予考虑的是刑法之外的民事、行政法律规范。毒品犯罪网络化发展中同样存在不同的行为类型，其社会危害程度也存在差异，有的是具有严重社会危害的行为，

---

① 张明楷：《刑法分则的解释原理（上）》，中国人民大学出版社2011年版，第56页。
② 储槐植：《再说刑事一体化》，《法学》2004年第3期。

如利用互联网传授制毒技术、通过社交软件沟通联络进行毒品交易等，这些行为通常是传统毒品犯罪行为借用网络的手段和方法来实施，其原本就是刑法予以惩治的犯罪行为，并不会因为手段方法的更新而否定其犯罪性质。但是，对于单纯地利用网络展示自己吸毒的行为，由于刑法本身并不处罚单纯的吸毒行为，相应地也不宜通过刑法予以定罪处罚，而应该交由行政法予以处理。此外，对于通过网络实施的容留他人吸毒等行为，也要考虑到犯罪的情节、后果等，综合考察其社会危害程度，根据危害程度大小的不同分别考虑采取刑法应对的方式还是行政法应对的方式。通过刑法和行政法的相互衔接，形成协同应对毒品犯罪网络化的法律体系。

（四）技术提升与法治保障相结合的理念

技术是把"双刃剑"，网络既可以为犯罪分子提供逃避查处的"隐身衣"，也可以为公安司法机关装上打击犯罪的"利齿"。在犯罪学上，也有学者主张犯罪的技术预防，即运用现代科学技术的研究成果，设计和利用各种技术防范手段[①]。毒品犯罪的网络化是互联网信息技术发展带来的新问题，对于技术发展所带来的新问题，要积极主动利用网络给毒品犯罪治理工作带来的便利，要通过积极提升技术水平予以应对，"强调科技禁毒、智能禁毒，用信息技术强化毒品犯罪的事前发现和事中监控"[②]，用科技的手段去应对科技带来的问题，用技术去解决技术带来的问题，切实提升毒品犯罪治理的技术水平和科技含量。例如，为应对互联网贩毒案件给侦查工作带来的挑战，需要切实提升缉毒的技术水平，重视电子证据的收集和固定，增强侦查人员收集电子证据的能力和意识，规范电子证据的取证方式，充分利用现代信息技术，依法、全面地搜集、固定、保全相关的电子证据。

在切实提升毒品犯罪治理科学技术水平的同时，也应该充分发挥法治保障的作用，让法治成为毒品犯罪刑事治理的坚强保障。特别是对于网络技术的运用，如果不在法治的轨道上运行，将可能会不当地侵蚀网络空间

[①] 许章润主编：《犯罪学》，法律出版社2007年版，第377页。
[②] 胡云腾、方文军：《论毒品犯罪的惩治对策与措施》，《中国青年社会科学》2018年第5期。

的正常、有序发展,也会对公民在网络空间中所享有的正当的自由、权利造成不应有的损害。所以,针对毒品犯罪网络化的新情况,既要加强公安司法机关的技术力量,提升应对毒品犯罪的技术水平,也要注重完善法治、用法治的方式保障毒品犯罪治理有序、规范地开展。

(五) 刑事治理与社会治理相结合的理念

毒品犯罪网络化发展是一个非常复杂的社会问题,需要积极加强刑事治理。同时也要看到,毒品犯罪治理需要多种社会治理手段协调运作,传统地过于依赖于刑事治理的方式已经不足以应对毒品犯罪网络化发展的新问题。刑事治理主要是在犯罪之后予以惩治和打击,"刑罚仅仅是犯罪的伴生物,而不是解决犯罪的灵丹妙药"①,其本身难以直接消除犯罪产生的土壤和诱因,唯有通过加强社会治理,才能够从源头上消除犯罪据以发生的社会土壤和诱因。毒品犯罪根源的限制与切断,最终只能靠社会措施的介入②。在推进国家治理体系现代化的背景之下,应当将毒品犯罪治理纳入整个国家治理、社会治理的体系中予以整体性考量。例如,对于网络平台的监管、对于吸毒人员的矫治、对于物流寄递行业的管理等,都不是单纯地依靠刑法打击能够实现的,而必须在刑事治理之外,充分发挥各种社会力量的作用,朝着标本兼治的目标努力。为此,虽然强调毒品犯罪网络化的刑事治理,但绝不意味着忽视其他社会治理手段的运用。在网络化的背景下,为了提升毒品犯罪治理的效果,应当合理定位刑法、行政法等法律、法规的地位、功能,改变过于依赖刑法的观念和实践,优化毒品犯罪刑事治理的体系和方法,充分发挥刑事治理之外其他社会治理手段的积极作用。

四 毒品犯罪网络化刑事治理的具体路径

为了应对毒品犯罪网络化发展的新情况、新问题,在刑事治理层面而言,需要从立法完善、司法应对层面予以积极应对。此外,也应该通过加强

---

① 王牧:《犯罪学基础理论研究》,中国检察出版社 2010 年版,第 279 页。
② 莫洪宪:《毒品犯罪的挑战与刑法的回应》,《政治与法律》2012 年第 10 期。

社会治理而为刑事治理提供保障，从而切实增强毒品犯罪刑事治理的实效。

（一）毒品犯罪网络化刑事治理的立法完善

改革开放以来，我国已经形成了涵盖刑法、禁毒法等法律法规在内的禁毒法律体系[①]，但是，从应对毒品犯罪网络化的要求而言，仍然还需要进一步完善。具体而言，需要重点从以下3个方面予以完善。

1. 明确有关行为的刑法性质

应当通过增设独立罪名或者在容留他人吸毒罪等原有罪名中增加罪状等方式，明确将通过通讯群组等网络平台组织网络吸毒的行为作为毒品犯罪予以规定，通过立法明确其侵犯的是毒品管制秩序而不是一般的网络秩序，其性质属于毒品犯罪而不属于一般的网络犯罪，从而建立起打击涉网络毒品犯罪的严密法网，消除目前理论上和实践中对这类行为在刑法性质认定上的争议。

2. 完善毒品属性的法律规定

毒品认定是毒品犯罪刑事治理中的基础性问题，在以往的法律规定中，对于具有成瘾性和危害性的物质，只要没有纳入国家管制的范围，就不能按照毒品予以认定。其中最典型的就是新精神活性物质的属性认定问题，因为新精神活性物质如果没有被纳入管制范围，则不能认定为毒品。[②] 但是，为了应对网络化背景下毒品更新换代快的态势，应当在立法层面对毒品的国家管制方式作出灵活性规定。对于从药理层面能够证实其具有成瘾性和危害性的物品，即使暂未被国家纳入毒品管制的名单，也可以在立法上明确地作出例外规定，授权国家有关部门在正式纳入毒品管制名单之前临时性地将其作为毒品予以管制，以此适应网络化背景下不断更新换代的新型毒品发展态势。

3. 细化法律衔接的适用标准

现行刑法为了从严打击毒品犯罪，在第347条规定"走私、贩卖、运输、制造毒品，无论数量多少，都要追究刑事责任"。这一规定具有鲜明

[①] 梅传强：《回顾与展望：我国禁毒立法之评析》，《西南民族大学学报》（人文社会科学版）2008年第1期。

[②] 马岩、王优美主编：《新精神活性物质办案实用手册》，法律出版社2019年版，第3页。

的刑事政策导向,反映了从严惩治毒品犯罪的价值取向与政策精神。但是,从刑法、行政法协同应对毒品问题的要求而言,这一规定却在立法层面排斥了行政法适用的可能性,既忽视了行为危害程度的差异性,也忽视了刑法与行政法之间的功能差异,以至于实践中出现了对贩卖0.1克等极少量毒品而仍被追究刑事责任的情况。① 特别是对于发生在网络空间中的毒品犯罪行为而言,其危害性千差万别,有必要针对不同的行为采取不同的有针对性的应对措施。为此,需要在立法层面进一步明确具体犯罪的入罪标准,从而给行政法以适用空间,为刑法与行政法的衔接适用提供明确的法律标准。

(二)毒品犯罪网络化刑事治理的司法应对

司法应对是毒品犯罪网络化刑事治理中至关重要的环节,对于业已发生的毒品犯罪行为,需要在司法认定层面准确认定事实和依法适用法律,如此才能保证刑事治理的效果。

1. 加强对新型犯罪的刑法解释

面对网络犯罪对各种传统刑法解释的冲击,刑法需要具有普遍意义的解释方法以增强其网络空间适应性。② 毒品犯罪网络化是随着网络信息技术的发展而出现的,在这样的背景下,犯罪手段方式、犯罪对象、犯罪场所等都呈现出诸多新特征,对于这些新型犯罪形态,不能被动地依赖刑事立法予以规定。因为立法永远可能存在不完善的地方,因而刑法的解释可以说是刑法适用中必不可少的工作,甚至可以说刑法适用过程也就是刑法解释过程。在刑事立法尚未作出明确规定之前,司法层面应当充分发挥自身能动性,通过加强刑法解释的方式,将新出现的犯罪类型解释到刑法规定中去,从而保证在现有刑法框架之内能够及时应对这些新出现的犯罪行为。例如,对于贩卖尚未纳入毒品管制范围物质的行为,可以通过刑法解释的方式,将其按照非法经营罪等其他罪名进行定罪处刑;对于在网络空间利用通讯群组组织他人吸毒或者直播展示吸毒的行为,有学者主张应适

---

① 朱建华:《〈禁毒法〉与〈刑法〉对贩毒罪规定的差异及解决建议》,《人民法治》2018年第12期。

② 刘艳红:《网络犯罪的刑法解释空间向度研究》,《中国法学》2019年第6期。

时将此处的"场所"扩张解释，把网络空间纳入其中①，笔者赞同这一观点，如此则可以将其认定为刑法上容留他人吸毒的犯罪行为。

需要说明的是，罪刑法定作为刑法的基本原则，在进行刑法解释时必须予以坚持，正如有学者所说，"在刑法没有明文规定的情况下，超出法律条文的字面含义进行解释，从而为惩治新型网络违法行为提供规范根据，有悖于罪刑法定原则，因而并不可取。因此，即使在网络社会，罪刑法定原则仍然应是不可逾越的藩篱"②。为了应对新型犯罪带来的新问题，加强刑法解释是必要的，但刑法解释是有限度的，不能突破罪刑法定原则的要求将根本没有规定为犯罪的行为解释到刑法中作为犯罪处理。

2. 准确把握犯罪既遂的标准

对于毒品犯罪网络化背景下因人货分离、物流寄递等而带来的犯罪既遂标准认定难题，在司法层面应当结合刑法总则关于犯罪未遂的基本规定和贩卖、运输的实质来把握其既遂的标准。对于贩卖而言，不论其采用什么样的方式实施贩卖行为，其实质都是将物品从一方有偿转移到另一方，因此必须结合这一实质来考察，对于仅仅只是达成交易协议而没有实际进行毒品转移的行为，还不能认定为既遂。至于转移的一方是不是卖方本人、接受的一方是不是买方本人，则在所不论。在通过物流寄递运输毒品的情形，也要准确把握运输的实质，运输是为了使物品进入流通而发生的空间位移行为，至于说是由本人运输还是交由他人来运输，则不影响这种空间位移的性质，只要物流寄递人员实际实施了使毒品发生空间位移的行为，就能够认定为运输已经既遂。通过这样的方式，能够较好地解决毒品犯罪网络化背景下毒品犯罪既遂认定中的疑难问题。

3. 依法认定共同犯罪人的关系

在毒品犯罪网络化的背景下，不同的犯罪人之间可能互相不认识，加上各犯罪人之间为了逃避查处而广泛使用隐语、暗号等，从而为犯罪人之间共同犯罪关系的认定增添了困难。在认定共同犯罪关系时，核心在于判断犯罪人之间是否有共同的犯罪故意，即是否有意思联络。对此，要结合

---

① 王锐园：《网络涉毒案件的治理困境与应对思路》，《甘肃警察职业学院学报》2014年第4期。
② 陈兴良：《网络犯罪的刑法应对》，《中国法律评论》2020年第1期。

双方网络信息的内容、事前的沟通联络情况、事后的行为表现、交易价格、运输劳务费的高低等因素来具体判断。对此，要善于运用刑事推定的方法，"推定往往是能够证明被告人心理状态的唯一手段，因而在刑事司法中起着非常重要的作用"。[①] 特别是对于网络平台或者行为人为他人实施的毒品犯罪提供帮助的情形，要通过前述信息来具体判断其主观上是否明知、是否与他人之间有意思联络、双方之间是否存在共同的犯罪故意等。在具体认定意思联络时，要充分运用刑事推定的方法，结合所查证的主客观事实，来认定犯罪人主观方面的内容。例如，在雇用他人运输毒品的案件中，受雇者和雇佣者可能都会辩解没有运输毒品的故意或者自己不知道是毒品，但是这完全可以从支付的运输报酬数额、运输方式的隐蔽性来予以推定和判断，如果运输的方式极其隐蔽，而支付的运输报酬数额又远远高于通常的运输报酬数额，则完全可以据此认定其主观上是明知的或者双方之间存在意思联络。

4. 提升网络证据的收集能力

针对毒品犯罪网络化背景下网络证据不易收集、容易灭失等现实问题，司法机关应当加强对信息技术的利用，提升侦查的技术化水平，运用科技的力量及时发现犯罪线索，固定犯罪证据。具体而言，要细化网络证据收集、保存和审查运用的程序规则，确保在犯罪查处的过程中及时、全面地收集犯罪证据。同时，也可以加强与信息网络监管部门、互联网技术服务公司企业的合作，吸纳社会各方面在应对毒品犯罪方面的科技计量，提升司法机关应对毒品犯罪的科技化水平。

（三）毒品犯罪网络化刑事治理的保障措施

在推进国家治理体系和治理能力现代化的大背景下，强调毒品犯罪的刑事治理，并不意味着仅仅从刑事层面予以应对，为了提升刑事治理的效果，还应当积极加强刑事治理保障措施的建构与实施，而其保障措施的核心内容就在于社会治理措施的跟进。其原因在于，在广义上，社会治理本

---

① ［英］鲁伯特·克罗斯等：《英国刑法导论》，赵秉志等译，中国人民大学出版社1991年版，第56页。

身就包含了刑事治理,刑事治理是广义上社会治理的一种方法而已,而如果进行严格界分的话,社会治理则是刑事治理的配套措施或者保障措施。刑事治理更多地强调犯罪之后的惩治和打击,其本身并不能消除犯罪产生的社会条件,但犯罪的社会治理则有效地填补了刑事治理所不及的部分空间,有时能比刑事治理更有效地治理犯罪,二者之间"实际上是打击犯罪和预防犯罪的关系"[①]。党的十九届四中全会决定也将"完善社会治安防控体系"作为完善社会治理体系的一个具体内容[②],而社会治安防控很重要的一个内容就是刑事治理手段的运用,这表明社会治理本身就包括了刑事治理,打击和预防、刑事治理和社会治理都是犯罪治理的具体内容。因此,社会治理是刑事治理的保障,刑事治理的推进离不开社会治理作用的发挥,仅靠刑事治理是难以应对复杂的犯罪现象的,在刑事治理之外还需要充分发挥社会治理的作用,为刑事治理作用的发挥提供有力的保障。针对毒品犯罪网络化的事实,应该重点做好以下3个方面的社会治理措施。

1. 加大对网络平台的监管力度

毒品犯罪之所以能够通过网络平台得以便捷地实施,其中很重要的原因就是网络平台没有切实履行对平台信息的监管义务。目前,《网络安全法》等法律已经明确规定了网络平台在履行信息网络监管方面的义务,《刑法修正案(九)》也就此规定了专门的罪名予以应对。在互联网信息技术迅猛发展的背景下,网络平台本身掌握着发现违法犯罪信息、控制违法犯罪信息蔓延等方面的技术,有关部门应当通过加强日常执法的方式,督促和引导网络平台积极履行自身义务,及时发现、阻止或报告犯罪人利用网络平台实施的犯罪行为。同时,也可以通过开发有关信息技术软件、设备等,加强对涉毒违法犯罪信息的筛查和过滤,从而营造健康、安全的网络环境。

2. 加强对物流寄递行业的监管

有关部门要通过加强日常执法、责任追究、宣传引导等方式,让物流寄递行业切实履行自身义务,真正做到货物交寄实名制和验视制度,对交

[①] 张旭、单勇:《犯罪学基本理论研究》,高等教育出版社2010年版,第368页。
[②] 《中共中央关于坚持和完善中国特色社会主义制度,推进国家治理体系和治理能力现代化若干重大问题的决定》,人民出版社2019年版,第29页。

付快递的货物应当进行检查，当发现寄递的物品可能是毒品时，要及时地报告或者采取措施防止其危害进一步扩大，防止毒品犯罪分子利用伪装身份、匿名信息等通过物流寄递行业贩卖、运输毒品。物流寄递行业自身也要通过内部培训、完善内部管理制度等方式，提高从业人员的法治意识，切实规范行业行为，防止物流寄递行业成为他人实施毒品犯罪的工具。

3. 提升网络对禁毒宣传的作用

毒品犯罪社会治理的核心内容是要通过加大宣传，让全社会特别是广大青少年认识到毒品的危害，营造防毒、拒毒的良好社会氛围。从毒品犯罪发生的内在机理来看，"只要存在毒品的需求，就一定会有毒品犯罪和毒品罪犯"[①]。如果禁毒宣传能够切实发挥效果，将最大限度地降低吸毒人员的数量和吸毒需求，萎缩毒品消费市场，从而有效控制毒品犯罪的滋生蔓延。应该注意到的是，网络虽然给毒品犯罪治理带来了新的困难，却也为毒品犯罪治理带来了新的机遇。网络本身在信息传播、宣传教育等方面具有其他传媒所不具有的便利性，特别是在网络化时代的背景下，广大青少年对网络新兴技术的接受能力和接受速度都远远高于其他群体。因此，要充分利用网络对青少年的这种影响力，发挥网络在禁毒宣传方面的积极效果，用青少年喜闻乐见的方式，在网络平台开展禁毒宣传教育，净化网络空间，助力毒品犯罪刑事治理的有效开展。

五 结语

毒品犯罪治理是一项复杂的系统工程。网络新兴技术的发展使毒品犯罪呈现出诸多典型的网络化特征，使得毒品犯罪治理面临着比以往时代更加艰巨的挑战。然而，人类攀登科学技术高峰的脚步将会永不停息，在网络信息技术之外，必定还会有更多的新兴技术接踵而来。新兴技术的发展既能给人类发展带来福祉，也完全可能成为促使犯罪手段方法更新升级的"帮凶"。置身网络时代的大背景下，我们应当理性认识到新兴技术和犯罪之间千丝万缕的关系，正视犯罪利用网络等新兴技术的新情况，积极适应

[①] 莫洪宪：《毒品犯罪的挑战与刑法的回应》，《政治与法律》2012 年第 10 期。

毒品犯罪网络化带来的新挑战，积极应对、顺势而为，优化刑事治理方法，提升刑事治理能力，树立与网络时代相适应的毒品犯罪治理的基本理念，从立法完善、司法应对和社会治理等多维度共同推进，充分发挥刑事治理、社会治理对毒品犯罪治理的积极作用，切实提升毒品犯罪刑事治理的现代化水平，促进毒品犯罪治理在网络时代取得新成效。

（作者为西南政法大学法学院副教授、硕士生导师，国家毒品问题治理研究中心研究员，重庆市高校哲学社会科学协同创新团队"国家毒品问题治理研究创新团队"成员。本文原载《西南政法大学学报》2020年第5期，收入本书时略有修改。）

第四编
互联网金融犯罪

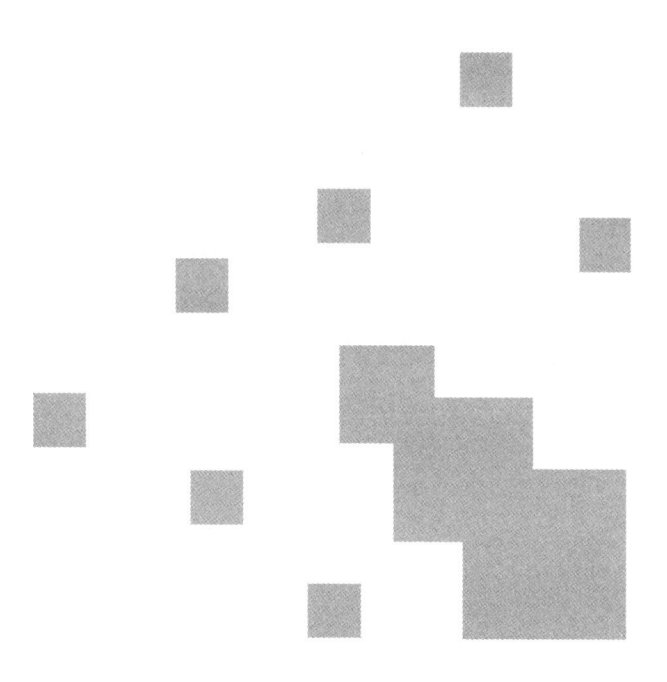

指导性案例对网络非法集资犯罪的界定

王　新

面对我国非法集资犯罪活动日趋严峻的态势，为了规范司法适用的统一，最高人民法院单独和联合最高人民检察院、公安部颁布了《关于审理非法集资刑事案件具体应用法律若干问题的解释》（以下简称《2010年解释》）、《关于非法集资刑事案件性质认定问题的通知》（2011）、《关于办理非法集资刑事案件适用法律若干问题的意见》（2014）和《关于办理非法集资刑事案件若干问题的意见》（2019），其内容涉及实体法、证据、追赃挽损、刑行民交叉衔接、办案工作机制、集资参与人权利保障等多层次的复杂问题。由此，我国打击非法集资犯罪的司法解释体系逐步形成，但是，上述司法解释尚属于静态层面的抽象式指引，在司法实践的动态应用中依然遇见许多法律适用的难点。特别是伴随互联网的迅猛发展，利用P2P网络借贷的非法集资犯罪类型也不断增多，出现许多新的现象和问题，这给传统意义上的司法认定标准带来冲击。

截至2020年12月21日，最高人民检察院共颁布24批指导性案例，包含93个案例。其中，2018年7月12日，为了明确多发疑难及新型金融犯罪法律适用标准，最高人民检察院发布第10批指导性案例，在全部涉及金融犯罪的三件案例中包括"周辉集资诈骗案"（检例第40号）。2020年3月25日，最高人民检察院又发布均为金融犯罪的第17批指导性案例，其中包括"杨卫国等非法吸收公众存款案"（检例第64号）。同时，为了发挥指导性案例对检察办案工作的示范引领作用，2019年4月，最高人民检察院公布《关于案例指导工作的规定》（第二次修订），在工作机制上提出硬性的要求，规定各级检察机关应加强对指导性案例的学习应用，检察委员会在审议案件时，承办检察官应当报告有无类似的指导性案例，并说明参照适用情况。由此可见，考虑到司法解释具有相对的稳定性、修正完善需要较长的时间周期和复杂程序，在此情形下，最高人民检察院通过出台相关的指导性案例，加强案例指导和发挥其"轻骑兵"的功能，从而形成司法解释与指导性案例之静态与动态相结合的司法适用架构。

非法集资犯罪是金融犯罪中的重点高发类型，① 属于典型的涉众型犯罪，天然地具有参与人多、影响范围广的特性，极易引发群体性事件，社会危害性极大。有鉴于此，本文拟以"杨卫国等非法吸收公众存款案"和"周辉集资诈骗案"为切入点，考察犯罪人利用 P2P 网络借贷进行非法集资的案发"土壤"和底蕴，检视既有司法解释面对新型网络非法集资问题的特殊情形和司法适用难点，并且透析指导性案例的作用和独特解决之道。

一　底蕴：P2P 网贷的发展、"爆雷" 与风险防范

P2P 网络借贷，也称为"个人对个人"（Peer-to-Peer）借贷，是指借款人与出借人在互联网平台上进行的直接借贷活动。其基本模式是由网络平台运营商提供交易场所、审核借款需求和发布在网络平台上，由出借人选择放贷。② 这改变了依托金融机构进行融资的传统模式，被认为是互联网带来的一种金融创新，在一定时期甚至成为互联网金融创新的代名词。

（一）P2P 网贷在我国的发展脉络与监管

自 2007 年起，P2P 网贷在我国出现，并且开始迅猛发展。截至 2014

---

① 在 2017 年至 2018 年 10 月，全国检察机关批准逮捕的非法吸收公众存款案是 13127 件 18736 人，分别占到破坏金融管理秩序罪（共有 30 个罪名）的 70.3% 和 69.4%。再例如，从 2019 年 1 月至 11 月，北京市朝阳区检察院办理的非法集资犯罪，占同期金融犯罪案件总量的 92.7%。参见董凡超《检察机关专业化办理金融犯罪案》，《法制日报》2018 年 11 月 17 日；于潇《北京朝阳检方发布"金融检察白皮书"，非法集资类犯罪仍高发》，http://news.jcrb.com/jxsw/201912/t20191217_2089592.html。

② 郭雳：《中国式影子银行的风险溯源与监管创新》，《中国法学》2018 年第 3 期。

年底，有2000余家在线运营的P2P平台，贷款规模超过1000亿。① 在2016年，P2P网贷机构发展到高峰期，平台总数在5400家左右。② 截至2018年7月，P2P网贷累计借款金额在7.2万亿元左右，满足了2500万左右借款人需求。③ 这在一定程度上成为小微消费类融资需求的重要补充。

从本质上看，P2P平台的定位是信息中介机构，其通过披露和展示借款需求，将投资需求与借贷需求相匹配，借款人由此获得资金、出借人获得利息，P2P平台商获得佣金，但不能筹资吸储和放贷，不承担任何贷款的信用风险。然而，我国许多融资平台在嫁接P2P模式后，已完全改变其处于信息中介的性质，异化为承担信用中介功能的主体，从而将金融风险带向全国。④ 与此同时，更有不法分子利用P2P网贷缺乏有效监管的情况，以开展P2P网贷业务为名实施非法集资活动，这已经引起金融监管部门的注意。2014年3月，中国人民银行明确P2P网贷融资要坚持平台功能，不得以互联网金融名义进行非法集资等非法金融活动。⑤ 在2015年7月，中国人民银行等十部委联合发布《关于促进互联网金融健康发展的指导意见》，首次将P2P网络借贷界定为民间借贷范畴，属于"个体与个体之间通过互联网平台实现的直接借贷"，同时明确了个体网络借贷机构的信息中介性质，禁止其从事增信服务和非法集资，从而否定了P2P变形模式的合法性。

2016年8月，银监会、工业和信息化部、公安部等部门联合发布《网络借贷信息中介机构业务活动管理暂行办法》，在第2条和第3条进一步地明确网络借贷信息中介机构是以互联网为主要渠道，为借款人与出借人（即贷款人）实现直接借贷提供信息搜集、信息公布、资信评估、信息交

---

① 朱烨东、李东荣：《中国互联网金融发展报告（2015）》，https：//www.pishu.com.cn/skwx_ps/databasedetail?contentType=literature&subLibID=&type=&SiteID=14&contentId=5889864&wordIndex=2。

② 国信宏数公司：《中国P2P网络借贷行业发展形势互联网大数据分析》，https：//www.pishu.com.cn/skwx_ps/databasedetail?contentType=literature&subLibID=&type=&SiteID=14&contentId=8262691&wordIndex=1。

③ 零壹财经：《关键时刻：P2P网贷危机调研报告》，http：//www.01caijing.com/article/25911.htm。

④ 郭雳：《中国式影子银行的风险溯源与监管创新》，《中国法学》2018年第3期。

⑤ 中国经济网：《银监会：P2P网络借贷平台发展不得突破四条红线》，http：//finance.china.com.cn/money/bank/yhyw/20140421/2351076.shtml。

互、借贷撮合等服务，不得提供增信服务，不得直接或间接归集资金，不得非法集资。同时，要求网络借贷信息中介机构实行备案登记管理制度，应当在经营范围中实质明确网络借贷信息中介，并且在第10条列出不得从事或者接受委托从事活动的13项负面清单。依据该办法第40条规定，网络借贷信息中介机构违反法律规定从事非法集资活动，构成犯罪的，依法追究刑事责任。

（二）P2P 网贷："爆雷"、整治与"团灭"

在金融监管部门开始刮起"强监管"风暴以及国家经济实行"由虚向实"转变的大形势下，从2018年6月以来，P2P网贷平台出现集中"爆雷"的局面，涉及投资者千万，涉案金额超过百亿元，其中上海、深圳、浙江、北京和济南五地最为严重。① 2018年8月，互联网金融风险专项整治工作领导小组办公室、P2P网络借贷风险专项整治工作领导小组办公室（以下简称"两办"）提出九项工作要求，部署行业自查和企业自查，边查边改，即查即改；以债权债务转出、出让、兼并重组等方式，引导不合规企业的良性退出；依法严惩恶意退出经营、"跑跑"、抽逃资金等恶劣行为。② 在2019年10月21日国务院新闻办举行的发布会，银保监会负责人进一步介绍从以下三个方面的整顿工作：首先，对严重违法违规的网贷机构进行严厉打击。截至9月末，全国已立案侦查786家P2P网贷机构。其次，在整治活动中，推动不符合规定的P2P网贷平台机构良性地退出，主动选择停业退出的机构已经超过1200家。最后，对于全国实际运营的462家网贷机构，将它们的实时数据全部接入国家互联网应急中心。③ 由此可见，经过上述一段时间整治的"大浪淘沙"，曾经处于黄金期的P2P网贷平台落入"三分"解体的境地。

2018年12月19日，为了防范化解网贷行业风险，加快网贷行业的风

---

① 中国银保监会：《2019年处置非法集资部际联席会议（扩大会议）召开》，http：//www.cbirc. gov. cn/cn/view/pages/ItemDetail. html？docId = 213747&itemId = 915&generaltype = 0。

② 闫雨昕：《稳步推进互联网金融和P2P风险化解工作》，http：//www. xinhuanet. com/finance/2018 - 08/04/c_ 129926562. htm。

③ 欧阳剑环、彭扬：《786家网贷机构被立案侦查！银保监会公布，今年以来逾1200家停业，大部分为主动退出》，《中国证券报》2019年10月21日。

险出清,"两办"颁行《关于做好网贷机构分类处置和风险防范工作的意见》,要求以机构退出为主要工作方向,除部分严格合规的在营机构外,其余机构"能退尽退,应关尽关",加大整治工作的力度和速度。据此,多省市经过整顿,先后宣布取缔辖区内的全部网贷平台。① 2020年3月,银保监会负责人在新闻发布会公布,目前实际运营的P2P网贷机构数量比三年前已经减少近90%,网络借贷的风险大幅度地压降。② 截至2020年8月末,网贷机构的数量、参与人数和借贷规模已连续26个月下降,全国运营的网贷机构为15家,比2019年初下降99%,借贷余额下降84%,出借人下降88%,借款人下降73%。③ 2020年11月6日,银保监会在介绍防范化解金融风险攻坚战所取得的重大成效时,介绍全国实际运营P2P网贷机构已经压降到3家。发展到11月中旬,则完全归零。④

(三) 互联网金融风险防范:以整治P2P网贷为标志

我国对P2P网贷行业进行整治以及在整体上的清零,是置于加强对金融风险防范的大形势下。据统计,2014年我国非法集资的发案数量、涉案金额和参与集资人数等均大幅上升,同比增长两倍左右,都达到历史峰值,金融风险迅速蔓延。其中,以P2P网络借贷、私募股权投资等名义进行非法集资成为涉案重灾区。⑤

针对金融犯罪案件高发的形势,最高人民检察院认为涉众型的金融犯罪欺骗性强,涉案人员多,社会危害大,故将防范和化解金融风险作为打好"三大攻坚战"的重中之重,要求办案人员积极参与互联网金融风险专项整治,把对案件的查办与化解风险、追赃挽损、维护稳定结合起来,防

---

① 资管黑板报:《P2P整治接近尾声,广州团灭,正常运营平台仅剩百余家》,https://www.sohu.com/a/394847105_660924。

② 中华人民共和国国务院新闻办公室:《国新办举行应对国际疫情影响维护金融市场稳定发布会图文实录》,http://www.scio.gov.cn/xwfbh/xwbfbh/wqfbh/42311/42752/wz42754/Document/1675657/1675657.htm。

③ 王恩博:《8月末中国在运营网贷机构剩余15家比去年初下降99%》,http://www.chinanews.com/cj/2020/09-14/9290798.shtml。

④ 段久惠:《P2P正式退出历史舞台,存量转型路在何方?》,https://finance.sina.com.cn/roll/2020-11-30/doc-iiznezxs4348586.shtml。

⑤ 吴学安:《网贷不能为非法集资提供便利》,《法制日报》2015年4月30日。

止引发次生风险。① 最高人民检察院颁布两批关于金融犯罪的指导性案例，也正是检察机关介入全国互联网金融风险防范的具体举措，以便为防范化解金融风险提供及时、有力的司法保障。

二 非法吸收公众存款罪：杨卫国案的对应解析

从打击非法集资犯罪的司法实践看，在2016—2019年的4年期间内，全国检察机关办理非法吸收公众存款罪的案件数量呈现逐年上升的趋势。如图1所示。② 尤其是在2019年，利用互联网实施的非法集资犯罪案件持续增加。

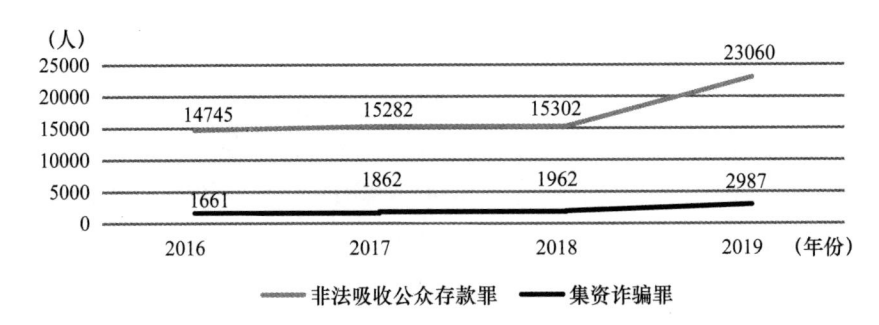

图1 2016—2019年非法吸收公众存款罪与集资诈骗罪的起诉人数

非法吸收公众存款罪在司法适用中"井喷式"的局面，特别是依托金融科技发展和新型金融产品衍生出的日趋复杂化的集资犯罪手段，给司法人员带来前所未有的认定难题。例如，网络非法集资是否改变了其本质特征？相关的司法解释是否还能适用于网络非法集资犯罪的认定？对于"非

---

① 检察日报社评：《助推防范化解金融风险，要突出"准"和"专"》，《检察日报》2018年12月17日。
② 对于非法吸收公众存款罪的起诉案件，在2016年是14745人，2017年为15282人，2018年是15302人，2019年则迅猛增加到23060人，同比上升50.7%。郑赫南：《检察机关办理非法集资犯罪案件数量逐年上升》，《检察日报》2019年1月31日；孙风娟：《最高检发布第十七批指导性案例》，《检察日报》2020年3月26日。

法性"的认定，在新型网络犯罪类型下应如何进行？对于这些突出的问题，急需统一认识标准。为了有针对性地解决非法吸收公众存款罪在互联网金融发展背景下的办案疑难问题，最高人民检察院在第17批指导性案例中选录了"杨卫国等非法吸收公众存款案"，尤其是在规范层面和证据指控方面，解析了该罪在 P2P 网络借贷背景下的适用要点。这具体表现如下。

（一）形式认定：要旨对应地解析"四性"特征的适用

在规范意义上，《2010 年解释》第 1 条在形式要件层面确立了非法吸收公众存款罪成立的四个特性，即非法性、公开性、利诱性和社会性。但是，上述"四性"特征是规定于互联网金融犯罪在我国兴起之前，其能否适用于后发的利用 P2P 网贷进行的非法吸收公众存款罪呢？通过裁判要旨的形式，判例可以引导法官和民众去适用，在某种程度上发挥着司法解释的功能。①为此，杨卫国案例明确以下【要旨】："单位或个人假借开展网络借贷信息中介业务之名，未经依法批准，归集不特定公众的资金设立资金池，控制、支配资金池中的资金，并承诺还本付息的，构成非法吸收公众存款罪。"从具体内容看，该【要旨】是以"四性"特征为纲要，对应地解析"四性"特征在 P2P 网贷土壤上认定非法吸收公众存款罪的具体适用问题。

1. "非法性"的认定：资金池衍生出的本质异化

对于"非法性"的认定，《2010 年解释》第 1 条确立了二元认定标准：（1）形式认定标准：未经有关部门依法批准；（2）实质认定标准：借用合法经营的形式吸收资金。杨卫国案中，被告人辩称其集团的线上平台是在经营正常的 P2P 网络借贷业务，不需要取得金融许可牌照，在营业执照许可的经营范围内即可开展经营。对此，公诉人围绕理财资金的流转对被告人进行重点讯问，证明集团通过直接控制理财客户在第三方平台上设立虚拟账户和托管账户，揭示该线上业务是在归集客户资金而形成的资金池，并且进行控制、支配和使用，其已经从网络借贷的"信息中介"异化为"信用中介"。一字之差，本质迥异。由于资金池的运作和交易结构

---

① 陈兴良：《从规则体系视角考察中国案例指导制度》，《检察日报》2012 年 4 月 19 日。

极为脆弱,其与普通的金融风险不同,一旦资金池的风险爆发,经常会演变成为系统性风险。① 有鉴于此,杨卫国案的【指导意义】第 3 点将网络借贷信息中介机构的性质明确地界定为:依法只能从事信息中介业务,为借款人与出借人实现直接借贷提供信息搜集、信息公布、资信评估、信息交互、借贷撮合等服务;信息中介机构不得提供增信服务,不得直接或间接归集资金,包括设立资金池控制、支配资金或者为自己控制的公司融资。通过形成资金池的这种"穿透式"证据审查,并且依据《2010 年解释》关于借用合法经营的形式吸收资金的"实质认定标准",公诉人揭开被告人假借开展网络借贷信息中介业务之名的"外衣"。

同时,吸收存款是商业银行的最为基础的业务,可谓是商业银行的生命线。我国《商业银行法》第 11 条规定:未经国务院银行业监督管理机构批准,任何单位和个人不得从事吸收公众存款等商业银行业务。但是,杨卫国等实际上是从事直接或间接归集资金,甚至进行自融或变相的自融活动,在本质上属于吸收公众存款。有鉴于此,杨卫国案的【指导意义】第 1 点明确提及:向不特定社会公众吸收存款是商业银行专属金融业务,任何单位和个人未经批准不得实施。这实际上是再次体现出《2010 年解释》第 1 条关于"未经有关部门依法批准"的形式认定标准,这是我国最早确定的通行标准,契合于我国对吸收公众存款实行审批制的法律规定。

需要指出的是,对于认定"非法性"时的"法"的外延之问题,依据《2010 年解释》第 1 条所要求的"违反国家金融管理法律规定",部门规章是被排除在"非法性"的认定依据之外的。但是,主要金融管理法律法规均颁行在 P2P 网络借贷出现之前。与此相对应,关于 P2P 网络借贷的监管规范文件,则主要体现在中国人民银行等行政主管部门所颁行的部门规章。对于这种法律适用的难点问题,"两高一部"在 2019 年联合颁行"意见"的第 1 条中,扩大了"非法性"中"法"的外延范围,要求司法机关应当以"国家金融管理法律法规"作为依据;如果仅是原则性规定的,则可以根据法律规定的精神并参考有关行政主管部门制定的部门规章予以认定。据此,关于在后期出现的监管 P2P 网络的部门规章,可以成为认定

---

① 郭雳:《中国式影子银行的风险溯源与监管创新》,《中国法学》2018 年第 3 期。

"非法性"的规范依据。

2. "公开性"的认定："向社会公开宣传"的外在特征

最高人民法院将"公开性"列为非法吸收公众存款罪的成立特征之一，主要是基于是否向社会公开宣传，是区分非法集资与合法融资的关键之所在，也是判断是否向社会公众吸收资金的重要依据。①"两高一部"在2014年联合颁行的"意见"中将向社会公开宣传的手段形式，修改为"以各种途径"的概括性规定。这具有很强的针对网络非法集资的时代需求，也可以容纳将来新出现的宣传手段。在杨卫国案中，望洲集团在全国多个省、市开设门店，采用发放宣传单、举办年会、发布广告等方式进行宣传，致使集资信息在社会公众中大范围地快速扩散，加速了集资规模的快速扩张，导致13400余人参与其中，这符合"公开性"认定的外在特征。

3. "利诱性"的认定：经济特征

从各种非法集资的产生和发展历程看，高利率的有偿回报是非法集资活动不可缺少的诱因。正是基于对此规律性的认识，《2010年解释》将"利诱性"规定为：承诺在一定期限内以货币、实物、股权等方式还本付息或者给付回报。在杨卫国案中，非法集资活动表现为根据理财产品的不同期限，约定7%—15%不等的年化利率，并且通过明示年化收益率、提供担保等方式，承诺向理财客户还本付息。这符合"利诱性"成立的经济特征。与此同时，鉴于给付回报是将集资参与人引入圈套的诱发剂，也是集资参与人的被害要因，"利诱性"是我们遏制非法集资犯罪的重要切入点，需要我们共同地使集资参与人认识到参加非法集资的风险，以便消除他们获取高额回报的利益驱动力，从被害方的角度来有效地预防非法集资犯罪的发生，达到法律效果与社会效果的统一。

4. "社会性"的认定：公众特征

"社会性"是非法集资的本质特征，禁止非法集资的重要目的还在于保护公众投资者的利益。根据《2010年解释》，"社会性"是指集资人向

---

① 刘为波：《〈关于审理非法集资刑事案件具体应用法律若干问题的解释〉的理解与适用》，《人民司法》2011年第5期。

社会公众即社会不特定对象吸收资金。在杨卫国案中,望洲集团通过线上和线下两个渠道非法吸收公众存款共计64亿余元,其中通过线上渠道吸收公众存款11亿余元,涉及13400多集资参与人,具有明显的涉众性特征。正是基于"社会性"的特征,非法集资属于最为典型的涉众型金融犯罪,天然地具有参与人多、影响范围广的属性。在非法集资活动中,众多参与人一旦血本无归,就势必极力追讨,从而产生连锁的影响社会稳定的负面效应。由此可见,非法集资刑事案件不只是一个纯粹的金融犯罪案件,它还与维护社会稳定的社会效果乃至政治效果紧密联系在一起。[①]

(二) 实质判断：刑事政策的"出罪口"

在规范层面,"四性"特征确立了非法吸收公众存款罪成立的形式要素。但是,在认定犯罪成立时,还需要在此基础上进行价值层面的实质判断。从目前具有司法效力的法律规范看,《2010年解释》第3条规定："非法吸收或者变相吸收公众存款,主要用于正常的生产经营活动,能够及时清退所吸收资金的,可以免予刑事处罚；情节显著轻微的,不作为犯罪处理。"最高人民检察院在2018年发布11项关于保护民营企业发展的执法司法标准中,异曲同工,也在第1项规定："对于民营企业非法吸收公众存款,主要用于正常的生产经营活动,能够及时清退所吸收资金的,可以不起诉或者免予刑事处罚；情节显著轻微的,不作为犯罪处理。"具体分析,上述两个司法解释考虑到所处金融时代的发展变化和为民营企业发展营造良好环境的政策,为了防止将那些在形式标准上已构成非法吸收公众存款罪的行为均入罪打击,故从刑事政策的角度,将"集资用途"和"能否及时清退"并列地设置为追究刑事责任的两个条件。其中,用于正常的生产经营活动之"集资用途",是从集资是否具有正当性切入；对于"能否及时清退",则主要考察公众投资者的财产利益,不会产生维护社会稳定的压力,两者共同地从"后端"给该罪的认定提供了一个"出罪口"。这在一定程度上有助于防止非法吸收公众存款罪的扩大适用,体现

[①] 王新：《非法吸收公众存款罪"四性"特征的司法适用》,《检察日报》2020年6月20日。

了宽严相济的刑事政策。①

杨卫国案也体现了实质判断的立场。通过理财、审计报告等证据，检察官证实望洲集团吸收的资金除用于还本付息外，主要用于扩大望洲集团下属公司的经营业务。虽然这符合"集资用途"正当性的要求，但是望洲集团将吸收的少部分资金用于个人支出，因资金链断裂而在案发时线下、线上的理财客户均遭遇资金兑付困难，未兑付资金共计 26 亿余元，不具备"及时清退"的条件。因此，难以同时满足实质判断后的"出罪"前提，一审法院由此判决杨卫国构成非法吸收公众存款罪，判处有期徒刑九年零六个月，并处罚金人民币 50 万元。

三 "以非法占有为目的"之认定： 以周辉案切入

在非法集资的罪名体系中，非法吸收公众存款罪属于一般法规定，具有基础性的意义，集资诈骗罪则是加重罪名。② 作为打击非法集资犯罪的两个主力军罪名，集资诈骗罪与非法吸收公众存款罪在客观方面均表现为向社会公众非法募集资金，区别的关键点在于行为人是否以非法占有为目的，但这一直是司法实践中认定的难点问题，也表现在最高人民检察院在第 10 批指导性案例中收录的"周辉集资诈骗案"之中。

（一）控辩焦点与指导意义、要旨

在周辉案的审理过程中，辩护人辩称周辉利用互联网从事 P2P 借贷融资，一直在偿还集资款，主观上不具有非法占有集资款的故意，不构成集资诈骗罪，仅构成非法吸收公众存款罪。对此，公诉人通过相关证据开示，认为周辉系利用互联网从事 P2P 借贷融资，吸收资金建立资金池，其行为与 P2P 网络借贷有着本质区别；此外，周辉在主观上认识到资金不足，少量投资赚取的收益不足以支付许诺的高额回报，却采用编造虚假借

---

① 王新：《非法吸收公众存款罪的规范适用》，《法学》2019 年第 5 期。
② 刘为波：《〈关于审理非法集资刑事案件具体应用法律若干问题的解释〉的理解与适用》，《人民司法》2011 年第 5 期。

款人、虚假投标项目等欺骗手段募集大量资金,不用于生产经营活动,或者用于生产经营活动与筹集资金规模明显不成比例,致使集资款不能返还,而且大量集资款被其个人肆意挥霍,体现出明显的非法占有目的,故其行为构成集资诈骗罪。① 在此基础上,周辉案在【指导意义】中强调:"是否具有非法占有目的,是正确区分非法吸收公众存款罪和集资诈骗罪的关键。对非法占有目的的认定,应当围绕融资项目真实性、资金去向、归还能力等事实、证据进行综合判断。"

针对不法分子利用 P2P 网贷平台进行集资诈骗的刑事风险,为了指导司法机关在新形势下如何认定"以非法占有为目的",周辉案有针对性地规定以下【要旨】:"网络借贷信息中介机构或其控制人,利用网络借贷平台发布虚假信息,非法建立资金池募集资金,所得资金大部分未用于生产经营活动,主要用于借新还旧和个人挥霍,无法归还所募资金数额巨大,应认定为具有非法占有目的,以集资诈骗罪追究刑事责任。"具体而言,该【要旨】是以《2010 年解释》第 4 条关于认定"以非法占有为目的"成立的情形为纲要,对应地解析了在 P2P 网络借贷中如何适用的问题。

(二) 事实推定:"以非法占有为目的"之认定立场

对于金融诈骗犯罪中"以非法占有为目的"的认定问题,最高人民法院首先在 2001 年颁行的《全国法院审理金融犯罪案件工作座谈会纪要》(以下简称《2001 年纪要》)中,要求坚持主客观相一致的原则,避免单纯根据损失结果客观归罪,并且特别要求仅凭较大数额的非法集资款不能返还结果,不能推定行为人具有非法占有的目的。后来,《2010 年解释》第 4 条第 2 款采取事实推定的立场,规定了 8 种可以认定为"以非法占有为目的"的具体情形。

具体细分,可以将其中的第一种情形和第二种情形归为同一个类别,即在"集资款不能返还"的客观结果出现后,还需要结合考察下列两种不具有正当性的"集资款的用途"之原因:第一,不用于生产经营活动或者

---

① 万春、缐杰、张杰:《〈最高人民检察院第十批指导性案例〉解读》,《人民检察》2018 年第 14 期。

用于生产经营活动与筹集资金规模明显不成比例。这是采取单一的事后推定立场，取代了在《2001年纪要》中所规定的"明知没有归还能力而大量骗取资金"之情形；第二，肆意挥霍。其中，"肆意"一词是对"挥霍"在定量方面的限制条件。从《2001年纪要》开始，就要求行为人将大部分资金用于投资或生产经营活动，而将少量资金用于个人消费或挥霍的，不应仅以此认定具有非法占有的目的。对比可见，在周辉案中，对于以非法占有为目的之认定就是采用这种类别中的两种情形，这也体现在其他许多集资诈骗罪的案件认定中，诸如"e租宝"案、吴英案等。

在司法实践中，集资诈骗罪通常表现为共同犯罪的形式，涉及众多的共同犯罪人，体现为多人参与和分工实施的样态。从分工和作用的角度，包括组织者、策划者、指挥者、主要实施者和一般参加者；从职业类别看，包含高级管理人员、中层级管理人员和普通职员。对于涉众型集资诈骗罪案件的处理，应该体现"分化打击、区别对待"的刑事政策导向，避免为了从严惩处犯罪人而将难以认定"以非法占有为目的"成立的犯罪人也纳入集资诈骗罪打击的范畴，否则会陷入客观归罪的泥潭。为此，我们应当严格地适用《2010年解释》第4条关于应当区分情形进行具体认定集资诈骗罪中的非法占有目的之规定。该条第3款明确规定："行为人部分非法集资行为具有非法占有目的，对该部分非法集资行为所涉集资款以集资诈骗罪定罪处罚；非法集资共同犯罪中部分行为人具有非法占有目的，其他行为人没有非法占有集资款的共同故意和行为的，对具有非法占有目的的行为人以集资诈骗罪定罪处罚。"具体而言，该款从行为与行为人两个维度，表现出不以"部分"决定"全部"的立场。例如，在"e租宝"案的处理过程中，司法机关并没有简单地将全案的两个被告单位和26名自然人被告均定性为集资诈骗罪，而是根据证据事实，将具有"以非法占有为目的"的两个被告单位及丁宁、丁甸、张敏等10名被告人认定为构成集资诈骗罪；对于王之焕等其他16名被告人，鉴于难以认定他们具有"以非法占有为目的"，但是违反国家金融管理法律规定，变相吸收公众存款，故认定他们的行为构成非法吸收公众存款罪，由此出现了对基于同样基础事实的一个案件的被告人，出现两个不同罪名定性的模板，这完全是以共同犯罪人是否具有"以非法占有为目的"而细分的结果，并没有单纯地对全案均以集资诈骗罪的重刑打击,也没有简单地将不具有"以非法占有为目的"的被告人以无罪认定。

(三) 办案"三个效果"的辩证统一

按照被害人学的原理,利害关系是骗局中的动力学因素。在集资诈骗罪的加害人与参与被害人的互动过程中,不仅包括加害人对被害人的利益诱惑,也体现出被害人对集资回报的追求,而这恰恰是集资参与人的被害要因。双方利害关系中所包含的利益驱动越强烈,所指向的被害者权益越大,集资骗局实施的可能性就越大,其规模、强度就越大,给被害人带来或可能带来的损失就越大。因此,对集资被害要因的自觉,正是积极预防被害的先决条件。① 基于上述原理,考虑到集资诈骗罪是检察机关在近期重点打击的金融犯罪之一,在周辉案的【指导意义】中,着重强调将办理案件与追赃挽损相结合,最大限度减少人民群众的实际损失,并且要结合办案开展以案释法,增强社会公众的法治观念和风险防范意识,有效预防相关犯罪的发生,从而鲜明地体现出办案中追求法律效果、社会效果和政治效果的"三个效果"之辩证统一。

四 结语

随着互联网的快速发展,非法集资依托于金融科技的发展衍生出翻新变化和日趋复杂化的集资犯罪手段,致使在司法实践中出现认定难点问题。对此解决之道,在基础层面应澄清本质与表象之间的辩证关系。在金融学界,普遍认为互联网改变了金融生态,尤其是渠道的拓展和交易方式的变化,但这无法改变金融的基本功能和本质。② 据此,我们可以认为,互联网金融犯罪也没有改变金融犯罪的本质。从这个意义上讲,我们在认识和处理新型的金融犯罪时,应该透过表象看本质:在具体应用法律时,由于已有的司法解释能够在本质层面适用于新型网络非法集资犯罪的法律

---

① 白建军:《金融犯罪研究》,北京法律出版社2000年版,第21—22页。
② 朱小黄:《互联网能改变金融生态却不能改变金融的基本功能》,http://bank.cnfol.com/yinhangyeneidongtai/20201211/28582822.shtml。

实务，同时鉴于指导性案例在解决法律适用疑难方面，具有及时灵活、生动具体、立体全面的独特优势，有助于实现填补立法解释、司法解释、规范性文件等的漏洞和滞后的目的，[①] 因此，我们可以在维持既有司法解释相对稳定性的前提下，发挥出指导性案例的独特作用，以便达到两者的有机结合和互补。

（作者为北京大学法学院教授、博士生导师。本文原载《政法论丛》2021年第1期，收入本书时略有修改。）

[①] 何荣功、黄生林、张杰：《检察机关发布典型案例的理论基础与实践》，《人民检察》2020年第11期。

基于实质刑法观的股权众筹出罪路径研究[*]

徐 彰

一 股权众筹的行政监管现状

股权众筹是互联网金融的主要模式之一,"是人类史上又一个伟大的制度发明,它能够弥补股票市场股份制的缺陷和不足,让中小企业获得资金的筹集和资源的筹集,还有人脉的管理以及营销的众筹"。[①] 股权众筹的产生是重要的金融模式创新,对于推动我国的金融发展具有积极意义。

同时也应当看到,实务中各种披着股权众筹外衣的非法金融行为大肆出现,在刑事司法领域以非法集资犯罪为典型代表,在侵犯社会公众的财产的同时,也破坏了国家的金融监管秩序,以致出现系统性金融风险。金融监管部门敏锐地发现了风险的存在,近年来积极出台多项举措化解股权众筹中存在的风险,却导致了可能是"矫枉过正"的结果:在打击股权众筹型金融犯罪的同时,殃及了合法的股权众筹金融模式,导致股权众筹目前在我国始终未能被"正名"的尴尬境地,阻碍了金融创新发展。"面对越来越多的各种网络安全威胁,过度强调管制的传统法制化治理虽然可在短时间内取得一定的安全效果,但是,从长远来看,有可能会扼杀互联网创新,削弱互联网活力,进而产生阻碍互联网发展的负面效应。"[②] 应厘清

---

[*] 本文系国家社科基金青年项目"刑民交叉视野下的互联网金融行为'罪与非罪'问题研究"(项目编号:17CFX020)的阶段性成果。
[①] 杨东:《互联网金融打开股权众筹发展空间》,《上海证券报》2015年7月23日。
[②] 刘艳红:《互联网治理的形式法治与实质法治》,《理论视野》2016年第9期。

股权众筹的合法性边界，明确指出股权众筹不构成非法集资犯罪。

股权众筹面临的法律风险主要有两种，一是由于金融业务的发展速度超过金融监管的反应速度而产生出的合规风险，也即因监管空白引起的金融风险及其对传统金融秩序的冲击产生出在现有法律制度下的合法性疑问，有学者即指出"对于股权众筹名义下的非法股权众筹行为，即使是真实的股权众筹，因为其非法性而应当追究法律责任"[1]；二是以新形态为幌子的传统非法金融行为产生出的法律风险，无论是在互联网时代还是在传统时代均是立法者和社会公众无法接受的，不仅破坏了金融秩序，而且侵犯了公私财产。

现行治理模式下，即使是符合《关于促进互联网金融健康发展的指导意见》（以下简称《十部委意见》）中所述标准的股权众筹，在当下的法律监管体系下也是存在违法性方面的质疑的：虽然从国家政策上看对股权众筹是持鼓励态度，也在尝试出台不同层级的法律性文件，但这些年里始终未能取得突破，和P2P网贷监管形成了鲜明的对比。由于缺乏相应的法律规范，针对股权众筹的行政监管存在缺位现象，即使部分地方金融监管部门将股权众筹监管明确为自身职责，但在执法过程中仍然缺乏法律依据。

二　股权众筹中面临必然的非法集资刑事风险

股权众筹可能涉及的犯罪主要集中在非法集资犯罪，包括非法吸收公众存款罪、集资诈骗罪、擅自发行股票罪等。其中集资诈骗罪是犯罪人以股权众筹为名义实施的以非法占有他人财产为目的的，是披着创新外衣的传统犯罪，这一类型的股权众筹犯罪并非本文关注的重点。本文聚焦于股权众筹的合规风险，意在制度缺失的情况下通过法律解释赋予股权众筹适法身份。

现有非法集资犯罪治理模式下，股权众筹有着入罪的必然性，一方面该证券发行模式尚未得到证券法的确认或豁免，具有行政违法性；另一方面，行政犯的入罪在实践中往往只强调构成要件的该当而忽视了刑事违法

---

[1] 胡启忠：《非法股权众筹的刑法适用与现时策略》，《西华大学学报》（哲学社会科学版）2019年第6期。

性的判断,由于超个人法益的"质"难以掌握,而自然将行政犯等同于行政违法在"量"上的增加,以便于操作。违法二重性判断被简化为行政违法性的判断,在入罪思维导向下,将违法行为通过客观解释予以犯罪化。法律的滞后性与现实生活的易变性,决定了法律的解释应该跟随生活的变化而有相应调整,将法律规范作出合乎生活现实需要的解释。网络犯罪的严峻现实,国家立法的目标需要,司法部门的有效治理,以及刑法理论的适时推波助澜,造成了网络犯罪刑事治理的扩大化与入罪化。[1] 在这样的大环境下,股权众筹由于自身携带的天然风险所导致对金融安全的消极影响被无限放大,进而被纳入网络犯罪打击圈内。

实践中股权众筹最容易触犯的罪名是非法吸收公众存款罪,这也是非法集资犯罪的基础罪名。首先,股权众筹虽然已经明确由证监会监管,但相应的制度还未建立,目前处于监管的真空期,融资过程中无法取得批准,并且在互联网时代利用网站或其他互联网社交软件招募投资人必然存在"公开宣传"和"向社会不特定的对象吸收资金"的情况。"因此在认定成立非法吸收公众存款罪过程中,一般只要查明行为符合客观构成要件且没有违法阻却事由,即可认定其吸收公众存款违反刑法禁止性规定,不需要以刑法之外的其他法律规定'追究刑事责任'为前提。如果该吸收公众存款行为得到行政许可即阻却违法性,当然不成立犯罪"。[2] 其次,虽然股权众筹平台不能承诺投资保本,但实际中存在部分平台通过变相宣传的方式告知投资人众筹项目已经过认真审核,目前发起的众筹项目都保障了投资人预期的收益等,从而暗示投资人可以实现保本保息的期待。最后,即便认为股权众筹的投资人是经过严格审核保管的注册用户,尤其是各项目的领投人都具备一定的投资从业经验,投资心理相对成熟,可以被认为是特定群体,但此特定群体涉及人数众多。融资人的行为与非法吸收公众存款罪的犯罪构成要件具有天然的契合性,股权众筹项目通过互联网平台的扩散,无论是在参与人数还是融资数额上也轻而易举地超过司法解释中划定的入罪标

---

[1] 参见刘艳红《网络时代刑法客观解释新塑造:"主观的客观解释论"》,《法律科学》(西北政法大学学报)2017年第3期。

[2] 程兰兰、隋峰:《股权众筹行为与非法吸收公众存款行为的认定》,《经济刑法》2017年第17辑。

准。对于众筹平台，一方面为融资人的融资活动提供了便利从而成为共犯，另一方面在众筹平台运营时投资人的资金通常是先注入平台公司的账户，虽然有部分平台宣称这一账户属于托管的第三方账户，但绝大多数情况下还是受到平台公司的控制而非第三方监管机构的监督下，在未获得吸收资金相关资质的情况下，涉嫌归集资金设立资金池，进而构成犯罪。

三 实质刑法观下股权众筹不构成犯罪

如何在不突破罪刑法定原则的前提下保证国家政策得以顺利推行，对股权众筹行为予以非罪化处理，更多的是需要基于行政犯的基本理论进行实质解释。"通过实质的刑法解释，方能实现只有严重侵害法益的行为才会被解释在刑法犯罪圈之内，以实现我国刑法第 13 条但书部分规定的出罪机制。"①

股权众筹在正常运行模式下因法律未规定而产生的准入风险，可能构成的犯罪多为行政犯，如非法吸收公众存款罪、擅自发行股票、公司债券罪等。虽然新《证券法》并未明确给予股权众筹合法地位，但存在不违反罪刑法定原则的前提下，对于正常的股权众筹行为予以出罪的可能。"互联网股权众筹行为作为小微企业初创期的重要融资方式，通常通过投资入股的形式吸收投资人的资金用于生产经营活动，这属于金融创新的重要内容，为鼓励金融创新，对这些行为，应当充分彰显刑法的谦抑性，避免影响金融创新的空间"②。因此，准入门槛不应当是界分股权众筹罪与非罪的标准。

股权众筹中投资人与融资人之间是投融资法律关系，两者所签订的合同为投资合同，在性质上属于"证券"。我国现行证券法未对"证券"给出明确定义，而是对证券采取了狭窄界定的列举，也即受到证券法承认和规范的"证券"只有"股票、公司债券、存托凭证和国务院依法认定的其他证券"。股权众筹目前尚未被国务院正式承认，仅在部门规章中被予以确认，因此股权众筹并非法定的证券类型。股权众筹行为属于股票发行行

---

① 刘艳红：《实质刑法观》（第二版），中国人民大学出版社 2019 年版，第 161 页。
② 孙本雄：《完善刑法制度助推互联网股权众筹发展》，《检察日报》2018 年 8 月 20 日。

为,系典型的金融行为,应受到金融法调整,因而存在行政违法性的判断问题。同时,虽然行为可能构成行政违法,但并不当然构成犯罪。入罪须合法,出罪要合理,将形式上符合犯罪构成但实质上不具备处罚合理性与必要性的行为予以出罪,所彰显的正是现代法治国形式正义与实质正义的统一性。① 股权众筹即使可能满足非法吸收公众存款罪或擅自发行股票罪形式上的构成要件,但也因缺乏法益侵害性而不满足实质的违法性判断,进而不构成犯罪。

(一) 形式上满足构成要件

根据《关于审理非法集资刑事案件具体应用法律若干问题的解释》(以下简称"2010年司法解释"),非法集资犯罪共涉及8个具体罪名。之所以将它们都放入"非法集资"的名下,是因为这些罪名都具有某些共同的特性,放在一起可以对这些共性进行统一解释,节约立法成本,也方便对这些罪名的理解和适用。② 在实践中股权众筹模式由于自身模式的合法性问题,最可能触及的犯罪为非法吸收公众存款罪和擅自发行股票、公司、企业债券罪,通过中国裁判文书网检索发现,股权众筹涉罪案件最终被审判机关认定的罪名中,前者多于后者,现实虽如此,但这是由现有非法集资治理模式以非法吸收公众存款罪作为基础罪名所导致的,并不符合金融法上追寻的目标。非法吸收公众存款罪要求的"承诺在一定期限内以股权方式还本付息或者给付回报"的情形与股权众筹并不相同,"非法吸收公众存款罪的本质是以承诺还本付息或给付回报为条件向公众筹集资金,此回报具有对价性、必然性;而股权众筹并不保证还本付息,融资者也不会作出必然给付回报的承诺,而是由投资者与融资者共担风险。一言以蔽之,擅自发行股票罪与非法吸收公众存款罪的根本区别不在于行为人是否以"股权方式"给付回报,而在于行为人是否允诺'必然'给付回报"。③ 据此,作为证券发行的

---

① 参见刘艳红《形式入罪实质出罪:无罪判决样本的刑事出罪机制研究》,《政治与法律》2020年第8期。
② 参见彭冰《非法集资行为的界定———评最高人民法院关于非法集资的司法解释》,《法学家》2011年第6期。
③ 刘宪权:《互联网金融股权众筹行为刑法规制论》,《法商研究》2015年第6期。

一种模式,股权众筹符合擅自发行股票罪的构成要件而不是非法吸收公众存款罪。擅自发行股票罪"未经国家有关主管部门批准"的构成要件意味着在对构成要件该当性的判断上需要借助行政法规判断其行政违法性,在此前提下进一步明确其刑事违法性。

1. 股权众筹行为具有行政违法性

股权众筹属于"证券",发起股权众筹项目属于应受《证券法》规制的发行股票行为,在现行《证券法》未对股权众筹予以明确豁免的情况下,股权众筹的特点满足第 9 条第 2 款"向不特定对象发行证券"的规定,属于公开发行,但同时又无法达到证券法关于公开发行证券的要求,亦即现有制度下股权众筹项目是无法取得"国家有关主管部门批准"的,这意味着现有的股权众筹项目均具有行政违法性。根据《十部委意见》股权众筹融资业务由证监会负责监管,而证监会早在 2013 年的"美微众筹案"中即已表明,擅自在互联网平台上转让股权属于新型的非法证券活动。由此可见,股权众筹仍未得到国家主管部门的批准,行为违反证券法等金融法规而具有行政违法性。

2. 股权众筹符合擅自发行股票罪的构成要件

擅自发行股票罪的犯罪主体是一般主体,既包括具备了发行股票、公司、企业债券条件,但还没有得到国家有关主管部门批准,而擅自发行股票的单位和个人,还包括了那些根本不具备发行条件的主体,股权众筹的发起人满足主体要件;该罪要求行为人必须实施了未经国家有关主管部门批准,擅自发行股票的行为,股权众筹的发起人一方面无法得到国家有关主管部门的批准,另一方面实际通过股权众筹的方式进行了融资,股权众筹满足该罪行为要件;擅自发行股票罪在结果上必须达到数额巨大,或者造成严重后果或者有其他严重情节。股权众筹由于通过互联网平台进行公开融资,对象和数额都极易满足结果要件。由此股权众筹符合擅自发行股票罪形式上的构成要件。

(二) 股权众筹不具有刑事违法性

虽然股权众筹具有行政违法性,但作为行政犯,只有既违反行政法,同时又符合行政刑法规范的特别要件,才能构成行政犯罪,此即行政犯罪的双重违法性，而不仅限于其中一方面的违法。与此同时，行政犯在坚守法秩序统一原理，并根据行政管理法规判断了行为的行政违法性之后，并不意味着该行为一定具备刑事违法性，"违反行政管理法规是法定犯违法性认定的必要条件，以此为基础，再根据刑事违法性的程度，才能决定法定犯是否构成犯罪"。① 基于实质刑法所主张的，只有达到了值得处罚的法益侵害性，行为才具有可罚性。符合犯罪构成要件的行为不一定都处罚，只有其刑事违法性也即对法益的侵害达到应受处罚的严重程度，才可能成立犯罪。对于股权众筹行为而言，虽然由于未被《证券法》赋予合法地位而处于当下"非法金融业务"的境地，形式上似乎侵犯了国家的金融管理秩序，但是作为行政犯，这样的秩序或者说法益是抽象的，仅仅只是秩序受到侵害，而没有产生具体的法益侵害。股权众筹作为金融创新模式具有弥补传统证券发行模式不足，解决小微初创企业融资难，活跃民间投资渠道的优势，从世界范围看，大部分国家均在设立严格证券发行监管标准的同时对股权众筹予以不同程度的豁免。另一方面，虽然新《证券法》未明确股权众筹的合法身份，但从立法历程看，却可以发现，对于股权众筹的身份以及是否应当发行豁免的问题，都存在争论。

1. 股权众筹的合法性讨论还未落定

新《证券法》的修订起步于 2013 年，2015 年 4 月第一次提交全国人大常委会审议。第一稿修订草案中加入了"通过证券经营机构或者国务院证券监督管理机构认可的其他机构以互联网等众筹方式公开发行证券，发行人和投资者符合国务院证券监督管理机构规定的条件的，可以豁免注册或者核准"这一条文，为股权众筹的合法性提供了直接的基础。此后 2017 年的《证券法》修订草案二审稿中，该条文完全消失，显然担心股权众筹引发系统性风险的考量占了上风。2019 年 4 月 26 日开始公开征求意见的《证券法》修订草案三审稿重新纳入了相关条文，规定"公开发行证券，有下列情形之一的，可以豁免核准、注册：（一）通过国务院证券监督管理机构认可的互联网平台公开发行证券，募集资金数额和单一投资者认购的资金数额较小的……"这使得股权众筹被《证券法》赋予合法身份又具

---

① 刘艳红：《法定犯不成文构成要件要素之实践展开》，《清华法学》2019 年第 3 期。

有了极大可能。然而最终在通过修订的《证券法》条文中，股权众筹豁免规则未被写入，在各国纷纷修改《证券法》对股权众筹予以豁免的趋势下，我国此次修订却未作任何体现，业界普遍认为，立法者可能是考虑到了近年来互联网金融尤其是P2P网络借贷的悲惨经历，放弃了实验以技术改进融资模式的可能性。从新《证券法》的修订过程看，四个版本的内容（包括三个草案和一个最终审议通过版本）中有两个版本涉及股权众筹的相关豁免规则，可见立法者充分认识到了股权众筹在证券领域的重要性及其法律化的迫切性。新《证券法》修订历经的五年时间里，资本市场发生了两次较大波动。最终审议通过的新《证券法》删除了相关内容这一结果并不代表股权众筹对投资人而言不重要或是不应当纳入监管范畴。而仅意味着在彼时特定背景下，股权众筹同时包含的金融风险和制度优势中，前者被认为更加值得关注，因此最终采用了"保守"方案。即便如此，新《证券法》仍然为股权众筹的合法化留下了空间，该法第2条第1款前段规定："在中华人民共和国境内，股票、公司债券、存托凭证和国务院依法认定的其他证券的发行和交易，适用本法；本法未规定的，适用《中华人民共和国公司法》和其他法律、行政法规的规定。"由此，对股权众筹的豁免还存在两条路径，一是国务院依法认定股权众筹属于证券，从而适用《证券法》，同时在证券法中增加豁免规则；一是国务院针对股权众筹出台专门规定，例如证监会目前正在制定的《股权众筹试点管理办法》，如果将其效力上升为行政法规，则根据证券法第2条第1款的规定，股权众筹自然就具备合法地位。

由此可见，无论是立法者还是监管者都在积极推动股权众筹的合法化，力图将其纳入法律的保护和监管范畴内。一表现为早在《十部委意见》时就已经对股权众筹进行了定性，明确了股权众筹不是非法集资，应当对其发展进行促进。二表现为法律层面积极探索引入股权众筹豁免规则，以《证券法》的修订为代表，虽然最终股权众筹豁免条款未被纳入新《证券法》的正式条文中，但在一审稿和三审稿中都曾强势出现过，体现了国家对该领域的重视和有益探索。三表现为在金融法规层面制定试点管理办法，同时也已经在为股权众筹合法化之后的监管工作做好准备，继明确了股权众筹业务由证监会负责监管后，地方金融监管局承担起股权众筹机构的监管职责。由此，虽然在形式上目前股权众筹仍存在合法性的障碍，但其一贯呈现出合法化的趋势，应当将其与不满足证券法公募要求而未取得主管部门批准，擅自发行股票的行为作严格区分，考虑到法律滞后性的特点，一概将股权众筹行为认为是违法甚至是构成犯罪的观点都是片面的，是对法律条文的机械适用。在目前行政前置法有争议，立法者摇摆不定的情况下，刑法不应扮演急先锋的角色将自己降格为"行政保障法"，应在罪刑法定原则和谦抑性的要求下坚持刑法自身的品格，围绕法益侵害对具体行为犯罪与否作出刑法上的独立判断。

2. 股权众筹可以破解传统证券业监管难题

股权众筹对于中小企业，尤其是金融科技初创企业的投融资两端都极有价值，通过发挥股权众筹融资作为多层次资本市场有机组成部分的作用，可以更好地服务创新创业企业，对于促进初创科技企业之资本形成有着法律、道德和经济上的正当性。在看到股权众筹的积极作用和优势的同时，也应该看到这一模式所蕴含的风险，但正如前文所示，正常的股权众筹中的风险仅仅是一种普遍的金融风险，是必然存在的风险，与其他任何一种金融业务并无二致，所以需要政府的监管以避免发生系统性风险。以美国为例，在立法过程中，股权众筹的豁免规则遭遇了社会公众的质疑，这些质疑分为两类：一类担心《JOBS法》要求披露的信息太少，从而为证券欺诈打开了大门；另一类则抱怨《JOBS法》要求披露的信息太多，致使股权众筹对于小微初创企业来说成本过于昂贵。[①] 这两种刚好对立的观点不仅反映出投资人和初创企业各自不同的担心，更是金融效率和金融安全这两个相对的金融法治价值追求之间的矛盾在股权众筹领域的集中体现。股权众筹中的风险与擅自发行股票行为中的法律风险存在根本的区别。诚如立法者所言，"发行股票要定期付给股东红利，发行公司、企业债券要按时归还本金及利息，这依赖于发行公司、企业的生产经营管理及其经济效益的好坏，具有一定风险性，同时由于这种活动涉及面广，事关大量资金的流向，与社会金融秩序的稳定甚至社会安定密切相关。因此，

---

① See Dorff, Michael B., "The Siren Call of Equity Crowdfunding", *The Journal of Corporation Law* 39.3 (2013).

公司法对发行股票、公司债券规定了严格的条件和批准程序：股份有限公司的设立如果采用募集设立形式需向社会发行股票募集股份的，或者股份有限公司成立后需发行新股的，都必须要先报经国务院证券管理部门批准，必须由证券经营机构采取承销方式发行股票，必须公告招股说明书并制作认股书，并将募集情况报国务院证券管理部门备案或者向公司登记机关办理变更登记"①，"向社会发行股票、债券必须经过有关监管部门的严格审批，否则，任何机构都可任意发行股票、债券，必将造成金融秩序的混乱，产生金融风险。为防止这类情况的发生，刑法将擅自发行股票、公司、企业债券的行为规定为犯罪"。② 由此可见，股权众筹中存在的风险与擅自发行股票罪侵犯的法益两者并不相同，而且可以进一步指出的是，股权众筹的存在就是为了将传统发行股票行为的风险最大程度降低。

传统股票发行中最大的风险是信息的不对称。在资金分布不均匀的情况下，资金短缺方有向资金盈余方支付回报以融入资金的需求；资金盈余方因为资金限制，也有动力向短缺方提供资金，以获得资金使用的回报。然而，对于资金盈余方而言，提供资金给资金短缺方等于放弃了对于资金的控制，虽有资金短缺方提供回报的承诺，但实际上仍存在对方不愿意履行承诺或客观上无法履行承诺的违约风险。资金盈余方和资金短缺方在信息上的不对称，客观上导致了这种风险不可避免，甚至在某种程度上决定了这种风险永远无法得到满意的解决。经济学家认为，这种信息不对称导致了融资交易在事前会发生逆向选择，在事后则容易产生道德风险。因此，需要初创企业披露足够的信息以满足投资者的需求。要做到这一点就必须有适当的机制来禁止欺诈和歪曲事实，这两种机制分别存在于刑法和一般合同法中。③ 现代证券法所规定的强制信息披露制度解决的是信息收集和信息验证问题，支持者认为只要融资方提供了充分的信息，市场自然会消化和吸收这些信息。公众投资者读不懂这些信息没有关系，市场上的

---

① 郎胜主编：《中华人民共和国刑法释义》，法律出版社2015年版，第270—271页。
② 全国人大常委会法制工作委员会刑法室编：《中华人民共和国刑法条文说明、立法理由及相关规定》，北京大学出版社2009年版，第332—333页。
③ See Armour, John, and Luca Enriques. "The Promise and Perils of Crowdfunding: Between Corporate Finance and Consumer Contracts", *Modern Law Review*, 2018, pp. 51–84.

中介机构会帮助公众投资者。然而实践中证券市场的多次危机表明：证券中介机构并不像想象的那么可靠，公众投资者往往还是会受到误导和欺诈，最终损失惨重，这成为现代证券法一直饱受诟病的地方，以强制信息披露制度作为证券法核心制度以解决信息不对称问题的立法模式始终未能解决这一困境。由此可见，无论是金融法对金融中介机构的严格市场准入与行为监管，还是证券法对公开融资的注册或者核准程序，都是基于信息不对称而产生的法律应对。也因此，当条件具备可以克服融资时的信息不对称问题时，或者当具体情况下克服信息不对称变得成本过高、得不偿失时，法律上的这些监管要求都可以改变或者放弃，比较典型的就是证券法上的各种发行豁免制度，我国《证券法》第9条就是典型的私募豁免。

众筹平台在股权众筹中可以发挥重要作用，帮助验证和审查融资者的信息，可以有效减少信息不对称，提高项目成功的可能性，因此众筹平台不仅是一个撮合众筹双方的场所，还需要发挥减少信息不对称的功能。正因为与传统发行证券相比，股权众筹中众筹平台可以在更大程度上帮助该融资模式避免传统困境，通过发挥大数据分析和人工智能的优势，使交易双方降低交易成本，互联网为股权众筹中的投融资双方提供了方便快捷的信息沟通渠道，投资者可以通过众筹平台及时了解到融资者的资信变化、其他投资者的投资额等信息，进而减小投融资双方的信息不对称。诚然，现有实证研究只证明股权众筹中的金融科技减少了信息不对称的可能性，而未成熟到可以完全解决这一问题的程度。因此，世界各国针对股权众筹的立法也没有盲目相信当下的技术能够解决信息不对称，仍然在传统证券法的框架和理论下，在豁免的同时对股权众筹的各个方面进行监管。

3. 股权众筹不具有法益侵害性

股权众筹的出现降低了证券发行中信息不对称的情况发生，应当建立不同于传统证券领域擅自发行行为的出罪机制，前者由于不具有法益侵害性，因而应该基于实质刑法立场建立"有罪不一定罚"的实质出罪通道。

行为仅仅满足形式上的构成要件还不足以入罪，由于"规范通过犯罪构成所作的违法性事实推定，是一种类型性的推定，尽管具有价值判断的普遍意义，但价值判断从来存在着相对性和特殊性。现实社会的复杂性，导致高度抽象的违法类型无法实现规范事实与具体发生的事实完全对接和还原"。① 法律尤其是刑法在面对高速发展的社会时存在严重的滞后，无法周详地考虑到所有可能的情况，因此在行为具备形式违法性的基础上，要进一步确认其实质违法性，只有当满足构成要件的行为实际上侵害了条文所保护的法益时，才可以将其入罪。股权众筹属于金融创新行为，必然存在着以过去的传统法律规范来评价互联网时代新出现的产物的情况，因此，在尚未作出及时回应的法律制度面前，即使满足形式上的犯罪构成要件，也仍需要从实质上判断是否侵害了刑法条文所具体保护的法益。

以金融管理秩序作为非法集资犯罪法益的观点产生于计划经济时代，其浓重的行政管理色彩对我国的金融业发展产生出了消极影响，陈旧的管理理念跟不上日新月异的金融创新，在一定程度上阻碍了发展，且司法实践中存在模糊化、抽象化和象征化等问题。而秩序作为"超个人法益"又难以把握其内涵与边界，因此需要对该"秩序"予以解构，"作为法定犯，这样的秩序或者法益是抽象的，也是空洞的，仅仅只是秩序受到侵犯，如果没有发生任何侵害公众生命或者身体健康的法益侵害性，则意味着其没有达到值得处罚的法益侵害性"。② 金融管理秩序是金融管理过程中一种有序的状态，而这种有序的状态，依赖于金融领域的安全稳定。如前文所述，金融安全是当下我国社会一切金融行为所追求的目标，"维护金融安全，要坚持底线思维，坚持问题导向，在全面做好金融工作基础上，着力深化金融改革，加强金融监管，科学防范风险，强化安全能力建设"③，因此金融安全是包括金融刑法在内的所有金融相关法律应坚持的底线和应保护的法益。金融法制既要强调金融交易的安全，又要关注金融系统的安全。加强金融监管，防范金融风险，维护金融业的安全与稳定，是金融业健康发展的重要标志，是金融监管当局的重要目标，是各国或地区金融法一致的价值追求。④ 股权众筹作为金融领域的创新模式，必须同样坚持这一底线思维，将维护金融安全，防止发生系统性金融风险作为开展工作的

---

① 孙国祥：《经济刑法适用中的超规范出罪事由研究》，《南大法学》2020 年第 1 期。
② 刘艳红：《法定犯与罪刑法定原则的坚守》，《中国刑事法杂志》2018 年第 6 期。
③ 《金融活经济活金融稳经济稳 做好金融工作维护金融安全》，《人民日报》2017 年 4 月 27 日。
④ 参见张忠军《论金融法的安全观》，《中国法学》2003 年第 4 期。

永恒主题。

同时，金融法制除追求金融安全外，还追求金融效率。规范金融市场交易活动，促进金融创新，积极发挥法律制度对于金融发展的促进作用，实现金融市场资源配置的帕累托最优和金融效益的最大化，是金融法制的应有之义。金融法制的重点在于平衡金融安全和金融效率，而两者之间存在着先天的矛盾，强调金融安全必然要求对金融市场进行管制，这将导致金融市场主体的积极性和创造性受到束缚，同时增加了交易成本，进而降低金融效率，而股权众筹的出现恰好就是为了弥补传统融资模式的不足，降低交易成本，提升金融效率。

应当以投资人的资金安全为核心法益，作为金融管理秩序的落脚点和金融安全的具体化。一方面，超个人法益需要能够被还原为具体的个人法益，集体法益最终都可以还原到个人法益，即集体法益是多个个人法益的集合，因为"个人法益与集体法益都是以人的利益、人的自由为依归，因此，个人法益与集体法益具有相通性，集体法益的保护是对传统刑法个人法益保护的一种延伸"[①]。金融安全较之于金融管理秩序而言进一步具化，然刑法上的金融安全同样难以把握，超个人法益不同于对个人法益的犯罪在违法性上较为明确，对于涉及集体法益的犯罪，法益是否受到侵害不易作出清晰的判断。行政犯的法益一直存在过于抽象的缺陷，因为行政犯重视的是国家行政管理秩序，是团体利益的法秩序。但是，面对行政犯的日益增加，刑法作为公民人权的最后保障法，仍然要牢牢树立具体法益观，因为"法秩序是以个人利益存在为前提"的。因此，对于股权众筹行为是否构成犯罪的判断，应该提倡以侵害或者威胁了具体的个人利益作为定罪的前提，否则将会导致行政法与刑法之间的界限模糊，导致行政犯作成为行政违法行为的刑事表达进而失去其作为刑事犯罪的定型性。[②] 另一方面，对投资人的保护是现代证券法的核心目标，如果具体行为没有侵害投资人的权益，或者投资人与融资人之间并无显示公平，合同双方具有平等的民事主体地位，此时投资人就不再具备金融消费者的身份，两者之间发生的

[①] 孙国祥：《集体法益的刑法保护及其边界》，《法学研究》2018 年第 6 期。

[②] 参见刘艳红、周佑勇《行政刑法的一般理论》（第二版），北京大学出版社 2020 年版，第 47 页。

法律关系通过民法调整即可，而无须金融法的介入，更无须金融刑法的介入，因合同行为产生的纠纷亦只属于一般民事纠纷。投资人在资金安全得到保障的情况下，更愿意追求金融效率，由此与金融安全的价值追求相左。当金融安全与投资人的资金安全这两种法益发生冲突时，需要进行价值衡量，考察作为集体法益的金融安全是否可以被还原为投资人的资金安全这一个人法益。

据此，非法集资犯罪所侵犯的法益是投资人的资金安全，而股权众筹虽然在形式上满足了构成要件，但该融资模式的存在，就是为了将传统发行股票行为中所存在的风险最大程度地降低，使信息不对称这一金融领域的亘古难题得到有效解决，避免投资人因信息不对称而资金受损，因而股权众筹在实质上没有侵犯刑法保护之法益，不具有刑事违法性因而不构成犯罪。

四　结论

股权众筹作为一项具有创新性质的融资模式，目前尚未受到《证券法》的保护。在制度缺失的情况下，擅自通过众筹平台开展股权众筹的行为具有行政违法性，同时，在情节严重的情况下满足非法集资犯罪的构成要件。但由于金融法上对这一融资模式的讨论还在进行中，且股权众筹的创新正在于通过消弭传统证券发行中的信息不对称问题以保护投资人利益，同时降低融资人的融资成本，因而该行为在实质上未侵犯刑法所保护的法益，不具有刑事违法性。在行政前置法规范缺失的情况下，应严格恪守行政犯的基本理论和罪刑法定原则，认定股权众筹行为不构成犯罪。

（作者为南京审计大学法学院副教授、硕士生导师。）

论非法吸收公众存款罪之行为类型
——基于网贷背景下的教义学展开

邹玉祥

P2P网贷也称P2P网络借款,指的是个体和个体之间通过互联网平台实现的直接借贷。P2P网贷利用互联网信息技术,使得传统银行贷款难以惠及的借款人在虚拟世界里充分享受到贷款的高效和便利,在相当程度上实现了普惠金融的战略目标。然而在实践中,由于其行为模式天然地具有公开性和社会性,在本质上又属于"吸纳—归还"属性的还本付息的活动,所以一旦借款人无法归还欠款,就很可能被打上非法吸收公众存款罪甚至集资诈骗罪的烙印。如果借款人能够维持资金链,及时还本付息,则往往不会被追究刑事责任。[1] 司法实践中的这种做法导致罪与非罪的界限不清,难以为公民提供稳定的行为预期。模糊的立法表达以及滞后的司法解释使得司法工作者未能准确把握住非法吸收公众存款罪的规范目的,也就无法探寻该罪在网贷环境中究竟要规制哪些违法行为类型。理论界对该罪的讨论多从抽象的逻辑层面主张,面对网络金融刑法应保持克制与理性,[2] 通过实质解释来限定该罪的处罚范围,该罪仅规制间接的融资行为,[3] 即凡不以货币、资本经营为目的的融资行为均应排除在非法吸收公众存款罪的适用范围之外。[4] 当然,也有部分学者认为该罪所保护的法益在当下应理解为投资人的财产权益,即非法吸收公众存款罪的本质在于因

---

[1] 参见张佩如《P2P网络借贷犯罪现象实证分析》,《人民检察》2017年第1期。
[2] 参见欧阳本祺《论网络时代刑法解释的限度》,《中国法学》2017年第3期。
[3] 参见张明楷《刑法学》(第五版),法律出版社2016年版,第780页。
[4] 参见刘宪权《互联网金融股权众筹行为刑法规制论》,《法商研究》2015年第6期。

信息不对称而使出资人财产处于高风险进而造成巨大损失,① 该罪的目的应在于遏制金融市场中不合理的高风险,应将打击范围限缩在欺诈和超过利润比例的高额回报行为。② 虽然既有的成果非常丰富且具有一定的启发意义,但目前的讨论仅将论域限定在刑法规范内部,对该罪的前置性行政法律规范缺少关注,更鲜有论者结合前置性的行政规范来解读该罪在网贷环境中的规制行为类型。既有研究成果对前置性行政规范的忽视,使得解释结论缺乏说服力,也不符合行政犯的解释机理。该罪作为典型的行政犯,其不法内涵的判断具有一定的从属性,必然无法脱离前置性的行政规范判断。③ 况且该罪的空白罪状也决定了其犯罪构成要素的填补必须得到行政规范的支撑,否则该罪将成为无本之木、无源之水。④ 笔者于本文中致力于改变现有研究状况,从跨越不同时间段、不同效力层级的众多行政规范中分析出网贷背景下非法吸收公众存款罪的适格前置性规范,并结合该罪的规范目的对这些行政规范的内容进行实质性的筛选,总结出网贷背景下非法吸收公共存款罪的违法行为类型,以期进一步推动理论界和实务界对该罪的讨论。

一 前置性法律规范的选择

根据我国《刑法》第176条之规定,"非法吸收公众存款或变相吸收公众存款,扰乱金融秩序的,处……",充分体现了该罪作为行政犯所具有的双重违法性特征,即首先,其行为违反了行政(金融)管理规范的要求,具备了行政违法性,因此被评价为"非法吸收或变相吸收";其次,该行为因具有严重的社会危害性和人身危险性,于是就具有了刑事违法性。因此,找到准确的前置法,是判断某一行为是否属于"非法吸收公众存款或变相吸收公众存款"的前提和基础。

---

① 参见侯璐韵《P2P网贷的刑事规制——以非法吸收公众存款罪为视角》,《中国检察官》2015年第6期。
② 参见姜涛《非法吸收公众存款罪的限缩适用新路径:以欺诈和高风险为标准》,《政治与法律》2013年第8期。
③ 参见孙国祥《行政犯违法性判断的从属性和独立性研究》,《法学家》2017年第1期。
④ 参见刘伟《经济刑法规范适用中的从属性问题》,《中国刑事法杂志》2012年第9期。

（一）行政规范的梳理

根据笔者的梳理，直接或间接对"存款业务"进行规定的行政规范性文件主要包括但不限于《全国人民代表大会常务委员会关于惩治破坏金融秩序犯罪的决定》（以下简称《金融秩序犯罪决定》）、《中华人民共和国商业银行法》（以下简称《银行法》）、《非法金融机构和非法金融业务活动取缔办法》（以下简称《取缔办法》）、《中国人民银行关于取缔非法金融机构和非法金融业务活动中有关问题的通知》和《金融违法行为处罚办法》（以下简称《处罚办法》）。

从上述文件的历史发展脉络上看，非法吸收公众存款罪原系1995年颁布的《金融秩序犯罪决定》第7条对1979年我国《刑法》予以补充规定的一种犯罪。[①] 同年出台的《银行法》第11条规定："未经中国人民银行批准，任何单位和个人不得从事吸收公众存款等商业银行业务，任何单位不得在名称中使用'银行'字样。"由此可见，当时合法吸收公众存款的前提是要经过中国人民银行的批准，取得相应的资质。随后在1998年、1999年相继出台的《取缔办法》和《处罚办法》进一步确认了"未经中国人民银行批准"这一非法性前提。比如，《取缔办法》第4条明确指出："本办法所称非法金融业务活动，是指未经中国人民银行批准，擅自从事的下列活动……前款所称非法吸收公众存款，是指未经中国人民银行批准，向社会不特定对象吸收资金，出具凭证，承诺在一定期限内还本付息的活动；所称变相吸收公众存款，是指未经中国人民银行批准，不以吸收公众存款的名义，向社会不特定对象吸收资金，但承诺履行的义务与吸收公众存款性质相同的活动。"因此，有理由认为当时的非法吸收公众存款的前提是"未经中国人民银行批准"从事的相关活动，如果取得了批准，就不存在行政法上的否定性评价，也就不能以非法吸收公众存款罪论处。

之所以强调是当时的标准，是因为随着行政规范的变更，相应的条文内涵会随之做出一定的调整。2003年第十届全国人大一次会议第三次全体

---

① 参见高铭暄《中华人民共和国刑法的孕育诞生和发展完善》，北京大学出版社2012年版，第385页。

会议通过了关于国务院机构改革方案的决定。该决定提出，为健全金融监管体制，加强金融监管，确保金融机构安全、稳健、高效运行，提高防范和化解金融风险的能力，设立中国银行业监督管理委员会（以下简称银监会），将中国人民银行对银行、资产管理公司、信托投资公司及其他存款类金融机构的监管职能分离出来，并和中央金融工委的相关职能进行整合，设立银监会，作为国务院直属的正部级事业单位。银监会根据授权，统一监督管理银行、资产管理公司、信托投资公司及其他存款类金融机构。其主要职责是拟订有关银行业监管的政策法规，负责市场准入和运行监督，依法查处违法违规行为等。① 随后，2003年《银行法》第11条做出修改，将"未经中国人民银行批准"改为"未经国务院银行业监督管理机构批准"。由此银监会就取代了中国人民银行，成为了银行业金融机构的监督管理机构，中国人民银行也就再无此类批准设立银行业金融机构和金融业务之职权了。那么如何理解《取缔办法》第4条的规定呢？在笔者看来，在当前语境下，应当将办法中"未经中国人民银行批准"实质性地理解为"未经国务院银行业监督管理机构批准"。因为在形式上，作为上位法的《银行法》已做出相应的修改；在实质上，中国人民银行也再无此类批准权限，且不会受理相关的申请，实践中相关批准都是由银监会完成的。因此，根据改革背景以及立法目的，对《取缔办法》相关条文做实质性的理解是具有合理性的。按照以上逻辑，也就不难理解《最高人民法院关于审理非法集资刑事案件具体应用法律若干问题的解释》（以下简称2010《解释》）第1条第1款"未经有关部门依法批准"的含义了，即此处的有关部门在当下就是指银监会。②

既然规制的对象是网络借贷行为，那么就不能缺少有关网贷行为规则

---

① 参见《关于国务院机构改革方案的说明》（2003年），http://www.npc.gov.cn/wxzl/gongbao/2003-04/04/content_5312163.htm。

② 根据2018年新一轮的国务院机构改革方案，中国银行保险监督管理委员会将整合银监会、保监会的职能，依照法律法规统一监督管理银行业和保险业，维护银行业和保险业合法、稳健运行，防范和化解金融风险，保护金融消费者合法权益，维护金融稳定。原银监会、保监会不再保留。这次机构改革并没有改变银行业监督管理机构的格局，中国人民银行负责从宏观上制定监管法规，由银行保险监督管理委员会负责对具体工作的落实。因此，为避免造成概念上的混乱，笔者仍沿用银监会的称谓指代中国银行保险监督管理委员会。

的行政法律规范。P2P网络借贷行业是新兴行业，其监管体系在我国于2017年才正式形成。到目前为止，有关网络借贷的行政监管法规和规章主要有《网络借贷信息中介机构业务活动管理暂行办法》（以下简称《暂行办法》）、《网络借贷资金存管业务指引》、《网络借贷信息中介机构业务活动信息披露指引》以及《网络借贷信息中介机构备案登记管理指引》。其中，《暂行办法》作为网贷行业经营和监管的基本制度安排，明确了网贷监管体制机制及各相关主体责任、网贷业务规则和风险管理要求、借款人和出借人的义务、信息披露及资金第三方存管等内容，全面系统地规范了网贷机构及其业务行为，为行业的发展明确了方向，进一步引导网贷机构回归信息中介、小额分散的普惠金融本质，促使网贷行业正本清源。[1] 其他三个部门规章是《暂行办法》中网贷客户资金第三方存管、网贷机构备案以及网贷机构信息披露等规定的配套制度，是《暂行办法》相关要求的细化，在内容上依附于《暂行办法》。因此在有关网贷行业监管规范中，着重考虑《暂行办法》即已足够。

（二）行政规范的整合

如何在《银行法》《取缔办法》及《暂行办法》之间建立联系并加以整合，从中总结出非法吸收公众存款罪的前置性规范？笔者认为，应以《银行法》和《取缔办法》为基础，以《暂行办法》的规定为补充，用《暂行办法》来填补《银行法》和《取缔办法》由网络借贷这一新生事物所引发的价值空白。

上述判断的理由在于，《银行法》第11条以及《取缔办法》第4条的文字表述，其均强调"未经国务院银行业监督管理机构批准"。[2] 哪些行为是经过批准的认定，就需要其他规范对其进行价值填充，借助其他规范来将其内涵具体化。正如范·胡克所说的："法律规则的内容是开放的。模糊概念的使用不能被归结于立法者的某种懒惰或无能，这体现出了法律与

---

[1] 《四部委就〈网络借贷信息中介机构业务活动管理暂行办法〉答记者问》，http://www.gov.cn/xinwen/2016-08/24/content_5102030.htm。

[2] 《取缔办法》规定的是"未经中国人民银行批准"，但是按照前文的逻辑，此处应当作与《银行法》相同的理解，即理解为"未经国务院银行业监督管理机构批准"。

其他规范性体系在结构上的关联,即旨在避免法律中的纯粹漏洞和法律的调控过度。立法不可能预见到社会发展中的所有情况,也不可能为了适应社会发展中的变化而不时改变每一个法案。"① 金融管理法规具有因时而异的及时性和多变性特点,需要不断地结合部门规章和规范性法律文件来调整空白规定的规范内涵。由此观之,《暂行办法》作为银监会出台的有关网络借贷参与者的行为规范,对于非法性的判断就具有了参考意义。《暂行办法》对网贷业务的监管,强调重点应在于业务基本规则的制定和完善,而非机构和业务的准入审批。其规定多涉及对网贷行为进行事中或事后的监管,通过负面清单来界定网贷业务行为的边界,明确网贷机构和相关主体不能从事的十三项禁止性行为,对符合法律法规的网贷业务和创新活动,给予支持和保护。② 根据《暂行办法》的制度逻辑,只要行为不违背《暂行办法》的相关规定,就可以视为经过银监会批准,也就不会受到《银行法》以及《取缔办法》的否定性评价。

综上所述,只有以《银行法》《取缔办法》为基础,以《暂行办法》为补充,才能全面地理解有关非法吸收公众存款罪在网贷领域的行政违法标准和内涵,才能以此为依据和前提来分析相关行为在刑法层面的价值内涵。有观点认为,空白罪状的准据法应当限制在我国《刑法》第96条"国家规定"的含义范围内,即只能是法律或行政法规,行政规章不能成为确立不法要件的法源。③ 在笔者看来,如果前述法律规范的概念明确,不需要进一步解释,那么其自然具有排他和优先适用性。然而,在该罪中,《银行法》和《取缔办法》的相关规定并不足以支撑起网贷背景下非法吸收公众存款罪的不法内涵,必须借助《暂行办法》对相关概念进行补充说明。换句话说,当所依据的法律本身模糊需要解释时,就需要根据相关规章对其进行二次解读和补充,因此在解释的意义上并不排斥规章的适用。

---

① [比]马克·范·胡克:《法律的沟通之维》,孙国东译,法律出版社2008年版,第66页。
② 《四部委就〈网络借贷信息中介机构业务活动管理暂行办法〉答记者问》,http://www.gov.cn/xinwen/2016-08/24/content_5102030.htm。
③ 参见姜涛《非法吸收公众存款罪的限缩适用新路径:以欺诈和高风险为标准》,《政治与法律》2013年第8期。

二 行政规范的筛选与转换

根据前述对"国家规定"的理解,该罪作为空白条款,其"非法"二字意味着行为违反了行政法等管理法规。然而此处的"非法"与刑法上的违法性不是同等含义,① 即其仅意味着具有了行政违法性,并不必然意味着违反刑法。行政法与刑法在目标设定和价值追求上存在差异,这就决定了刑法中的行政犯不能全然照搬行政规范的内涵,必须对相应的前置性规范进行刑法价值上的独立判断,否则不仅会背离刑法的特定目的,还可能导致刑法丧失其独立性。② 具体到非法吸收公众存款罪来说,必须结合该罪的规范保护目的对前置性的行政管理规范进行过滤,才能避免使该罪的外延过分扩张。

(一)非法吸收公众存款罪的规范目的探究

目前我国学界主流观点认为,非法吸收公众存款罪的规范目的在于保护国家的金融秩序,具体指货币、资本经营秩序,③ 即只有在集资过程中以违反国家规定从事货币资本经营为目的,才可能侵害国家金融秩序。④ 这些学者普遍认为该罪中的"存款"作为商业银行主要金融业务之一,并不是指单纯的吸收社会资金,而是旨在从事货币、资本经营。该罪规制的都是未经批准或超过权限从事货币、资本经营等的间接金融行为。⑤

虽然上述观点符合了实践中吸收存款用于生产经营行为应出罪化的呼声和需求,但是上述解释结论却不当地限制了该罪的保护范围,彻底与前

---

① 参见张明楷《刑法分则的解释原理》(第二版),中国人民大学出版社2011年版,第539页。
② 参见肖中华《经济犯罪的规范解释》,《法学研究》2006年第5期。
③ 参见刘宪权《互联网金融平台的刑事风险及责任边界》,《社会科学文摘》2017年第2期;刘伟《非法吸收公众存款罪的扩张与边界》,《政治与法律》2012年第11期;张明楷《刑法学》(第五版),法律出版社2016年版,第780页;欧阳本祺《论网络时代刑法解释的限度》,《中国法学》2017年第3期。
④ 参见梅腾、阎二鹏《P2P网贷债权转让的刑法介入——以非法吸收公众存款罪的实质解释为视角》,《中国人民公安大学学报》(社会科学版)2016年第2期。
⑤ 参见张东平、赵宁《民间融资的立法规制梯度及刑事法边界——以类型化的融资风险等级划分为依托》,《政治与法律》2014年第4期。

置性的金融监管规范脱节。"存款"作为商业银行的主要业务之一,不仅承载着"用于从事货币、资本经营"的价值,也具有控制货币流通、转账结算和调节通货等功能。此外,商业银行的作用在于将社会的闲散资金收集起来再投入社会的建设,提高资金的利用率,提高社会经济效益。因此,将"吸收存款"这种金融业务解释为"以从事货币资本经营为目的"过于狭隘。笔者认为该罪中利用"非法吸收公众存款"的表述,目的是为了强调吸收"存款"作为商业银行的主要业务具有一定的专营性和垄断性,需要经过银行业监督管理机构的批准,而不是在强调资金的用途。对于储户来说,银行里的资金,无论是用于放贷的部分还是用作准备金的部分都叫作"存款"。因此,将吸收存款按照《取缔办法》理解为吸收资金(还本付息)的行为无可厚非,重要的是吸收的方式是否合规。

笔者认为,该罪的规范目的在于保护吸收存款这种金融业务的行业规范,通过对规范的坚守来保障投资人的资金安全。上述行业规范或者金融秩序并不具有绝对的价值,其一定是直接体现投资人利益的,并且一旦被违反就会危及投资人资金安全乃至金融安全的规范。诚如罗克辛所言:"若保护的对象抽象得无法让人把握,则该对象也不能被看作是法益。"①如果违背了相关金融管理法规规定的秩序但不会给投资人的资金带来损害或者提高风险,那么这种秩序就不应该被解读为该罪所要保护的法益进而纳入该罪的保护范围。因此,在对该罪进行解读的过程中,应该充分考虑秩序背后所蕴含的价值是否足以使其上升为刑事不法的判断标准,是否存在刑法保护的必要。

(二) 基于规范目的的过滤

如前所述,对于存款的理解依照《取缔办法》第 4 条第 2 款规定即为已足,重点在于对其"非法"的判断,即其行为先是违反了行政规范,又因其对投资人资金造成侵害或重大风险才具有了刑事违法性。资金出借人的行为是向外贷款,其行为不符合非法吸收公众存款罪的类型,因此对出

---

① [德] 克劳斯·罗克辛:《对批判立法之法益概念的检视》,陈璇译,《法学评论》2015 年第 1 期。

借人的相关要求也就不在本文的分析范围内。在网络借贷环境中，笔者将重点放在对网络借贷平台和网络借款人的行为规范进行刑法规范目的的分析转换，以此总结出网贷平台以及网贷主体在该罪意义上的违法行为类型。

1. 网络借贷平台的违法行为类型

《暂行办法》第三章规定了网络借贷中的业务规则和风险管理，其中第9条、第10条、第16条至第28条都是有关网贷平台的业务要求和监管规定，内容涉及平台应承担的义务、平台禁止性行为、业务场所限制、借款数额限制以及配套设施要求等规定。

笔者认为，应当着重关注《暂行办法》第10条即网贷平台业务的禁止性规定。《暂行办法》第10条通过负面清单的方式界定网贷业务的边界，明确网贷机构不能从事的十三项禁止性行为，可以说是网贷平台不可逾越的底线，相比于倡导性的义务规范和其他程序性规定更加"刻不容缓"。根据笔者的总结，网贷平台的违法行为可以分为以下几种类型。（1）自融或变相自融。[①] 其具体类型主要包括未经法律法规允许擅自放贷；自行或代销金融产品；与其他机构投资、代理销售、经纪等业务进行任何形式的混合、捆绑、代理；拆分项目期限以及从事股权众筹等业务。（2）直接或间接接受、归集资金。（3）虚假片面宣传，误导出借人或借款人。（4）向从事投资股票等高风险的融资提供信息中介服务。

上述行为不仅会侵犯网络金融管理秩序的底线，更会给秩序背后所保护的社会整体金融安全以及投资人资金安全带来极大的危险或损害。因为直接或间接归集资金，甚至自融或变相自融意味着平台可以沉淀资金、分配资金，形成资金池，难以监管资金用途和去向，致使投资人资金存在被挪用、侵占等重大风险的情形。自融就等于是自己为自己借钱，风控形同虚设，还款能力审查、抵押担保等都将成为"走过场"，这就容易造成逾期或坏账。一旦出现呆账、坏账导致资金链断裂，平台不能正常还款，就

---

① 本文中笔者将《暂行办法》中第10条第5款、第7款、第9款和第12款统一作"自融或变相自融"理解，因为此类行为在本质上都是打破了平台信息中介的定位，将平台自身参与到融资环节中，容易形成资金池，产生挪用、侵占资金的风险。此种分类目的仅在于便于讨论，无其他特殊意义。

会引发"过桥贷款"或"庞氏骗局"，即通过提高利润来进一步吸引投资并且擅自挪用资金用于垫付坏账，使资金进入恶性循环，资金缺口越补越大直至崩溃导致无法偿还出借人资金。这也是过去实践中经常出现的"影子银行"所为。虚假宣传、蒙骗投资人或借款人容易导致交易双方产生信息不对称，从而使得交易人对资金来源或去向、借款人还款能力等信息不明确，使得投资者的资金在实际上由平台经营者掌控，且平台经营者能够轻易地操纵标的并躲避监管。

综观《暂行办法》的其他规定，并没有直接影响到投资人的财产安全。比如其第10条第3款和第4款，尽管违反第3款的规定可能涉及非法经营罪，但是提供担保或者场外宣传并没有直接提高投资人风险，不能转化为刑法上的非法吸收存款行为。另外，类似于《暂行办法》第9条中规定的信息保存义务，违反该规定只可能涉及侵害公民信息类犯罪，因此笔者未将其纳入讨论范围。同样，其他条款中规定的审查义务、登记义务、信息披露义务等，如果不按要求履行，可能与借款人成立共同犯罪，并不是该罪中的非法行为类型。只有在行为严重侵害投资人财产权益且其他调整手段失效的情况下，才能将其转化为该罪的规制对象。综上所述，只有当网贷信息中介的行为违反了上述禁止性规定时，才具备"非法性"的质的要求，才可能被追究非法吸收公众存款罪的刑事责任。

2. 借款人的违法行为类型

《暂行办法》在第三章业务规则部分也详细规定了借款人禁止从事的各种行为。综合其他有关条款的规定，笔者总结出了以下几种行为类型：（1）欺诈借款，提供足以影响交易达成或阻碍监管的各种虚假信息，比如变换身份、虚构融资项目、夸大融资项目收益前景、隐瞒在所有网络借贷信息中介机构未偿还借款信息以及其他可能影响出借人权益的重大信息；（2）重复融资，包括同时通过多个中介或者利用中介以外的公开场所就同一项目进行重复融资；（3）吸收资金用于明确禁止的发放贷款、投资股票、场外配资、期货合约等高风险行业；（4）借款总额超过规定的最高限额。[①]

---

① 根据《暂行办法》第17条规定，同一自然人在同一信息中介借款总额上限不超过20万元，在不同信息中介借款总额上限不超过100万元；同一法人在同一信息中介借款总额超过上限不100万元，在不同信息中介借款总额上限不超过500万元。

欺诈借款对于投资人资金以及金融秩序的危害显而易见，在此不再赘述。重复借款的危害在于，在既有的技术手段之下任何平台都无法对此种情况下的借款人作出准确的信用评估。A 平台在对 B 借款人进行评估时是以既存的资产和负债为参考的，如果不禁止 B 在向 A 平台借款时同时向 C、D、E 平台借款，那么 A 平台永远也不可能掌握 B 潜在的负债是多少。短期内的重复融资使得平台并不能完全掌握借款人不断增加的债务信息及他们不断恶化的还款能力，这种严重的信息不对称更容易滋生道德风险和逆向选择，产生恶意借款或庞氏骗局危及投资人财产权益。

后两种非法行为类型并没有在禁止性规定中直接体现，而是隐含在其他规定中。比如《暂行办法》第 12 条第 3 款规定，借款人借贷所得资金不得用于出借；再结合《暂行办法》第 10 条第 11 款禁止网贷平台向从事投资股票等高风险的融资提供信息中介服务以及第 13 条第 4 款可知，在网贷环境中，既不允许平台为前述项目提供服务，也不允许借款人与违反规定的平台进行交易，这也就意味着，网贷环境中是禁止出现借款人为了放贷或从事高风险投资而吸收资金的情况的。之所以认为后两种行为也具有刑事非法性，正是出于保障金融安全，控制金融风险，最大限度地保护金融消费者根本利益的目的。从平台的角度说，与传统的银行业金融机构相比，网贷中介的风险识别能力相当有限，小额分散可以防止发生系统性金融风险，这也是与网贷中介自身风控能力的现实情况相匹配的；从借款人的角度说，网络借贷中的借款人一般是在传统融资渠道中无法获得贷款的人，比如无固定收入的人、信用记录存在污点的人或者无可供抵押资产的人，一般不能算作是优质借款人。这种借贷关系本身就存在一定风险，如果用于短期周转或许可以承受此类风险，如果用于长期的流动资金或者从事股票等高风险投资则无异于赌博。如果不禁止此类行为，网贷消费者的资金将无安全可言。综上所述，有理由认为，一旦借款人违反了上述金融管理法规，扰乱金融秩序，就具有了行政违法性。同时又因其行为严重威胁到投资人的资金安全和整体金融安全，在不考虑程度的问题上就具备了刑事违法性。

（三）小结

网络借贷自身固有的局限性无法靠单纯取消金融监管或法律松绑来消

除,恰恰相反,它们均是金融监管的制度逻辑即风险控制的指征。刑法的谦抑性意味着刑法作为社会的最后一道防线,不应该过多地干预社会生活,更不能动辄就以追究刑事责任的方式来为行政管理不力买单,只有在严重侵害法益且其他调整手段失效的情况下,才能够动用刑法。① 前述违法行为类型不仅违反了金融监管法规,破坏了金融监管秩序,而且对投资人财产利益及金融安全产生了严重的威胁,因此就具备了双重违法性,符合了非法吸收公众存款罪的"非法"内涵。

前述总结的违法行为类型,无论是从网贷平台的角度还是借款人的角度,都只是在罪质的意义上提出的。网络借贷中的行为人实施上述类型之行为以外,还必须达到一定的量的要求,才可能被评价为非法吸收公众存款罪。笔者在此处提出的仅是非法吸收公众存款罪在网贷领域的行为模式,至于罪量的要求应具体结合相关刑事政策加以考量。

结合本文的解释逻辑和解释结论,笔者认为单纯吸收存款用于生产经营的行为不一定是危害投资人资金利益的行为,需要分情况加以讨论:如果其行为属于超额借款、重复借款等违法行为类型,那么即使用于正常生产使用也应该受到刑法上的否定性评价;如果其行为不属于上述任何一种违法行为类型,只是违背了《暂行办法》中的相关要求,仅具有行政法上的违法性但未达到刑事违法;如果其行为完全符合相关管理规定,不具备行政违法性,属于银行业监督管理机构所允许的行为,自然更不会被纳入非法吸收公众存款罪的调控范围,即使产生利益纠纷也应由民事法律调整。

三 余论

非法吸收公众存款罪从 1995 年规定于我国《刑法》至今已有 23 年,这几年正是中国经济高速发展和改革开放不断深化的时期。尤其是最近十年,随着网络借贷的产生和发展,网络借贷领域的监管法规也逐渐做到了

---

① 参见魏东、田馨睿《论非法吸收公众存款罪的保守解释——侧重〈以网络借贷信息中介机构业务活动管理暂行办法〉为参照》,《河南财经政法大学学报》2017 年第 3 期。

从无到有，从疏到密。非法吸收公众存款罪的有关规定在金融监管法律法规不断调整和完善的过程中，如何去更好地实现其规范目的，值得学者们作出更多的研究。非法吸收公众存款罪作为金融刑法的一部分，其空白条款的设置具有一定的前瞻性和开放性，本不该成为新时期的"口袋罪"。前置性金融监管法规的变化一定会给该罪的相关内涵和认定标准带来一定的影响，这是其空白罪状以及作为行政犯的本质所决定的，学者的任务就在于发现并论证这些细微的变化，以避免行政秩序直接成为刑法规范的对象。面对不断变化着的经济行为，非法吸收公众存款罪应该时刻保持开放和谨慎的态度，在保障法益的同时避免过度侵害经济自由。

笔者于本文中对前置性规范的总结和转化也许并不全面，但是笔者相信这种论证本身就是一次有意义的尝试。这种尝试不仅是对非法吸收公众存款罪的检验，也是对最高人民检察院或最高人民法院发布的解释性文件的检验。最高人民检察院在 2017 年年底发布了《关于办理涉互联网金融犯罪案件有关问题座谈会纪要》，其内容显然借鉴了《暂行办法》的相关规定。虽然其内容缺少论证且有关规定的合理性有待商榷，但是最高人民检察院至少体现出了其开放的态度。未来如何协调最高人民法院和最高人民检察院之间关于网络金融犯罪的认定标准，入罪数额是否会随着经济的发展而升高，是否考虑采用特别刑法的方式来应对不断变化的经济社会，这些都是人们在社会发展新时期需要逐步解决的问题。

（作者为中国社会科学院法学研究所博士后。本文原载《政治与法律》2018 年第 6 期，收入本书时略有修改。）

第五编
刑事一体化与立体刑法学

刑事案件另案处理的检视与完善

刘仁文

刑事诉讼的重要任务是妥当地处理和解决好每一个进入刑事诉讼程序的刑事案件,刑事案件主要由"人"和"事"两部分构成。只有一个犯罪人和一个犯罪事实的案件,是单一的、不可分的刑事诉讼案件,这类案件按常规的刑事诉讼程序处理即可。在有数个犯罪人或多项犯罪事实被并案处理的案件中,虽然表面上是一个刑事诉讼案件,实质上却是一个包含多起刑事案件、可分的集合体。实践中,这类案件大多被合并在同一个刑事诉讼程序中一起处理,当出现特殊情况时,可以将其中的部分案件分割出来另行处理。因此,并案处理的刑事诉讼案件会存在另案处理的情形。

然而,另案处理与并案处理的界限究竟在哪里,到底在什么情况下可以另案处理,这些问题对于域外的立法和理论而言,相关研究较为充分,[1] 但在我国,立法尚处空白,有关司法解释的规定还很不完善,学界对此的关注也不多。有鉴于此,笔者于本文中以完善我国刑事案件另案处理制度为目的,从另案处理的概念、沿革及其适用现状切入,检视当前另案处理存在的主要问题,提出未来相关制度改进和完善的思路。

---

[1] 参见〔德〕克劳思·罗科信《刑事诉讼法》(第21版),吴丽琪译,法律出版社2003年版,第184页。

一　刑事案件另案处理的概念与现状

（一）另案处理的概念[①]

我国有关另案处理的表述最早出现在 1984 年最高人民法院、最高人民检察院和公安部出台的《关于怎样认定和处理流氓集团的意见》中。该意见指出，"除对已逃跑的流氓集团成员可以另案处理外，都应当一案处理，不要把案件拆散，分开处理"，其目的是解决共同犯罪案件中部分犯罪嫌疑人在逃情况下对已经到案的犯罪嫌疑人的起诉和审判问题。可见，另案处理最初仅适用于共同犯罪中部分犯罪成员因在逃而没有到案的情形，并且最高司法机关明确一案处理是原则，另案处理是例外。后来，另案处理在实践中的适用范围不断扩大，适用数量也日益增多，逐渐出现了适用随意、功能异化等无序的现象，使有关部门认识到了对其加强规范的必要性。2014 年，最高人民检察院和公安部共同制定了《关于规范刑事案件"另案处理"适用的指导意见》（以下简称《指导意见》），对"另案处理"的概念、适用范围、适用程序及监督措施等做出了初步规定，为司法实务提供了有益的指导，在一定范围内统一了认识。

《指导意见》第 2 条首次明确规定了"另案处理"的概念，即"另案处理是指在办理刑事案件过程中，对于涉嫌共同犯罪案件或者与该案件有牵连关系的部分犯罪嫌疑人，由于法律有特殊规定或者案件存在特殊情况等原因，不能或者不宜与其他同案犯罪嫌疑人同案处理，而从案件中分离出来单独或者与其他案件并案处理的情形"。据此，"另案处理"适用于共同犯罪或牵连性犯罪，另案处理的对象是不能或不宜并案处理的犯罪嫌疑人，[②] 处理方式是将部分犯罪嫌疑人分离出来后单独或者与其他案件并案处理。然而，《指导意见》只针对侦查阶段的另案处理，其所界定的概念

[①] 我国另案处理根据适用案件的性质不同，还有行政案件和民事案件的另案处理，笔者于本文中只讨论刑事案件的另案处理。

[②] "并案处理"在当前各种法律文件中的称谓不统一，有的称"并案审理"，有的称"合并处理""合并审理"，其含义基本相同。一般而言，审前阶段多称"并案（合并）处理"，审判阶段多称"并案（合并）审理"。笔者于本文中将刑事诉讼各阶段办案机关对共同犯罪或者关联犯罪案件的合并处理行为，原则上统称为"并案处理"。

具有一定的局限性，其中规定的内容也主要着眼于侦查机关和检察机关的办案需求，如适用主体只限于侦查机关，不包括其他办案机关；另案处理的对象只限于犯罪嫌疑人，不包括被告人；适用的原因仅限于"人"，不包括"事"（犯罪事实）。由于《指导意见》中的"另案处理"并不能覆盖实践中其他诉讼阶段的另案处理，这就造成了另案处理在各诉讼阶段名称和提法众多、概念混乱的情况。[①] 事实上，我国刑事诉讼的侦查、起诉和审判阶段都存在另案处理的情况，尽管各自的称谓和提法不一，但本质上都是一种分解式的办案方式，其对案件的分割方式、另案原因以及所引起的法律效果均是相似的。因此，为了避免多种名称并存所引起的混淆和误用，有必要突破《指导意见》中"另案处理"概念的局限性，从全局和整体意义上理解其内涵，界定一个统一的能够适用于刑事诉讼各阶段的"另案处理"概念，以满足刑事诉讼各职权机关在特殊情况下另案处理的需求，并确保刑事诉讼程序的衔接与连贯。

笔者主张，保留"另案处理"这一提法并适当扩大其内涵和外延，使之能涵盖侦查、起诉和审判三个不同阶段的此类情形。由此，笔者于本文中所称的另案处理的具体含义是指，侦查、起诉和审判机关在办理刑事案件过程中，对共同犯罪或者关联犯罪案件，由于某种特殊情况，不能或者不宜与其他案件并案处理，而将部分同案犯或犯罪事实从案件中分离出来单独或者与其他案件并案处理的情形。这一概念与《指导意见》中界定的"另案处理"相比，有以下三个特点。

其一，拓展了适用主体和适用阶段。虽然另案处理主要在侦查阶段适用，但审查起诉阶段和审判阶段同样存在另案处理的实践需求。案件如果在侦查阶段被另案处理，其后续的起诉和审判必然是与"本案"分开的，被另案处理的犯罪嫌疑人必然会被分别起诉、分别审理，这种另案处理其实已经延续到了起诉和审判阶段。如果案件在侦查阶段没有另案处理，在进入后续的其他刑事诉讼阶段时，仍然有可能因特殊情况，出现被办案机

---

① "另案处理"的称谓更是多样，除"另案处理"，还有"另案侦查""另案起诉""分案起诉""分案处理""分案审理"等。一般而言，审前阶段称"另案处理"的较多，审判阶段则称"分案审理"的较多。笔者于本文中将刑事诉讼各阶段办案机关对共同犯罪或者关联犯罪案件的分别处理行为，原则上也统称为"另案处理"。

关分别起诉、分别审理的情形。这在我国现有的司法解释中已有规定。①因此，将另案处理的适用阶段扩大到审查起诉和审判阶段，更为严谨和周延。

其二，将"有牵连关系"的犯罪更改为关联犯罪。《指导意见》中规定"另案处理"可适用于"与该案件有牵连关系的部分犯罪嫌疑人"，但并未阐明"牵连关系"的具体含义。实际上，"牵连关系"是指多个在刑法上不成立共同犯罪，但相互之间仍具有一定关联性的犯罪，这不仅包括《指导意见》所强调的犯罪主体的相互关联，而且包括犯罪事实（行为）的关联。其中，犯罪事实（行为）的关联可表现为承接性、依附性、合成性、对合性等联系。承接性是指数个行为人的行为具有前后相继性，如毒品犯罪的上下线，伪造假币、出售假币与购买假币等；依附性是指一些行为人的行为构成犯罪是以他人的行为成立犯罪为前提的，如本罪与窝藏、包庇、伪证等；合成性是指数个行为人的行为具有合力促成某一结果发生的特点，如贩卖毒品和运输毒品、组织卖淫与协助组织卖淫等；对合性是指基于双方互为行为对象的行为而成立的犯罪，如重婚、行贿与受贿等。②从国外相关立法来看，多使用"关联"一词来表示这种犯罪之间的相互联系，如《德国刑事诉讼法》规定："某人对被指控犯有数个犯罪行为，或者在一犯罪行为中数人被指控是主犯、共犯或者犯有庇护、藏匿犯人或者赃物罪时，即为互有关联。"③ 同时，我国最新出台的司法解释也使用了"关联犯罪"的表述。④

其三，增加了另案处理的对象和情形。由于《指导意见》中"另案处理"的对象只有"同案犯罪嫌疑人"，基于笔者所界定的另案处理在适用主体、适用阶段方面的拓展，另案处理的对象也需要相应地把被告人包括

---

① 例如《最高人民法院关于适用〈中华人民共和国刑事诉讼法〉的解释》（以下简称《解释》）第311条第3款规定："有多名被告人的案件，部分被告人拒绝辩护人辩护后，没有辩护人的，根据案件情况，可以对该部分被告人另案处理，对其他被告人的庭审继续进行。"
② 参见王飞跃《论我国刑事案件并案诉讼制度的建构》，《中国刑事法杂志》2004年第4期。
③ 《德国刑事诉讼法》，李昌珂译，中国政法大学出版社1999年版，第1页。
④ 《解释》第220条第1款规定："对一案起诉的共同犯罪或者关联犯罪案件，被告人人数众多、案情复杂，人民法院经审查认为，分案审理更有利于保障庭审质量和效率的，可以分案审理。"

在内,故将"同案犯罪嫌疑人"更改为"同案犯"。① 同时,因"关联犯罪"内涵的明确,另案处理的情形也需要增加"因关联的部分犯罪事实被分离而另案处理"的情形。

(二) 另案处理的现状

近年来,随着我国刑事案件数量的逐渐增长,实践中重大、复杂的共同犯罪、关联犯罪与日俱增,而对相关涉案人员进行另案处理也越来越常见。从公开的裁判文书统计数据看,2015 年全国刑事案件中涉及另案处理的案件数量为 9.4 万余件,2019 年增长到 10.7 万余件,适用地域也已覆盖全国各地。② 为进一步了解另案处理的适用现状,笔者于本文中选取一些样本案例,对其中另案处理涉及的案件类型、适用比例以及各地的具体适用情况等进行分析。

1. 另案处理适用的案件类型宽泛

在另案处理的 200 份样本案例中,适用另案处理最多的是诈骗罪,共 24 件,占 12%;其次是寻衅滋事罪,共 20 件,占 10%;再次是盗窃罪,共 14 件,占 7%。此外,聚众斗殴罪,开设赌场罪,走私、贩卖、运输、制造毒品罪和敲诈勒索罪的数量也较多,均在 10 件以上。整体来看,另案处理涉及的犯罪类型十分宽泛,涉及侵犯财产罪、侵犯公民人身权利和民主权利罪、妨害社会管理秩序罪、破坏社会主义市场经济秩序罪以及贪污贿赂罪等。其中,适用率较高的主要集中在侵财型犯罪和聚众型犯罪中,这些犯罪普遍具有发案率高、涉案人数多以及案情较为复杂等特点。进一步分析后可以发现,另案处理在实际适用中并不仅限于共同犯罪或者有关联关系的犯罪,例如在一些交通肇事罪、过失致人死亡以及重大责任事故罪等过失犯罪中也存在另案处理的现象。③

---

① 我国刑事诉讼法中还没有"同案犯"这一概念,但在司法解释中则存在"同案犯""同案被告人"的表述,其含义既包括共同犯罪人以及因犯罪事实有牵连而同案审理的人员,也包括共同犯罪案件中的另案处理人员。据此,笔者认为,同案犯是指共同犯罪及关联犯罪中的犯罪主体。

② 数据来自中国裁判文书网,https://wenshu.court.gov.cn/。2020 年的数据尚不完整,故此处列举的是较为完整的 2019 年的数据。同时,该网站公开的只有部分判决书和裁定书,因而实际的另案处理数量应该更多。

③ 参见(2019)京 0113 刑初 74 号方大为交通肇事一审刑事判决书;(2019)京 0111 刑初 457 号夏金龙重大责任事故一审刑事判决书;(2019)京 0106 刑初 62 号赵金刚过失致人死亡一审刑事判决书。

2. 另案处理在各地适用情况差异大

从中国裁判文书网上的数据来看，全国各地法院每年另案处理的案件数量与适用比例之间的差异不小，其中部分地区另案处理的案件数量及适用比例与其案件总量相似的其他地区相比，差异较大。

表1　广东省与河南省基层人民法院刑事另案处理情况对比①

省份 年份	广东省			河南省		
	刑事案件（件）	另案处理（件）	比例（%）	刑事案件（件）	另案处理（件）	比例（%）
2015	85808	14952	17.4	56148	4302	7.6
2016	78201	12085	15.4	65193	4745	7.2
2017	88247	13619	15.4	118587	5092	4.2
2018	86252	12479	14.4	85982	5087	5.9
2019	89960	11778	13.1	90024	5373	5.9
合计	428468	64913	15.4	415934	24599	6.2

由表1可知，2015年至2019年，广东省与河南省基层人民法院审结的刑事案件的总量以及每年的案件数量相近，均为40余万件，但两地另案处理的适用情况却存在较大的差异：广东省涉及另案处理的案件总量约6.4万余件，平均占比为15%多一点；而河南省另案处理的案件总量只有2.4万余件，平均占比仅为6%多一点。虽然造成这种差异的个中原因还有待进一步调查，但其至少从一个侧面反映出当前各地另案处理的适用标准和适用情形不相一致。

3. 职务犯罪另案处理的适用比例高

随着我国反腐力度加大，职务犯罪查处的数量不断攀升，其中的另案处理也越来越多。对贪腐窝案、串案的犯罪嫌疑人、被告人，以职务高低为标准或根据行为性质（如受贿、行贿），进行异地分案侦查、异地分案起诉、异地分案审理等已经成为司法实践中比较常见的做法。② 笔者在中

---

① 数据来自中国裁判文书网，https://wenshu.court.gov.cn/。
② 参见李冬《论腐败犯罪中的"另案处理"》，《沈阳师范大学学报》2018年第4期。

国裁判文书网 2019 年的刑事案件判决书中，分别统计了贪污、受贿、行贿、挪用公款四种犯罪以及"职务行为""利用职务之便"案件中涉及另案处理的案件数量，① 结果如图 1 所示。

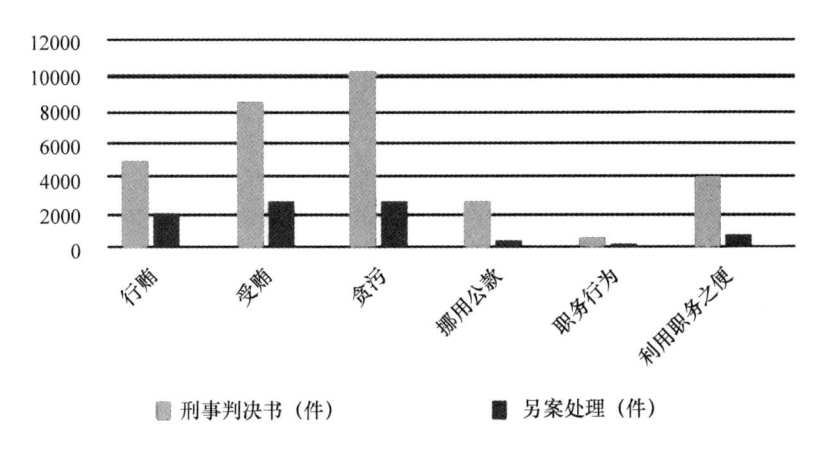

图 1 职务犯罪中另案处理示例

根据笔者的统计，在行贿、受贿、贪污、挪用公款四种犯罪中，另案处理的占比依次为 40%、30%、26% 和 17%，在涉及职务行为和利用职务之便的犯罪中，另案处理的占比分别为 22% 和 19%。与图 1 中非职务犯罪的适用比例相比，职务犯罪中另案处理的适用比例显然偏高。有的案件中，对涉案国家工作人员的近亲属或特定关系人也常适用另案处理。例如，在安徽省来安县委原书记刘荣祥受贿案中，判决书认定刘荣祥与妻子潘朝红、前妻王启霞共同受贿 170 万元，尽管是共同受贿，但三人却在不同的法院分别审理。在最高人民法院原副院长奚晓明受贿案、国家开发银行原党委副书记姚中民受贿案中，奚晓明之子奚嘉诚、姚中民之弟姚中全均与被告人有共同受贿的行为，也都被另案处理。②

---

① 资料来自中国裁判文书网，https：//wenshu.court.gov.cn/。
② 在最高人民检察院当下提出的"案—件比"这一衡量司法质效的标尺语境下，同一个"案子"，在诉讼中生成的"件数"越多，意味着经历的办案环节越多、办理的时间越长，当事人越不满意。笔者认为，妥善控制"另案处理"的适用率，也有利于减少"件"的数量，降低"案—件比"。

4. 某些另案处理的"创新"办案模式引发争议

由于我国刑事诉讼法对另案处理和并案处理都缺乏规定，相关的司法解释也没有对另案处理和并案处理的具体办案程序做出详细规定，面对复杂的司法实践和层出不穷的新型案件，各地办案机关自我摸索，就另案处理和并案处理积累了一些有益的经验，但也有一些地方的"创新"办案模式引发了很多争议。例如，在聂磊涉黑案中，法院采用了"分庭审理"的模式。由于该案被告人多达 209 人，法院按照涉案被告人的犯罪性质、轻重程度，将 209 名被告人拆分为若干个案件，然后由不同的法庭分别进行分庭审理，最后统一判刑。该案中充当"保护伞"的 30 余名国家公职人员被另案处理；主犯聂磊在青岛市中级人民法院审理，一些骨干成员则在青岛市几个基层人民法院分别审理后先做出判决，随后陆续判决其他被告人。① 该案所采取的特殊审判方式一度引起热议，有人认为这种"官民有别"的另案处理是选择性执法；有人则认为对于这种被告人众多的案件，确实需要探索合并审理与另案处理的操作程序等问题。又如，在青海省某自治县人民法院审理的一起黑社会性质组织罪案件中，对认罪认罚的被告人和不认罪认罚的被告人采取了分开审理的方式，此举同样遭到了褒贬不一的评价。② 质疑者认为这种审判方式突破了现有法律的规定，不利于查明案件事实，也侵犯了被告人的合法权益，应属无效审判；③ 肯定者则认为分开审理认罪认罚的被告人和不认罪认罚的被告人有一定的合理性，因为两者在庭审的内容、程序以及证据审查核实的侧重点等方面都存在较大的差别，且分开审理有利于提高诉讼效率，也是对被告人意思表示的尊重。

二 当前我国刑事案件另案处理存在的主要问题

另案处理在特殊情况下的确具有其存在的必要性和实用价值，正因如

---

① 参见高丽《聂磊案"分庭审统一判"》，《半岛都市报》2011 年 8 月 22 日第 2 版。

② 对被告人认罪的案件，除可适用速裁程序的案件之外，我国刑事诉讼法并未规定其他案件中共同被告人认罪的可以单独审判。此愿意认罪的共同被告人仍应与其他未认罪的共同被告人一同适用普通程序进行审判。此外，我国《刑事诉讼法》第 223 条还规定："共同犯罪案件中部分被告人对指控的犯罪事实、罪名、量刑建议或者适用速裁程序有异议的，不适用速裁程序。"

③ 参见杜磊、王珺《将认罪与不认罪被告人分开审理的审判无效———记"共同犯罪案件庭审方式"研讨会》，微信公众号"大成辩护人"，2020 年 8 月 21 日。

此，世界各国和地区虽然在另案处理的称谓和概念、① 具体表现形式以及处理方法上不尽相同，但绝大多数国家和地区的刑事诉讼法律制度都对另案处理作了相应的规定，以确保其在严格规范的条件下得到合理运用。然而不容忽视的是，我国当前的另案处理确实出现了不少问题，需要加以梳理。

（一）法律缺位和规范滞后

另案处理常见于我国公安机关的起诉意见书、检察机关的起诉书和人民法院的裁判文书，但吊诡的是，我国《刑事诉讼法》并没有对这一制度做出规定，司法解释虽有涉及，但不仅规范层级低、缺乏权威性，而且内容十分零散、缺乏系统性和普适性。

在侦查阶段，公安机关适用另案处理的主要依据是《指导意见》。《指导意见》在性质上仅属于带有司法解释性质的文件，内容也较为简单概括，其中对另案处理的审批核准、证据材料、案卷的管理与移交、法律责任及审查监督等方面的规定还比较粗疏，不够严谨细密；对当事人的知情权、参与权、救济权等还付之阙如。当适用另案处理的原因消失后，如被另案处理的在逃犯罪嫌疑人已被抓捕归案、尚未侦查完的部分案件已经侦查终结等，是否需要再次并案处理，没有相应的规定。② 另外，《指导意见》也未覆盖检察机关在自侦案件中的另案处理。③ 在检察机关的自侦案件中，除了对同案犯罪嫌疑人在逃可以分别移送起诉外，其他情形下如何适用另案处理还缺乏相关规定。④ 随着我国《监察法》的实施，检察机关

---

① 域外刑事诉讼主要称另案处理为分离（分割）案件、诉讼分离等，也主要是指基于特殊情况把本可并案起诉或合并审判的案件分开处理的情形。

② 另案处理后的再次并案处理也是对另案处理的一种补充。例如《日本刑事诉讼法》第313条就规定了辩论的分开、合并与再开制度（这里的辩论是指包括整个审理、判决程序在内的广义上的辩论）。参见《日本刑事诉讼法》，宋英辉译，中国政法大学出版社2000年版，第71页。

③ 根据我国《监察法》及我国《刑事诉讼法》第19条的规定，我国当前检察机关自侦案件指人民检察院在对诉讼活动实行法律监督中发现的司法工作人员利用职权实施的非法拘禁、刑讯逼供、非法搜查等侵犯公民权利、损害司法公正的犯罪。

④ 《人民检察院刑事诉讼规则》第252第1款条规定，人民检察院直接受理侦查的共同犯罪案件，如果同案犯罪嫌疑人在逃，但在案犯罪嫌疑人犯罪事实清楚，证据确实、充分的，对在案犯罪嫌疑人应当根据本规则第237条的规定分别移送起诉或者移送不起诉。

原有的职务犯罪侦查权已绝大部分转移到监察机关，监察机关在调查职务犯罪过程中也同样会遇到是否需要并案和另案处理的问题。① 当监察机关适用另案处理后，必将对刑事诉讼后续的审查起诉及审判的内容、范围等方面产生较大的影响。然而，当前还没有对监察机关怎样适用另案处理的相关法律规范。

在审查起诉和审判阶段，目前司法解释中涉及另案处理的规定主要有未成年人与成年人共同犯罪案件的分案起诉和分别审理；② 部分被告人拒绝辩护人辩护后，没有辩护人案件的另案处理；③ 部分被告人中止审理案件的另案处理；④ 部分刑民交叉案件的分开审理；⑤ 涉众型案件的分案审理；⑥ 二审案件部分被告人发回重审的分案处理。⑦ 除这些情形外，其他情况下的另案处理尚无相关的规定。

此外，另案处理与刑事诉讼中相关制度的衔接也缺乏相应的法律规定。以刑事附带民事诉讼案件为例，在共同犯罪或关联犯罪中，当部分侵害人（被告人）被另案处理时，受害人（附带民事诉讼的原告人）就无法在同一个诉讼中一次性地解决民事赔偿问题，往往需要多次起诉，而要在

---

① 《解释》第24条简单提及监察机关的并案处理问题，但尚未涉及另案处理。该条第2款规定："人民法院发现被告人还有其他犯罪被审查起诉、立案侦查、立案调查的，可以参照前款规定协商人民检察院、公安机关、监察机关并案处理，但可能造成审判过分迟延的除外。"

② 参见《人民检察院办理未成年人刑事案件的规定》第51条（"人民检察院审查未成年人与成年人共同犯罪案件，一般应当将未成年人与成年人分案起诉"）以及《解释》第551条（"对分案起诉至同一人民法院的未成年人与成年人共同犯罪案件，可以由同一个审判组织审理；不宜由同一个审判组织审理的，可以分别审理"）。

③ 参见《解释》第311条。

④ 参见《解释》第314条。该条规定："有多名被告人的案件，部分被告人具有刑事诉讼法第二百零六条第一款规定情形的，人民法院可以对全案中止审理；根据案件情况，也可以对该部分被告人中止审理，对其他被告人继续审理。对中止审理的部分被告人，可以根据案件情况另案处理。"

⑤ 参见1998年最高人民法院《关于在审理经济纠纷案件中涉及经济犯罪嫌疑若干问题的规定》第1条。该条规定："同一自然人、法人或其他经济组织因不同的法律事实，分别涉及经济纠纷和经济犯罪嫌疑的，经济纠纷案件和经济犯罪嫌疑案件应当分开审理。"

⑥ 参见《解释》第220条。

⑦ 参见《解释》第404条第2款。该条规定：（二审中）"有多名被告人的案件，部分被告人的犯罪事实不清、证据不足或者有新的犯罪事实需要追诉，且有关犯罪与其他同案被告人没有关联的，第二审人民法院根据案件情况，可以对该部分被告人分案处理，将该部分被告人发回原审人民法院重新审判。原审人民法院重新作出判决后，被告人上诉或者人民检察院抗诉，其他被告人的案件尚未作出第二审判决、裁定的，第二审人民法院可以并案审理。"

多个不同的诉讼中公平合理地划分多个侵害人的民事责任同样成为法院所面临的一个难题,这也常常造成实践中不同判决书相互之间重复认定被另案处理被告人的赔偿责任等情况。①

(二) 适用标准不明确

当前我国另案处理制度存在的另一个突出问题是各办案机关没有统一的另案处理适用标准,这也是引发其他一些问题的一个重要原因。

在侦查阶段,《指导意见》第 3 条和第 4 条虽然从正反两面分别列举了六种可以适用"另案处理"的情形和两种不可适用的情形,但有些适用标准内容宽泛且弹性较大,例如,"涉嫌其他犯罪,需要进一步侦查","其他犯罪更为严重,另案处理更为适宜的","其他适用'另案处理'更为适宜的情形"等标准,容易使侦查机关的自由裁量权过大,出现人为分案和不当分案。诸如"现有证据表明行为人在本案中的行为不构成犯罪"等适用标准,办案机关则很难在侦查阶段就做出准确的判断。还有一些司法解释中已经规定的适用情形,《指导意见》中却没有加以规定,如"主要犯罪属实已经查清对其他一时查不清的事实可以另案处理",② 这必然给办案人员造成适用上的困惑。并且,《指导意见》第 18 条还允许各地人民检察院和公安机关制定具体的实施办法,这也更加剧了适用标准的不统一和不确定。侦查机关作为刑事案件的第一道程序主体,其所确定的案件范围直接影响着后续诉讼进程中整个案件的范围。实践中,侦查机关在办理

---

① 例如在陈金权故意杀人案的终审判决中,重庆市高级人民法院就指出:"陈金权的犯罪行为给上诉人侯泽棉、毛贤项造成的经济损失应予赔偿,因该经济损失已由重庆市第三中级人民法院(2001)渝三中法刑初字第 61 号刑事附带民事判决确定且符合当时的法律规定,故重庆市第三中级人民法院审理本案时重复判令陈金权赔偿侯泽棉子女抚养费 4200 元、赔偿毛贤英赡养费 2100 元是错误的。"因此,终审判决撤销了重庆市第三中级人民法院(2004)渝三中刑初字第 36 号刑事附带民事判决的民事部分判决。

② 参见最高人民法院、最高人民检察院、公安部、国家税务局、中国人民银行、海关总署 1995 年联合发布的《关于在严厉打击骗取出口退税犯罪活动中加强协作的通知》第 8 条。该条规定:"在审查批捕、起诉和审判骗取出口退税案件中,对主要犯罪事实已经查清,证据确凿的,应及时批捕、起诉、审判,以形成集中打击的声威;对其他犯罪事实一时查不清的,可采取分案或追诉的办法解决。"最高人民检察院 2003 年发布的《关于认真贯彻全国打击走私工作会议精神依法严厉打击走私犯罪活动的通知》第 2 条规定,对主要犯罪事实已经查清,证据确凿的,应及时批捕、起诉,其他犯罪事实一时查不清的,可采取分案或追诉的办法解决。

共同犯罪或关联犯罪时往往更追求办案效率，容易忽视犯罪行为及其证据之间的关联性，倾向于以单个犯罪人为对象快速结案，以致随意分割案件，给后续的审查起诉和审判工作带来事实认识上的困难，使相关人员难以了解案件的整体情况，轻则造成事实不清或定罪量刑失衡，重则酿成冤假错案。

在审查起诉和审判阶段，尚没有明确的适用标准。各办案机关适用另案处理均处于自行其是的状态，大多是根据自己的需要和理解，凭经验或习惯适用，因此，另案处理不规范、适用随意性强的问题更为突出。不同办案机关甚至同一办案机关的不同承办人在是否适用另案处理上常常存在较大的分歧和差异；同样的情况，既有另案处理的，也有不另案处理的。事实上，另案处理是为了解决合并处理案件中的"特殊情况"，这首先需要办案机关及其人员对是否具有"特殊性"做出判断，但由于各办案机关所处的诉讼阶段、职责和目标的不同，其所做出的主观判断难免带有一定的倾向性，如公诉机关主要考虑控诉证据、胜诉的可能性、是否附带民事诉讼等因素，审判机关则重点考察庭审的人数及规模、审查判断证据的难易等情况。这使得另案处理的适用标准变得更加模糊和不确定，一旦办案机关违背司法规律随意分案，往往造成同一案件事实认定不同、罪刑不协调等相互矛盾的判决结果。

（三）权力的制约和监督不力

另案处理中再一个较为突出的问题是办案机关的权力缺乏有效制约和监督，没有明确具体的追责机制。《指导意见》中并未明确规定有权适用另案处理的职权机关，事实上，当前刑事诉讼中的各办案机关都可以独立做出另案处理决定，另案处理的决定权完全由公权力部门掌握，是一种单向的、内部的决策机制。侦查机关的另案处理决定虽然需要经县级以上公安机关负责人审批，但实质上仍然属于侦查机关的内部决策。检察机关作为法律监督机关，虽然有权对侦查机关的另案处理进行法律监督，但《人民检察院刑事诉讼规则》并没有这方面的规定，《指导意见》中虽然有这方面的简单规定，但刚性明显不足。例如，根据《指导意见》第12条，检察机关针对违法或者不当的"另案处理"向公安机关提出书面纠正意见或者检察建议时，公安机关只需"认真审查，并将结果及时反馈人民检察院"。又如，根据《指导意见》第14条，检察机关对于犯罪嫌疑人长期在逃或者久侦不结的"另案处理"案件向公安机关发函催办时，公安机关也只是"应当及时将开展工作情况函告人民检察院"。至于检察机关自身的分案起诉和审判机关的分案审理，则更是"自我批准、自我适用"的运行模式。

由于缺乏有力的制约和监督，使得另案处理在实践中滋生出不少问题。一是案件质量得不到保证。特别是作为适用另案处理最多又处于刑事诉讼前端环节的侦查阶段，侦查机关单独决定另案处理，增加了错案的风险。即使检察机关或者审判机关在后续办案过程中认为侦查机关的另案处理决定有错误，也难以改变已经做出的决定。二是造成另案处理功能的异化。有的办案机关利用另案处理来规避证据规则，例如在只有被告人供述但缺少其他证据时，有的办案机关通过拆分案件，将同案犯的供述转变成相互的"证人证言"，使其与本案被告人的供述结合起来完成对犯罪事实的认定，借以规避我国《刑事诉讼法》第55条规定的"只有被告人供述不能定罪量刑"的证据规则。事实上，同案犯所做的关于其他共犯或关联犯罪人的供述，常常含有虚假或推卸责任的可能，以这类缺乏其他证据印证的"证人证言"定案，无疑会增加法院误判的风险。有的办案机关把另案处理当作瓦解犯罪人之间攻守同盟的一种策略，例如在一些贿赂案件中，有的办案机关往往对行贿人进行另案处理，并做出减免处罚或不予追究其刑事责任等许诺，从而突破行贿人的防线，使其积极配合查处受贿犯罪。还有的办案机关将另案处理用作掩盖特情人员、线人身份的一种方法，如在一些秘密侦查中，"出于对特情耳目安全的考虑以及秘密侦查办案的现实需要，侦查机关必然会寻求一种'自救'，即通过某种渠道尽量将秘密侦查的过程、方法等信息向辩方乃至审判方封闭，另案处理的方式无疑满足了这一需求"。[①] 三是导致权力寻租和司法腐败。有的办案人员故意唆使、纵容涉案人员潜逃，或者以涉案人员患病等为理由，以另案处理的方式协助犯罪人从案件中脱离出来，事后也不再继续侦查取证或积极追逃，

[①] 董坤：《论刑事诉讼中"另案处理"规范功能的异化与回归》，《法学论坛》2013年第1期。

导致漏捕、漏诉、漏判或罚不当罪等情况，使一些犯罪人逃脱了法律的制裁。例如，被誉为"公海赌王"的连某某在2002年涉嫌广东一起特大走私案，却通过时任公安部部长助理郑少东的干预，以另案处理的名义逃脱了该案的审判并潜逃至香港，直至2008年因牵涉其他案件才被逮捕。①

（四）被告人的质证权和辩护权得不到保障

同案犯被另案处理的，被告人如何行使质证权和辩护权，我国《刑事诉讼法》没有明确规定，《解释》第269条则规定"法庭认为有必要的"，可以传唤分案审理的共同犯罪或者关联犯罪案件被告人到庭对质，但是，何为"有必要"取决于法庭的单方决定，法庭可以任意驳回被告方申请与被另案处理的同案犯质证的请求。

事实上，在同案犯被另案处理时，被告人与被另案处理的同案犯会被分别侦查、分别起诉或者分别审判。有的办案机关会将被另案处理同案犯的供述或与之相关证据材料作为本案被告人的控诉证据，此时，被另案处理的同案犯就转变为本案的"证人"，其所作的供述将被作为"证人证言"用于确认本案被告人的犯罪行为。这类"证人"与普通证人相比，常常具有特殊情况，如在逃尚未归案、罹患疾病、被采取强制措施或被羁押等特殊情况，因此其不出庭作证的情况更为普遍，这导致被告人往往丧失对"证人"当庭进行发问、质证的机会，从而使质证权和辩护权落空。例如在某夫妻共同受贿案中，妻子被另案起诉，并作为证人提供了证言，丈夫当庭申请妻子出庭作证，未获法庭允许，但法院在判决中仍采信了妻子的证词。此外，在我国当前另案处理适用比例较高的职务犯罪中，被告人的质证权和辩护权得不到保障的情况更为严重。因为职务犯罪案件通常具有隐蔽性强、犯罪人之间常相互包庇、缺少被害人和证人等特点，所以办案机关收集到的证据材料大多只是犯罪嫌疑人或被告人的供述等言词证据，缺少其他类型的证据材料，这使得刑事案件原本就低的证人出庭作证率在职务犯罪案件中更为突出。当案件再被拆分，被另案处理的同案犯出庭作证或接受质证的概率就更小，导致法庭更难辨别言词证据的真伪，一

---

① 参见罗昌平、王丽娜《连氏无间道》，《财经》2013年第2期。

且以那些未经质证的言词证据作为认定事实的依据，无疑会给定罪量刑的准确性带来隐患。

另案处理还会导致一部分同案犯已审结（前案）、另一部分同案犯尚未审结（后案）这种前、后案并存的现象。我国《刑事诉讼法》尚未明确规定前案刑事判决是否对后案具有相应的拘束力，因此又引发出相关问题。有的追诉机关为了减轻或免除其在后案中的举证责任，会先将案件进行拆分，然后依据《人民检察院刑事诉讼规则》第401条"人民法院生效裁判所确认并且未依审判监督程序重新审理的事实不必提出证据进行证明"的规定，利用前案判决已认定的事实来证明后案的事实。在一些案件的审判中，法官也会援引前案的事实认定与证据采信，从而省略或简化对后案事实及证据的查证。这些做法对未参加前案审理的被告人来说，不仅剥夺了其质证和辩护的权利，而且提前给其贴上了有罪标签。①

三　我国刑事案件另案处理的完善

另案处理作为一种特殊或必要情况下适用的办案方式，有法可依、有法必依才是确保其健康、有序运行的前提和依据，而当前另案处理法律规范的不健全以及实践中的随意适用，正是导致各种问题的根源。因此，健全另案处理的法律规范并严格其适用是当务之急。

（一）构建一元化的刑事另案处理制度

针对另案处理概念和名称混乱的情况，笔者建议在《指导意见》及现有规定的基础上，针对当前各种不同的称谓，统一称为"另案处理"，并据此构建一元化另案处理制度。

首先，我国《刑事诉讼法》应当为另案处理提供法律依据。我国《刑

---

① 例如，在陈金权案（后案）中，法院即采信了（前案）同案犯胡泽模故意杀人案判决中认定的关于陈金权的犯罪事实，该判决书指出："重庆市第三中级人民法院（2001）渝三中法刑初字第61号刑事附带民事判决和本院（2001）渝高法刑终字第479号刑事裁定，均确认了陈金权邀约并指使他人杀死杨建全的事实"，并据此对其做出无期徒刑的判决。参见重庆市高级人民法院（2005）渝高法刑终字第19号刑事附带民事判决书。此案为共同犯罪，陈金权因证据不足被不起诉而与其他共同犯罪人分案处理，后被害人提起了自诉。

事诉讼法》有必要系统地规定"另案处理"制度及其具体内容，明确其适用主体、适用标准、操作程序、救济程序、再次合并制度及法律责任等内容。其次，最高人民法院、最高人民检察院和公安部可以在此位阶下联合制定统一的司法解释，细化另案处理在各诉讼阶段的审核批准、证据材料与案卷的管理与移交、监督措施以及责任追究等方面的规则。最后，要完善另案处理与刑事诉讼一些相关制度的衔接。例如，要将检察机关自侦案件的另案处理、监察机关在调查职务犯罪中的另案处理均纳入另案处理的调整范畴。我国《刑事诉讼法》《监察法》和相关司法解释之间要有效衔接，对不同适用主体在不同诉讼阶段的操作程序、案件的移交、权力间的相互制约以及法律监督措施等做出明确规定。又如，要完善另案处理与刑事附带民事诉讼制度的衔接。通过明确刑事附带民事诉讼判决书的既判力，解决另案处理的前案与后案被告人的民事责任问题，促进民事责任的准确划分并节约诉讼资源。[①]

（二）明晰适用标准和原则

设置明确且统一的另案处理的适用标准，有利于规范办案机关的适用及操作，减少适用的随意性，并促进诉讼各环节的相互衔接。这样，利于促进同类案件、同类情况的同样处理，减少另案处理适用的差异性，促进另案处理适用的公平公正。我国《刑事诉讼法》可参照《指导意见》列举式的规定，采取法定适用情形与酌定适用情形相结合的方式，在明确列举各种法定适用情形的基础上，赋予办案机关在特定情况下酌定适用另案处理的裁量权，但要避免使用"其他适用另案处理更为适宜的"这类兜底式、弹性过大的措辞。酌定适用要遵循合目的性原则，通过司法解释、指导性案例等方式加强对办案机关的引导，明确只有当并案处理可能导致诉讼久拖不决、超期羁押等严重损害被告人权益的情况时，办案机关才能酌定适用另案处理。具体而言，另案处理的法定适用情形可包括以下几种。（1）依管辖规定，需要移送有管辖权的机关办理的。（2）因同案犯在逃、

[①] 就另案处理与附带民事诉讼的衔接，笔者赞同同案被告人民事责任属于民事连带责任的观点，即扩张前案附带民事判决的既判力，使其对后案被告人产生一定的拘束力。

下落不明、罹患严重疾病或其他原因，无法到案的。（3）系未成年人犯罪案件的。（4）一人涉嫌数罪，主要犯罪事实已经查清，但另有重大犯罪事实尚未查清或证据不足，需继续查证的。（5）共同犯罪中部分同案犯因证据不足不符合提请批准逮捕或移送审查起诉标准的。（6）共同被告人的辩护内容相互冲突、对立，可能对被告人的辩护造成重大影响或者形成偏见的。（7）部分涉案人员认罪认罚、部分不认罪认罚的。符合上述情形之一的，办案机关和涉事方（包括犯罪嫌疑人、被告人及其辩护人、利害关系人）可以提出另案处理的请求，审批机关在查证属实后，应当做出另案处理的决定（法院可依申请或依职权直接作出另案处理决定）。酌定适用情形包括：（1）涉案人数多、涉嫌犯罪数量或种类多；（2）属于重大、疑难或复杂案件。酌定情形下的另案处理，办案机关和当事方均可向另案处理的决定机关提出申请，由其根据案件的具体情况，决定是否适用。

在适用标准明确的前提下，另案处理的适用有必要遵循"并案处理为主、另案处理为辅"的原则。总体看，并案处理更符合司法规律，另案处理只是特殊情况下才采用的补充办案方式。由于共同犯罪或关联犯罪案件中存在多个被告人或者多起犯罪事实，一次性并案处理，有助于办案机关综合全案证据，准确把握案件的全貌，正确认定犯罪事实并划清多个犯罪主体之间的刑事责任，避免多个案件出现相互矛盾的判决结果。并且，并案处理可以节省程序和司法资源，实现诉讼经济，也有利于减少控、辩、审三方的诉累。如国际刑事法院的《程序和证据规则》中规则136"合并审判和单独审判"就规定："应当合并审判共同被告人，除非审判分庭依职权，或因检察官或辩护方的请求，命令进行单独审判，以避免严重损害被告人的权益，维护司法公正……"可见，对同案犯的并案处理也是国际上认可的诉讼规则。在我国，现行的多个司法解释均强调了共同犯罪并案处理的原则，实务中也一致秉持着共同犯罪并案处理的指导思想。[①] 因此，

---

① 最高人民法院、最高人民检察院和公安部1984年6月15日发布的《关于当前办理集团犯罪案件中具体应用法律的若干问题的解答》规定："为什么对共同犯罪的案件必须坚持全案审判？办理共同犯罪案件特别是集团犯罪案件，除对其中已逃跑的成员可以另案处理外，一定要把全案的事实查清，然后对应当追究刑事责任的同案人，全案起诉，全案判处。"这一规定最早确立了全案处理的指导思想。在《解释》第24条、《人民检察院刑事诉讼规则》第18条、第328条等都体现了并案处理的思想。

只有当案件具有不能或不宜并案处理的特殊情况，继续并案处理将导致程序停滞、损害已到案人员的诉讼权利（如导致已到案犯罪嫌人被超期羁押等情况发生）时，才可以适用另案处理，以促进案件的分流和诉讼程序的推进。与此同时，要严禁那些不合目的的另案处理，例如为规避口供补强证据规则、为减轻举证责任、为提高绩效考核等适用另案处理的做法，以减少另案处理的随意适用。

（三）建立另案处理的权力制约机制

另案处理的本质是一种程序性的司法活动，权力制约是体现其行为性质的内在要求，也是充分尊重诉讼主体法律地位的要求。纵观各国法律，对职权机关权力的制约主要从两方面着手：一是约束和制衡各职权机关的公权力；二是以权利制约权力，赋予诉讼主体必要的诉讼权利。在以法国、德国为代表的大陆法系国家，另案处理的决定权主要由法院享有，但受其职权主义诉讼模式的影响，检察官在特定情况下也有权决定另案处理，①被告人等也有权对办案机关做出的并案处理提出异议、申请分离案件（即另案处理）。如《德国刑事诉讼法》第13条第2款及第4条规定，在法院审判之前若出现、发现不宜合并的情形，检察院对法院的分离或合并审判有异议的，有提起抗告的权力。在审判开始后，法院可以依检察院、被告人的申请或者依职权以裁定将互有关联的刑事案件分离或者合并。②可见，法院合并或分离案件（另案处理）的决定权，同时受到检察院的抗告权、被告人的申请权的制约。在英美法系国家，案件的合并与分离被认为是属于审判权范畴的事项，只有法官才有权决定另案处理，但因为当事人主义诉讼模式普遍注重程序正义、平等对抗的诉讼理念，所以其刑事诉讼程序规则基于保护当事人诉讼权益的目的，也大多赋予被告人及其辩护人申请撤销合并、要求单独审判（即另案处理）的权利，如果法院

---

① 例如，《法国刑事诉讼法》第80条规定，在案件出现刑事和解、新的事实等情况下，共和国检察官可以要求预审法官对案件出现的新的事实进行侦查，同时提出补充侦查的意见书，或者要求进行分开侦查。这表明在特定情况下，检察官有权决定是否分开侦查。参见［法］贝尔纳·布洛克《法国刑事诉讼法》，罗结珍译，中国政法大学出版社2009年版，第345页。

② 参见《德国刑事诉讼法典》，宗玉琨译注，知识产权出版社2013年版，第3、8页。

驳回被告人的请求，必须明确地向被告方阐明理由。例如在美国，被告人若提供证据证明"合并审理会造成在提出独立辩护时可能感到紧张与惊慌；陪审团可能会基于被指控犯罪中的某一犯罪证据作为判定被告人有罪的基本依据；陪审团可能积累了各种被控犯罪的证据从而判决其有罪"等这类情形之一的，法官则可能根据当事人的请求或者依职权决定对其进行分离审判。[①] 可见，为了防止另案处理或并案处理中权力的恣意和滥用，既离不开办案机关的相互监督和制约，也需要来自诉讼权利人的监督与制约。

据此，建议从以下方面着力构建我国另案处理的监督与制约机制。一是要加强对审前阶段办案机关另案处理决定权的制约。当前我国大部分的另案处理都集中在侦查阶段，而审判机关对侦查阶段的司法控制力和影响力还较为薄弱，难以像英美法系国家那样只赋予法院另案处理的决定权。因此，侦查阶段的另案处理可以由检察机关审核批准。当侦查机关拟适用另案处理时，应向与其同级的检察机关提出申请，经审核批准后方可适用。这种申请权和决定权分离的模式可改变侦查机关的单方决策机制，有利于防止侦查机关随意适用另案处理，也有利于检察机关提前介入，从整体上认识和把握案件事实。对于检察机关不予批准的另案处理，侦查机关可以申请复议，也可以向其上一级检察机关申请复核。在审查起诉阶段，检察机关可以依职权决定是否另案处理（即分案起诉）。侦查机关认为案件有必要在起诉阶段另案处理的，可以在移送审查起诉时向检察机关提出建议；检察机关拒绝接受建议的，应当做出说明。二是要强化检察机关对另案处理的法律监督，赋予其刚性的监督措施。检察机关可以设置专门机构或人员负责另案处理的法律监督和定期清查，利用信息化手段实现另案处理案件的信息共享和及时更新，建立起动态化、常态化的监督机制。一旦发现违法、违规的另案处理，检察机关在查证属实后，有权直接做出撤

---

① 参见［美］约书亚·德雷斯勒、艾伦·C. 迈克尔斯《美国刑事诉讼法精解（第二卷·刑事审判）》（第四版），魏晓娜译，北京大学出版社 2009 年版，第 133 页。此处虽然介绍的是国外法律中赋予被告方请求"另案处理"的权利，表面看似乎与本文最终旨在限制我国另案处理的适用范围这一立论有所龃龉，但其实不然——不管是申请另案处理还是并案处理，赋予当事人相应的诉讼权利，对权力形成制约，才是这里要表达的关键意思。

销另案处理、再次合并案件等相应的纠错决定，并将责任人员移交给相关部门追究其法律责任。对于另案处理后案件被长期搁置、拖延或者降格处理等异常情况，检察机关有权向办案机关提出质询，要求其在规定期限内及时办理。三是要赋予另案处理中当事人以及利害关系人的被告知权、异议权和救济权等诉讼权利，使其能有效地参与另案处理的决策过程、顺畅地表达诉求并享有寻求救济的渠道。在我国当前的另案处理中，与处于绝对主导地位的公权力部门相比，相关诉讼主体的诉讼权利仍相当薄弱，无法对其产生实质性的影响或约束。犯罪嫌疑人、被告人、被害人以及与另案处理有利害关系的诉讼参与人，大多是在另案处理决定已经做出之后才知晓的，即使认为另案处理决定有可能损害其诉讼权益或者放纵犯罪的，也没有表达异议或权利救济的渠道。应当看到，另案处理不仅是一种程序性措施，而且具有影响诉讼主体的诉讼权利和案件实体结果的重要作用。从遵循司法规律的要求来说，当诉讼主体被剥夺某种利益时，"必须保障他享有被告知和陈述自己意见并得到倾听的权利，这是人权保障的根本原则"。[①] 因此，检察机关做出另案处理决定后，应及时告知当事人和利害关系人；当事人及利害关系人认为另案处理决定不当的，有权向决定机关提出异议并申请复议，或向其上一级检察机关申请复核；受理机关应在规定期限内进行复议或者复核，受理机关维持另案处理决定的，应告知申请人理由和依据；发现另案处理决定不当的，应及时撤销原另案处理决定，并根据案件具体情况，做出是否由侦查机关或审查起诉机关再次并案处理的决定。对审判机关做出的另案处理决定，当事人或利害关系人也应有权提出异议，审判机关对于有正当理由、异议成立的，应及时撤销原另案处理决定，并根据案件具体情况做出是否再次并案处理的决定。当然，作为一个硬币的另一面，为了维护当事人的诉讼权益，还有必要赋予当事人等提出另案处理的请求权，即当事人等认为并案处理可能会损害其重要诉讼权益的，也可以向办案机关提出另案处理的申请。四是有关法律文书要对另案处理做出释理阐明。目前的法律文书对另案处理的解释和说理还很不到

[①] ［日］谷口安平：《程序的正义与诉讼》，王亚新、刘荣军译，中国政法大学出版社1996年版，第4页。

位，有的甚至根本不解释、不说理。在公安机关的提请批准逮捕书、起诉意见书，检察院的起诉书和法院的裁判文书中，对另案处理人员往往只简单标注一下"（另案处理）"，表示与之相关的案件已被分开处理，但并不解释其中的原因，致使诉讼主体难以知悉另案处理的实际情况，也容易引起公众的质疑。法律文书实为办案机关诉讼行为和诉讼进程的一种体现，在其中明确地阐释和说明另案处理的原因及理由，并在卷宗中随附另案处理的相关证明文件，是完善刑事诉讼程序和办案规则的必然，更是对涉事方和公众知情权的保障和尊重。例如，俄罗斯《联邦刑事诉讼法典》就明确规定："拆分刑事案件后，材料也需随之移送，其拆分出来的案件材料应当包括对该案件有意义的诉讼文件原件，或经侦查官或调查官签字确认无误的诉讼文件副本。"① 因此，应当要求办案机关在法律文书中对适用另案处理的原因、法律依据、被另案处理人员的相关信息以及适用另案处理可能对本案裁判产生的影响等内容做出说明和解释，同时附随相关的证明材料，并允许当事人及其辩护人申请查阅相关证明材料。

（四）强化对被告人质证权和辩护权的保障

法庭应确保被另案处理的同案犯出庭作证并接受质证。根据我国《刑事诉讼法》的规定，证人证言必须在法庭上经过控、辩双方质证并且查实后，才能作为定案的根据。当同案犯的供述被作为本案的证人证言时，由于其所做的"证言"与自身诉讼结果可能存在利害关系，因此不能自动转化为本案的证据。对没有正当理由拒不出庭作证或者未经质证的证言，法庭无法辨别其真伪的，不能作为定案的根据。对于确有特殊情况无法出庭的，可以采用视频或语音通话等方式，确保被告人能够行使质证权。需要注意的是，法庭要慎重地对待另案处理的同案犯所做的不利于本案被告人的"证言"。对于这类证言，需要法官审慎地判断其证明力，对于仅有同案犯的供述、缺乏其他证据相互印证的，必须排除串供、非法取证的可能，并确认供述细节是否一致。

---

① 《世界各国刑事诉讼法》编辑委员会编译，孙谦、卞建林、陈卫东主编《世界各国刑事诉讼法》，中国检察出版社2016年版，第437页。

与此同时，为了保障被告方辩护权的充分行使，应当赋予被告人的辩护人查阅被另案处理同案犯相关卷宗的权利。在同案犯被另案处理的案件中，被告人的辩护人如果无法查阅被另案处理人员的卷宗，将很难全面掌握案件事实和证据，因而也就难以实现有效辩护。

此外，对于追诉机关适用另案处理以降低或免除后案中举证责任的做法，虽然《人民检察院刑事诉讼规则》规定生效裁判确认的事实可以免证，但最高人民法院的司法解释中并没有相应的规定。笔者认为，《人民检察院刑事诉讼规则》中规定的免证只适用于检察机关的公诉行为，并不能约束审判机关的审判活动，也不能剥夺被告人的质证权和辩护权。因此，对于公诉方认定的免证事实，被告人仍然有权要求公诉机关举证、质证，法庭不能驳回被告人的请求而直接采纳免证事实作为定案依据。

在因另案处理而形成前案、后案的情况下，笔者认为，前案生效判决不能对后案的事实认定直接产生拘束力。后案审判机关仍应以重新质证、重新审查判断事实和证据为基本原则，尤其是当后案被告人及其辩护人对此有异议的，法庭不能径直引用前案生效判决认定的事实和证据。当然，基于诉讼效率和尊重当事人意愿的考虑，若后案被告人及其辩护人对前案生效判决所认定的事实和证据没有异议，法庭即可援引前案判决认定的事实和证据作为本案的定案依据。

四　结语

如前所述，我国刑事诉讼法的具体程序基本都是针对单一犯罪而设置的，对于多人、多罪的共同犯罪、关联犯罪这类复杂案件的合并及分离程序并没有做出相应的规定。其实，并案处理也好，另案处理也罢，都是各个法域刑事诉讼中所共同面临的问题，都有其重要的实用价值，两者如何互相配合，该并则并，该分则分，以共同实现刑事诉讼的最佳效益，都需要各法域的刑事诉讼法及其实施细则加以妥当规制，这既关乎刑事诉讼程序的精密程度，也关乎人权保障与诉讼效率的平衡。正因如此，无论国际刑事法院的《程序和证据规则》，还是各个国家或地区的刑事诉讼法，都对此给予了关注。

受本土问题意识的驱使,笔者于本文中重点关注的是中国语境下的另案处理。近年来国内围绕另案处理的争论和质疑越来越多,要求严格规范另案处理的呼声也日渐高涨,说明这个问题亟须解决。然而,毋庸置疑的是,要解决的是另案处理的规范化、阳光化和科学化问题,绝不是要一律禁止另案处理。

并案处理并不一定在科学、效率以及人权保障上就占有天然的优势,恰恰相反,有时基于个案的考量,可能一定程度上的或彻底的另案处理反而更有利于实现司法公正以及对被告人权益的保障,并且兼顾司法效率。有时并案处理会导致庭审规模过大,往往造成审理过程耗时耗力。例如,在有的黑恶势力、电信诈骗罪案件中,被告人多达上百人甚至数百人,导致开庭时间长达数十日之久。如果某一个被告人只涉及其中一起犯罪,而与其他数十起甚至上百起犯罪无关,那么被告人及其辩护人是否需要全程在场?目前实践中的做法大多是要求一律在场,这无疑增加了被告人的金钱成本和辩护人的时间成本(辩护人花费时间越多,相应的收费也越多)。此外,对认罪认罚和不认罪认罚的被告人可否在程序上有所区分?上百个被告人是全体站在法庭上接受发问,还是分开接受发问?在犯罪集团的首要分子或主犯被判处重刑的情况下,那些只涉及其中一起或少数犯罪的被告人的审理会不会得不到足够的重视?相反,如果这些被告人在被另案处理单独受审的情况下,即使罪行情节相对较轻,是否也会更受到法庭的认真对待?这些问题可否在庭前会议上加以协商,以便把合并审理和分案审理有机地结合起来?事实上,在很多国家和地区,要求获得单独审判是被告人一项重要的诉讼权利,办案机关要并案处理必须说明合并案件的理由和依据,以及并不会损害被告人在单独审判时可预期的权利或者获得无罪判决可能性的原因;当并案处理具有预判有罪的可能、偏见或损害公平等情况时,则可撤销合并。因此,在思考另案处理的同时,对于并案处理所存在的问题以及可能导致的风险,也需要引起重视并加以解决。

(作者为中国社会科学院法学研究所研究员、刑法研究室主任、博士生导师。本文原载《政治与法律》2021年第5期,收入本书时略有修改。)

数据正义与技术治理的价值权衡[*]

单 勇

一 隐匿于技术治理中"看不见的非正义"

技术治理源自 20 世纪初兴起的技术治理主义,技术治理主义强调科学技术在社会发展中的决定性作用,主张实施工具层面渐进式的社会工程,以科学技术提升公共治理效率,因而成为国家治理的全球性现象。[①] 而犯罪的技术治理,是指防控主体依托"云计算—多平台—百系统"等架构,遵循"数据集成—风险预警—决策支持—指挥调度—共治服务"的平台治理流程,集成运用几十种、上百种具体的智能系统进行数据分析,以实现犯罪预警、预测、预防的整体性治理模式。[②] 技术治理有技术赋能与技术赋权的两面。信息技术不仅强化了社会控制,还作为一种解放性力量以赋权形式释放出大数据社会福祉。

(一)基于数据监控的技术赋能

信息技术对犯罪治理的赋能主要通过数据监控体现出来,数据监控是各类智能防控系统的底层逻辑。在流程上,数据监控包括数据采集和整合环节、依托"代码—算法—软件—系统"的分析环节、指向精准干预的结

---

[*] 本文系 2018 年度国家社科基金重大项目"大数据时代个人数据保护与数据权利体系研究"(项目编号:18ZDA145)之子课题"数据权利保护与技术治理扩张的平衡研究"、南京大学人文社科双一流建设第三批"百层次"科研项目"犯罪的技术治理实现善治之道:从数据控制到数据权利"的阶段性成果。

[①] 刘永谋:《技术治理主义:批评与辩护》,《光明日报》2017 年 2 月 20 日第 15 版。

[②] 单勇:《犯罪之技术治理的理论内涵》,《国家检察官学院学报》2020 年第 2 期。

果输出环节。在成本上,在物信融合的基础设施建成后,数据监控转化为廉价监控和自动监控,其人财物投入远少于传统的"人盯人"监控,算法决策使监控自动化运行。在规模上,随着数据化程度日益加深,数据监控成为根植于"数据宇宙"的泛在监控,只要有数据印记和网络连接,更多的人和事被传感器记录下来,源源不断输送至智能系统中自动挖掘、整合与甄别,从而形成全景敞视的监控架构。在权力运行上,人脸识别、算法决策等方法紧密融入社会生活使人无从分辨,监控方法越具侵略性,技术背后的数据权力运行就愈发不易被外界察觉,以至于技术治理成为一种"消失"的治理术。

(二)回归人本导向的技术赋权

技术作为工具本是中立的,但技术的使用必定受价值导向影响。信息技术不仅强化社会控制,更是一种解放性力量。信息技术在重塑社会的过程中,给技术使用者带来意想不到的发展机遇,有效改善了公共治理的方式,以保障国民对犯罪治理知情权、参与权和监督权方式提供大数据社会福祉。可见,技术治理不仅有赋能面相,更能够技术赋权。赋权既是一种主观感知,强调个体对生活资源和发展拥有的控制力、对特定事件拥有的影响力;也是一种行动过程,个体或群体依靠信息开展社会实践。[①] 技术赋权往往与信息的获取、社会的认同和互信、公众参与等主题紧密联系在一起。因此,犯罪的技术治理不同于技术统治,技术赋权呼唤技术治理回归人本导向的治理本质。尽管技术赋能使治理权力随数据监控趋于集中,但技术赋权通过改变治理结构、助力公众参与的方式促使治理权力外溢至社会和个人。

(三)技术赋能与技术赋权的非均衡发展

在实践中,赋能和赋权的两面呈现出"一显一隐""一强一弱"的非均衡性困境,技术赋能愈发彰显,技术赋权尤甚薄弱。这种失衡的表现有

---

① 王亚婷、孔繁斌:《信息技术何以赋权?网络平台的参与空间与政府治理创新——基于2018年疫苗事件相关微博博文的分析》,《电子政务》2019年第11期。

很多,如监控技术的迭代演化对隐私和自由的威胁愈发严重,监控数据运行的透明度不高,算法和模型愈发复杂且难以解释和监督,政府、科技企业与个人之间的"数字鸿沟"日趋拉大等。赋能与赋权的失衡在相当程度上受犯罪治理极强的目标导向影响,无论是及时锁定嫌疑人,还是精准研判犯罪风险,这种极强的指向性自然引导防控实践向技术赋能倾斜。技术赋能在催生全景式监控的同时,也引发人们对信息技术的福音走向反面的担忧。技术治理与个人数据的使用密不可分,数据监控与每个人的关系深入且具体,以至于"人越来越适应监测环境,监控技术与人的身体逐步融合,并构建了人的生活世界"①。技术治理以飞天遁地的科技力量追求秩序唯美主义,形塑出前所未有的"数据巨机器",但个人的自由和权利有可能免于反噬吗?处于加速进化中的技术赋能效应极大挤压了技术赋权的空间,数据主义的治理架构相对忽视了数据使用的正当性与合法性。伴随数据监控的全面扩张,这种非均衡发展加剧了技术治理的异化,引发了一系列因数据使用而产生的不公平对待。

(四) 非均衡发展引发的不公平对待

技术治理虽蕴含迈向数据控制的赋能过程,但对技术的理解不能止步于工具的运用,应关注技术对社会福祉和个人自由有无增进。因此,技术治理不等于绝对的数据控制。遗憾的是,大数据分析推动刑事政策的制定者和执行者从被数据影响逐渐转为被数据决定。在数据主义决定下,"重赋能、轻赋权"的非均衡发展导致因数据使用而产生的不公平对待愈发凸显,催生出新的技术异化。从发展方向上看,盲目追求全景式监控易使犯罪治理陷入"技术乌托邦"误区。从人和技术的关系上看,"让渡决策"侵蚀人的主体性。从决策依据上看,算法决策存在算法歧视、算法误差等技术风险。从公众参与上看,"数字鸿沟"催生出新的社会鸿沟,限制了民众对技术治理的参与。从权利保障上看,全景敞视的数据监控给自由和隐私带来重大威胁。数据监控依赖对个人信息的整合利用,客观上增加了个体的透明度,使个人越来越易被识别,无匿名、高清晰的个体超级档案逐渐生成。

---

① 吴雯:《技术身体下的监测伦理审视》,《自然辩证法研究》2018 年第 6 期。

二 不公平对待引致价值冲突加剧

犯罪治理活动一般兼具复合目标,追求自由、公正、安全、秩序、权利、效率等多元价值;但特定背景、场景、内容下的防控策略在实现主要治理目标的同时,往往与其他价值在一定程度上存在抵牾之处。如人脸识别技术在高效监测高危人员同时,在一定程度上对国民的自由和隐私构成威胁。随着算法偏见、自动化决策、数字鸿沟等不公平对待的趋重,人脸识别等技术异化的社会风险、法律风险、伦理风险骤然放大,极大加剧了社会安全防卫与个人权利保护的总体价值冲突,进一步激化了技术治理的正当性危机。

(一)价值冲突加剧的表现

1. 安全至上、秩序为重与隐私保护、自由保障的价值冲突

大规模数据监控强化了政府对个人的控制,凸显了安全至上和秩序为重的理念。监控的指数级增长和全方位覆盖不可避免地对个人隐私、自由构成威胁。以人脸识别技术为例,东南某省会城市较早在地铁安检口安装人脸识别摄像头,与"全国在逃人员信息系统"实时比对,可迅速识别在逃人员出入地铁线索。在此后八个月内,公安机关凭借该技术抓获在逃人员500余人。如今,在重点空间使用人脸识别已成为高密度城市安全防卫的惯常策略。值得深思的是,人脸识别的敏感性在于其融合了信息和生物技术,有关部门获得人脸信息的超级访问权后,监控能见度大幅提升,个人变得愈发透明,隐私边界不断溃缩。为此,反思人脸识别、加强隐私保护的社会思潮风起云涌。

2. 效率优先与权利保护的价值冲突

基于"数据+算力+算法"的合力驱动,技术治理取得前所未有的高效率和大成就,并迎来全国公安机关刑事案件立案数大幅持续下降的"历史性拐点"[①]。这种高效率不仅依靠警力的高强度投入,还得益于算法决策

[①] 据《中国法律年鉴》统计,改革开放以来,公安机关刑事案件的立案数总体上呈大幅持续上升趋势,并于2015年攀升至717万件;但2016年、2017年、2018年立案数出现了大幅持续下降,分别为642万、548万、506万件。犯罪拐点出现的原因非常复杂,但科技创新拉动犯罪治理效率提高是各界认可的重要原因。

驱动的自动监控全面推行。预测性执法有一定合理性和可操作性；但这种过于主动、过于前置的执法方案易导致数据监控的系统性滥用和体制性防卫过当，使个人权利时刻处于"数字利维坦"威胁之下。"用算法识别对社会安全具有潜在威胁的个体，这种基于群体层面长期可疑行为的预测，将不可避免地以回答'是或否'的问题来实现；但对个体而言则直接关涉自由和权利，被远程监控的人不知道自己被数据分类的基础。"① 技术治理在追求高效率同时，离不开制度化约束对个人权利的保护。权利保护理念要求算法决策必须保持透明度，在法律上明确威胁评分规则的具体内容、监控对象有无倾向性、监控的正当程序等。如果制度化约束缺位，那么效率与权利的抵牾将日益趋重。

3. 概率公正与个案公正的价值冲突

算法决策应用于技术治理的底层逻辑是概率分析。以威胁评分为例，算法决策在全面采集数据基础上，对个体做人群分类及用户画像，基于训练数据设计评估模型，计算个体实施违法行为的概率大小。在计算哪类人群的威胁评分更高及可被列入"大数据黑名单"时，算法决策在概率上具有无可比拟的准确性；但具体到特定个体时则可能存在算法歧视、计算误差、识别错误等问题。概率公正源自算法中心主义，是技术方法和组织体系互嵌而生成的数据巨机器的输出结果。概率公正不等于社会整体公正，整体公正源自个体所获得的个案公正。算法中心主义以让渡决策和自动控制的形式造成事实上的数字鸿沟，引发的歧视性执法导致算法社会中人与人之间新的不平等。於兴中认为："算法社会一定是科技精英社会，我们可能正在期望一个比现有社会更不平等的社会，这种不平等是从起点到结果的全方位的不平等。"② 这种数据导向、算法中心、技术驱动的治理策略无可避免地输出概率公正，以概率公正置换个案公正。如果枉顾这两种公正观念的冲突将可能动摇整个刑事司法大厦的根基。

---

① See Taylor L. , *What is Data Justice? The Case for Connecting Digital Rights and Freedoms Globally*, Social Science Electronic Publishing（2017）, Available at: https: //doi. org/10. 1177/2053951717736335（accessed 21 December 2017）.

② 於兴中:《算法社会与人的秉性》,《中国法律评论》2018 年第 2 期。

（二）价值冲突加剧的本质

从哲学上看，社会安全防卫与个人权利保护的总体价值冲突在信息社会骤然加剧可归因于数据主义的崛起及其对人文主义的冲击。信息技术的泛在应用催生出数据主义的哲学新主张。"数据主义认为，宇宙由数据流组成，任何现象或实体的价值在于对数据处理的贡献。数据主义要求连接越来越多的媒介，产生和使用越来越多的信息，让数据流最大化；要求把一切连接到系统，连那些不想连入的异端也不例外。数据主义一开始也是中立的科学理论，但正逐渐成为要判别是非的宗教。"① 数据主义推崇视一切为数据、以数据为中心的世界观，遵循计算机逻辑和算法中心主义，依赖产生于数据的洞见和通过数据技术解决犯罪问题。受数据主义影响，犯罪治理被简单化约为数据监控与预测性执法的组合、被置换为信息技术的应用。数据主义表达了信息技术比其他治理手段更具优越性的意识形态，迷信技术把人推到一边，给人文主义带来严峻挑战。

"以人为中心的人文主义是人类近代以来确立的基本文明价值观，正是以人为中心的人文精神使人道、自由、民主、平等、法治等成为社会主流价值。"② 人文主义重视人的生存和发展，维护人的尊严、价值和自主性，以社会正义准则制约技术的社会功能，以人的权利实现为中心标定犯罪治理的价值导向。数据主义对人文主义冲击的表现有四：其一，"数据洞察一切""算法设计未来"等数据主义主张的前提是人类世界可被数据完全镜像，这种不现实的想法极具迷惑性，还隐含着个人可被视为"数字人"或"微粒人"的意识。其二，数据主义以数据和算法为中心忽视了人的自主性，忽视了人的价值观和经验对犯罪治理的重大影响。其三，数据主义倡导的大规模数据监控固化了个体作为被监控对象的原子化形态，对人的权利和自由构成巨大威胁。其四，数据主义助推家长主义治理思维的持续蔓延。"家长主义的核心特征是为保护行为人的利益而限制行为人的

---

① 参见［以色列］尤瓦尔·赫拉利《未来简史——从智人到智神》，林俊宏译，中信出版集团2017年版，第334、347页。
② 高兆明：《"数据主义"的人文批判》，《江苏社会科学》2018年第4期。

自由。"① 问题在于，家长主义在犯罪治理中不能过限，不能动辄以防卫社会为由恣意限制个人自由，不能牺牲过多的个人权利以换取社会整体利益。数据主义与家长主义的"完美"融合将导致全景敞视的绝对社会控制。因此，以数据为中心的数据主义是一种技术神话，严重偏离了以人为本的价值观。正如尤瓦尔·赫拉利所说，数据技术的全面扩张可能导致人文主义的崩塌，数据主义将取代人文主义成为一种新的世界观或宗教，应警惕与批判数据主义。②

实际上，技术与人文精神无法截然分割，信息技术由人发明、为人服务，数据的使用不能违背社会正义准则，技术治理必须从工具理性回归价值理性。技术治理对秩序、安全、效率、概率的追求受数据主义世界观影响颇深；对技术治理扩张的警惕和限制，对数据使用正义观念的求索是人文主义世界观的体现。以数据为中心的数据主义与以人为中心的人文主义在价值悬设上的抵牾，与科学主义与人文主义的冲突一脉相承。数据主义是科学主义在大数据时代的新形态，人文主义要求一般性的社会正义观念向数据正义转型发展。

总之，面对总体价值冲突的加剧及其背后的世界观分立，必须引入一种关于数据或技术使用正当与否的理论分析框架，以此标定技术治理的价值导向、回应技术治理的正当性危机。

三 数据正义的分析视角

数据使用的正义观念、正义准则可用"数据正义"（data justice）范畴表述。近年来，数据使用与社会正义两个主题的交叉地带颇受热议，欧洲兴起的数据正义理论为技术治理的正当性思考提供了分析视角，可将技术治理置于数据正义的正当性分析框架下进行价值权衡。正义理念对于犯罪的技术治理至关重要，人们因自身产生的数据被监控、被分析、被分类对待，为防范数据使用中的不公平对待，必须考虑"数据"和"正义"两个

---

① 黄文艺：《作为一种法律干预模式的家长主义》，《法学研究》2010年第5期。
② 参见［以色列］尤瓦尔·赫拉利《未来简史——从智人到智神》，林俊宏译，中信出版集团2017年版，第59页。

主题的交叉地带——"数据正义",不能局限于数据在单一领域的应用,而应立足"社会和政治正义准则"高度,探索数据正义的理论框架。[①] 作为衡量社会发展的理念,正义观念和理论随时代变迁而不断发展。在大数据浪潮下,促进发展的数据正义成为亟待研讨的理论焦点,没有数据不能做出决策、采取行动,没有数据正义就无法实现社会的公正发展。理论界对数据正义的探讨尚处于初创阶段,但已有研究不乏真知灼见,荷兰阿姆斯特丹大学的"玛丽·居里"博士后研究员泰勒(Taylor)从法治视角对数据正义做出阐述,提出数据正义的三个核心观点——数据使用的"可见性—事先约定—防范不公平对待"[②]。

(一) 数据使用的可见性

"数据使用的可见性"有两层含义:一是政府、企业对个人数据的采集、使用及其监管流程对公众是可预见的,以此防范数据使用中的不平等。也就是说,数据监控以何种技术或手段可见到哪些内容对社会公开。二是政府、企业使用个人数据应注重保护隐私,使隐私信息对第三方处于"不可见"状态,以防范因数据滥用导致隐私被侵犯。数据使用的可见性包括对社会公众可见和对第三方不可见的双重实体要求,指向国家在大规模数据监控中的道义和责任,通过为数据控制者设定义务的方式明确消除不公平对待的法律依据,以此圈定个人在技术治理中享有的自由边界。

对社会公众可见,是指政府和企业的数据使用范围、方式、目的、机制、流程等对社会公开,保障民众对数据监控的知情权、参与权、监督权,这涉及监控权力运行的透明度和社会信任问题。具体来说,技术治理中的可见性意味着数据监控所涉的具体数据项有哪些、实施特定监控的治理主体、使用何种手段或技术拟达到何种目的而监控、监控对象的倾向性、预测性执法所依托的算法的可解释性、"威胁评分"或"大数据黑名

---

① *See* Heeks R., Renken J., "Data Justice for Development: What Would it Mean?" 34 *Information Development* 90, 2018, pp. 90 – 102.

② *See* Taylor L., *What is Data Justice? The Case for Connecting Digital Rights and Freedoms Globally*, Social Science Electronic Publishing (2017), Available at: https://doi.org/10.1177/2053951717736335 (accessed 21 December 2017).

单"的内在规则、监控的成本由谁负担和收益由谁享有等事项应被法律所明确,从而实现对社会公开的目标。

对第三方不可见,是指尽管个人数据以公共安全之名被国家之眼所凝视,但对治理主体以外的第三方应绝对保密,防范个人信息被滥用,确立泄露及不当使用数据行为的法律责任及问责机制,促进对个人自由的保障。"监控就是监控,不管是通过人还是通过计算机,多少都要侵犯个人的隐私和自由。数据库一旦建立就应该严格保护,否则很容易被滥用。"[①]对第三方不可见强调治理主体的数据保管义务和数据安全责任,是判断数据使用有无不公平对待的重要标准。随着平台企业作为参与主体在一定程度上获得对违规违法行为的治理权力,监控职能从政府向企业延伸,政府和企业在信息收集、监控、调查、隐私保护等活动中的界线存在一定交叉甚至模糊之处。参与治理的主体范围不可避免地扩大,对政府的数据安全义务要求同样适用于平台企业,数据使用的可见与不可见要求也是平台企业履行平台责任的重要内容。

(二) 技术使用的事先约定

"技术使用的事先约定"是指政府及企业对大数据技术的应用内容必须与相关群体、潜在用户进行事先约定。技术既是治理的工具,也是治理的对象。"事先约定"以技术为治理对象,要求技术的使用以社会公众看得见的方式实现。类似安装 App 之前的用户同意程序,事先约定技术使用对个体或群体的影响,告知将采集哪些个人数据及如何使用数据,告知用户对被采集的个人数据享有哪些权利及怎样共享数据的利益等事项。"事先约定"是赋予个人对数据使用的同意权及知情权的关键程序,也是欧盟《一般数据保护条例》(GDPR)中的重要原则。该原则体现了阿马蒂亚·森"以自由看待权利"的理念,要求将技术选择的自主权赋予个人,提高个人对自身数据的掌控能力,强化了隐私权保护。在之前发生的"Google 隐私案"中,欧盟法院对"个人数据"的概念和"数据访问权

---

① 参见涂子沛《大数据:正在到来的数据革命,以及它如何改变政府、商业与我们的生活》(3.0 升级版),广西师范大学出版社 2015 年版,第 171 页。

利"做出法律阐述,也确认了"事先约定"原则。① 正义的实质在于询问人们需要什么,而不是人们主张什么权利,"事先约定"为个体享有信息自决的选择自由提供了程序性保障。

事先约定程序以往多见于民商事活动,在犯罪治理领域能否一体适用?实际上,犯罪治理中的数据使用仍需遵循事先约定,不过有别于民商事活动中场景化的用户同意,这种事先约定和用户同意需通过制度层面、整体意义的法律授权实现,通过《网络安全法》、即将出台的《个人信息保护法》《数据安全法》等法律法规将个人同意的权利和约定的事项以立法形式让渡给有关部门,赋予其进行数据采集、使用、保管等方面的法定职责。"制度因素在寻求公正方面具有重要作用。经恰当选择的制度,将与个体及社会行为的决定因素一道,对推动公正具有重大意义。"② 作为正义的实现方式,事先约定程序以法律的精确性弥合了权利和道德主张的模糊性,为减少不公平对待和实现个人自由提供了法治保障。

(三) 反对不公平对待

阿马蒂亚·森认为,"着眼于现实的视角更容易使人明白,消除赤裸裸的不公正比寻找完美的公正更重要"。③ 数字革命到目前为止依然停留在技术层面,因数据使用而产生的不公平对待伴随技术的进步与日俱增,对不公平的认识和应对停滞不前,数据监控和社会公正的关系亟待探讨。④ 有学者对不公平对待的国外现状做出系统观察,指出数据监视最大的负担一直由穷人承担,政府应确保不滥用国家福利基金和其他公共基金;数据执法通常不平等地关注贫民区,因为这里集中了特定类型的犯罪;相对高

---

① See Tracol X., "Back to Basics: The European Court of Justice Further Defined the Concept of Personal Data and the Scope of the Right of Data Subjects to Access it", 31 *Computer Law & Security Review* 112, 2015, pp. 112–119.

② 参见[印]阿马蒂亚·森《正义的理念》,王磊、李航译,中国人民大学出版社2012版,序第5—6页。

③ 参见[印]阿马蒂亚·森《正义的理念》,王磊、李航译,中国人民大学出版社2012年版,引言第17页。

④ See Taylor L., *What is Data Justice? The Case for Connecting Digital Rights and Freedoms Globally*, Social Science Electronic Publishing (2017), Available at: https://doi.org/10.1177/2053951717736335 (accessed 21 December 2017).

收入者,非法移民被监控者采用了更具侵略性的跟踪手段。① 在算法社会,一个貌似好用的系统,便利到只见结果不见过程。囿于算法黑箱的干扰,检测结论准确性的可能性在减少。② 随着算法决策的泛在应用,算法偏见及歧视性执法等不公平对待将愈演愈烈,一旦算法决策等技术应用成为个人生活中根深蒂固的一部分,成为被设定好的前置条件,人们就很难再认清它的本来面目,更难以对其做出实质性的批评。

技术治理面临最大的"灰犀牛"莫过于数据使用的不公平对待,这种不公平对待将威胁个人自由。必须反对不公平对待,反对因种族、身份、遗传、健康状况、经济地位、职业而产生的歧视性执法,警惕公权力以算法之名侵蚀个人权利,防范个体因陷入"数字鸿沟"而无法参与治理的边缘化困境。算法不能替代律法,技术治理不能唯数据主义,反对不公平对待成为数据正义对技术治理的底线性要求。

综上,"可见性—事先约定—反对不公平对待"核心观点是对初创中的数据正义观念与理论的凝练,并搭建出数据正义的分析框架。伴随人文主义的复兴,信息社会的正义观念处于快速发展状态,数据正义的理论内涵将不断丰富,数据正义的分析框架亦将愈发具有理论说服力。

四 数据正义的正当性要求

基于数据正义的价值权衡是一种探寻数据使用的正义缘由的过程,泰勒(Taylor)提出的三个核心观点为数据使用的正当性思考提供了理论依据。"可见性"关注数据开放和隐私保护问题,对治理主体提出可见与不可见的实体性要求;"事先约定"强调技术选择的自主权,以立法授权为技术治理的事先约定途径,从权力制衡角度对治理主体提出程序性规制;"反对不公平对待",根据实体和程序要求对数据使用的不公平现象进行反思。由此,数据正义可锚定技术治理的价值导向。

---

① *See* Taylor L., Broeders D., "In the Name of Development: Power, Profit and the Datafication of the Global South", 4 *Geoforum* 229, 2015, pp. 229 – 237.

② *See* Elizabeth J., *Data Mistakes and Data Justice*, Jotwell (2016), Available at: https://crim.jotwell.com/data – mistakes – and – data – justice/ (accessed 21 December 2017).

（一）超越数据控制的有限扩张

有限扩张要求警惕基于家长主义的过度监控和对数据控制的过度依赖，防范陷入"技术乌托邦"误区。技术治理在范围和方式上有其作用边界，其适合具体情境和特定条件下的微观战术执行，不擅长宏观的犯罪治理战略设计；精于数据分析，但无法替代人与人面对面打交道的工作。仅凭大数据和 AI 无法建构高度透明、完美可控的社会秩序，数据控制仅是犯罪治理的一个基础环节。面对"智慧治理"热潮，必须正视数据控制的有限性，不能陷入体制性防卫过当的误区，试图通过某种智慧建设的社会工程实现犯罪预防的"毕其功于一役"。毕竟，犯罪的减少主要依赖社会发展和城市更新、教育进步、充分就业等诸多因素的共同作用，有限扩张亦是对犯罪治理规律的一种适应。技术治理的有限扩张要求治理主体有义务证明数据监控是为实现特定的正当目的而不得不采取的必要行动。其一，技术治理的有限扩张应具备合理的正当目的、充分的必要性和有效性。其二，从数据使用的外部关系看，有限扩张的有限性要求在整个犯罪治理流程中对数据监控的应用有明确限定，将监控限定于线索识别等适合数据分析发挥作用的领域。其三，从数据使用的内在要求看，有限扩张的有限性要求数据使用行为符合可见性和事先约定原则。

（二）基于结构视角的关系均衡

数据正义要求国家权力与社会权力、政府企业的数据权力与个人数据权利在技术治理中均衡运行，这种关系均衡思想应体现到"政府—企业—个人"三元主体关系的结构优化中。传统的犯罪治理模式依靠党和政府的组织化调控而自上而下的开展，这种治理结构的组织度高、整体性强、一元化特征显著，但社会参与较为有限。如何引入社会力量参与治理是一个长期困扰犯罪治理结构优化的顽疾。随着信息技术对社会结构的重塑，治理权力逐渐从政府外溢至企业和个人，"政府—企业—个人"三元主体的合作与制衡获得改善契机。信息社会在组织特征上表现为在线平台社会，基于在线平台的犯罪治理策略显示出极强的发展潜力，如平台企业对电商、社交、出行、支付等平台内发生的诈骗、赌博、洗钱、侵犯知识产权、传播不良信息等违规违法行为具有日常管控、先行处置及线索移送等治理权力。这种平台治理具有引入市场机制、依靠平台企业、挖掘平台潜力、依循互联网思维的特征，催生出一种政府监管平台企业、平台控制者管理用户的双层治理结构。科技企业凭借技术、平台、数据等优势在技术治理中的作用愈发彰显，并获得了更多的准公共权力。相对政府和平台企业的深度合作，分散的个人被在线平台吸纳为用户，个人借助平台发声、利用平台参与治理。正如在线平台使企业获得参与技术治理的数据权力，普通个体也能从平台治理中获得更多的参与权利。

（三）源自社会共识的法律控制

大数据能够搭建愈发严密的全景式监控，但无力回答人类需要什么样的智能社会及如何制衡数据权力的问题。数据正义理念致力于探求关于数据监控的社会共识的最大公约数，呼唤将其贯彻至《个人信息保护法》等法律中。一方面，立法授权即为事先约定，这是凝聚社会共识、实现权利让渡的程序性要求。个体在相当程度上被数据分析和智能机器所支配，但自由不能靠智能机器赐予。只有在法律授权和事先约定下的被监控、被编码、被计算、被秩序化，个人自由才能获得保障，才能防范数据控制者的超级权限与绝对控制。另一方面，数据监控和算法决策的实体性要求应对社会公众可见，即数据监控的实施部门、范围、对象、方式、期限、地点等事项对社会公示，尤其应将数据监控的技术路线和实施机制予以公开，听取公众意见，接受人大监督。

（四）回归价值理性的技术赋权

正义意味着承认和尊重权利，数据正义呼唤信息技术赋能与赋权的有机统一。技术赋能指向社会安全防卫，技术赋权关涉到保障个人自由免受数据监控的威胁。在信息社会，"社会的主体结构从分层转向结网，集中在政府的权力开始分散，权力的最终流向是社会、是大众，是一个个独立的公民个体"。[①] 网络赋予个人前所未有的知情、表达、参与、监督公共事

[①] 参见涂子沛《大数据：正在到来的数据革命，以及它如何改变政府、商业与我们的生活》（3.0升级版），广西师范大学出版社2015年版，第313页。

务的途径,技术赋权意味着个人以拥有数据权利的方式分享大数据社会福祉。数据权利相对于政府企业的数据权力而言,是个人对自身数据享有的利益,也是数据正义在个体层面的实现方式。

五 技术治理趋向数据正义的实现路径

"有限扩张—关系均衡—法律控制—技术赋权"正当性要求为技术治理转型发展提出"超越数据控制"的新方向。重视技术赋能、迈向数据控制属于技术治理的1.0阶段,走向赋能与赋权均衡发展、超越数据控制则系技术治理2.0阶段的主要标志。因此,技术治理的价值诉求绝非简单倒向安全与自由的某一边,而是在技术治理从1.0到2.0的迭代发展中以赋能与赋权的均衡发展促进数据正义。具体来说,趋向数据正义的实现路径包括四方面内容。

(一)以数据权利厘定数据监控的法律边界

数据正义要求技术治理坚持人本导向和回归权利本位,以技术赋权超越数据控制,根据数据权利为数据控制者标定义务,以数据权利与数据控制者义务共同厘定数据监控的边界。"个人数据权利是保护自然人对其个人数据被他人收集、存储、转让和使用过程中自主决定的利益。"[①] 作为监控的法律制衡因素,数据权利不是单纯的私法问题,还具有浓郁的公法属性,指向数据主体因自身数据被数据控制者在社会治理中采集和使用而应享有的权益。面对个人数据汇聚于数据巨机器的社会景观,数据权利面临数据监控的严重威胁。在法律上界定与明晰个人对自身数据的所有权、知情权、同意权、访问权、更正权、可携带权、被遗忘权及隐私保护等权利,构成了制衡数据监控的法治选项。

(二)以算法治理打开预测性执法的技术黑箱

基于算法决策的预测性执法在犯罪治理中发挥愈发重要的作用。数

---

① 程啸:《论大数据时代的个人数据权利》,《中国社会科学》2018年第3期。

监控是数据巨机器的输入端,算法决策属于中间环节,预测性执法则为数据巨机器的输出端。鉴于算法决策在识别高危人员、再犯风险评估等领域广泛应用,算法被视为一种社会权力。算法权力的运行存在如下问题:其一,算法决策的透明度有限,预测性执法时常从算法黑箱中输出结果,某些多层神经网络系统的复杂性甚至连它的设计者也无从理解。其二,算法决策的准确性屡遭质疑,训练数据因随机性不足、歧视偏见等原因而存在误差,导致算法偏见长久存在。其三,预测性执法将法律问题简化为基于评分规则的数学问题,引发系统性歧视、隐私弱化及违反正当程序等负效应。概率分析扭曲了人们对何谓公正惩罚的认知,刑法的规范价值被忽视。① 其四,算法决策的有限性,算法仅能对硬数据进行冷识别,而无法对软数据进行热识别。"尽管数据是对'事实'的记录,但'事实'中蕴含的社会实在不可能简单地被还原为数据。"② 为防范算法权力滥用,算法治理成为数据正义的内在要求。对预测性执法的算法治理应遵循法律之道,以律法监督算法,围绕自动化决策的可见性和事先约定的法律实现,关注算法决策的可解释性,增强算法的透明度,明确算法设计者、使用者的法律责任,发现和消除算法中隐含的结构性偏见,警惕歧视性执法对个人权利的威胁。

(三) 对权力外溢至平台企业的均衡治理

科技企业的技术、数据和商业监控渠道是犯罪治理的重要资源,其所创设的在线平台系统对犯罪治理创新影响深远。社交、网购、搜索、出行等各类平台连接、整合、重塑了世界,社会结构的网络化与社会治理的平台化催生出治理主体间的新型合作关系,犯罪治理的权力从国家外溢至社会、流向平台企业,企业在履行平台责任时获得裁定违规、监测及上报违法、先行认定和处罚等准公共权力。引导平台系统服务犯罪治理,促进国

---

① See Bernard E. H., *Against Prediction: Profiling, Policing, and Punishing in an Actuarial Age*, Public Law and Legal Theory Working Paper (2007), Available at: https://chicagounbound.uchicago.edu/cgi/viewcontent.cgi?article=1021&context=public_law_and_legal_theory (accessed 21 December 2017).

② 段伟文:《数据智能的算法权力及其边界校勘》,《探索与争鸣》2018 年第 10 期。

家权力与社会权力在平台治理中均衡运行,成为数据正义的内在要求。

(四) 以数据开放打通公众参与的数据接口

在新的技术环境下,技术治理的正当性不单取决于治理绩效,更应根植于民众的有效参与和真心拥护。数据正义要求技术治理坚持用户视角和人本导向,及时回应社会公众的安全需求,将数据取之于民、用之于民,实现大数据福祉的社会共享。民众不是被监控的对象,而是监控保护对象与治理参与主体。在实践中,囿于普通个体既不掌握数据也不了解技术,公众参与技术治理的门槛变得越来越高。个体还能对犯罪的技术治理进行有效参与、表达及监督吗?基于数据正义的技术赋权要求,应重视互联网对个人的赋权机能,以技术赋权消弭管理者与民众之间的数字鸿沟,以数据开放为公众提供参与治理的数据接口。

(作者为南京大学法学院教授、博士生导师。本文原载《法制与社会发展》2020年第5期,收入本书时略有修改。)

美加引渡制度探析：以孟晚舟案为例

冀 莹

近年来，孟晚舟案在世界范围内引起普遍关注。当地时间2018年12月1日，加拿大应美国当局要求，在温哥华逮捕了华为首席财务官孟晚舟。2019年1月28日，美国正式请求引渡孟晚舟，并以23项罪名起诉华为公司。① 2020年5月27日上午10点，加拿大英属哥伦比亚省高等法院公布了孟晚舟引渡案的判决书，认为华为首席财务官孟晚舟的行为符合"双重犯罪性"标准，引渡案将继续进行审理。② 孟晚舟案以中美之间的贸易纠纷为背景，以华为公司和其首席财务官孟晚舟在美国涉嫌的经济犯罪为起因，以美国向加拿大请求引渡孟晚舟为导火线，牵涉复杂的法律、政治和国际关系问题，但法律问题的解决是孟晚舟案的基础与内核，是分析中美关系发展以及技术竞争变迁的前提。

本文以《美加引渡条约》和加拿大1999年新《引渡法》为依据，第一部分对孟晚舟在加国将会经历的引渡程序进行分析。加拿大对引渡程序的规定十分详尽，在现有的制度框架下，司法与行政系统都发挥了重要作用，其中影响引渡是否成功的重要因素包括美方对引渡请求的准备、法院对证据的认定，以及加方司法部长对外交关系的考量等。在目前情境下，本案是存在加拿大拒绝美国引渡请求的空间的。孟晚舟一方应继续在听证

---

① Department of Justice, "Chinese Telecommunications Conglomerate Huawei and Huawei CFO Wanzhou Meng Charged With FinancialFraud", https：//www.justice.gov/opa/pr/chinese - telecommunications - conglomerate - huawei - and - huawei - cfo - wanzhou - meng - charged - financial.

② Clare Duffy, "The case to extradite Huawei CFO Meng Wanzhou from Canada to the United States can continue, judge rules", https：//edition.cnn.com/2020/05/27/tech/huawei - meng - wanzhou - extradition/index.html.

会上对证据进行充分准备,同时以美国的引渡请求和美国将来可能的定罪量刑上存在政治干扰等作为抗辩,保障自身的合法权利。

一 美加引渡程序简介

(一) 美加引渡制度的历史发展

"引渡是一种将逃犯交给犯罪发生地国家进行审判或者服刑的正式法律程序。"[1] 在现代国际关系中,引渡是两国之间司法合作的重要方式,一般是当事国双方订立双边或多边条约,或通过互惠的方式,将犯罪人移交给另一方。引渡制度的设置是在多元价值观下的平衡,包括对国内犯罪、跨国犯罪、国际犯罪等犯罪控制合作机制的强化,对自身司法主权的维护,以及对犯罪嫌疑人个人权利的保护等。加拿大与美国都是奉行引渡"条约前置主义"的国家,与他国开展引渡合作一般应以存在双边条约为依据。[2] 加拿大与美国之间签订引渡条约至今已经有两百年的历史,因为两国相互毗邻这种特殊的地理环境因素,随着愈加便捷的跨国交通的发展,两国更是向着促进引渡制度更加灵活化、便捷化的方向发展。

美加之间的引渡制度可追溯到1794年英国和美国签订的《杰依条约》(Jay Treaty)。[3]《杰依条约》是英美两国关于经商、航海和友好关系签订的条约,当时加拿大仍是英国的殖民地,该条约的第三部分关涉到美国与加拿大边境之间的交通和贸易关系,规定了在北美地区两国印第安人在边境的"自由通行权利"。《杰依条约》的XXVII部分是对双边引渡事宜的专门规定,但是在该条约中可被引渡的罪名仅包括谋杀罪以及伪造罪。[4] 之所以将伪造罪也列为可被引渡的犯罪,是因为当时在英国、加拿大等地区对美元的伪造,潜在地影响到美国经济的稳定发展。

《杰依条约》在1807年被废除。1806年《门罗—品克尼条约》(Mon-

---

[1] 王世洲:《现代国际刑法学原理》,中国人民公安大学出版社2009年版,第172页。
[2] *Extradition Act*, S. C. 1999, c. 18.
[3] *See* Office of the Historian: *John Jay's Treaty 1794 – 1795*, https://history.state.gov/milestones/1784 – 1800/jay – treaty.
[4] *Jay's Treaty – 1794*: *Treaty of Amity, Commerce and Navigation*, http://caid.ca/Jay1794.pdf.

roe-Pinkney Treaty)本是对《杰依条约》的修正,但是因为当时总统杰斐逊的否决一直未生效。① 1842年签署生效的《韦伯斯特—阿什伯顿条约》(Ashburton-Webster Treaty)在《杰依条约》的基础上,将加拿大地区(当时仍属英国殖民地)与美国之间可引渡的犯罪范围扩张到包括"谋杀、带有故意杀人意图的伤害、海盗、放火、抢劫、伪造罪等"。② 除此之外,该条约还进一步为引渡程序规范了行为标准。1842年之后,在1889年、1900年、1908年、1922年、1925年和1951年,英国与美国也就加拿大与美国的边境问题签订了数个条约,陆续将可被引渡的犯罪数量增加到17个。③

美国与加拿大两国正式的引渡条约首次生效于1976年,该条约在1971年签订,1974年修正,并在1976年批准生效,至此美加之间的引渡制度框架逐渐成形。《美加引渡条约》的前言部分写明了签订该条约的目的,在于进一步促进加拿大与美国在打击国际犯罪问题上的国际合作,推动加拿大与美国的双边引渡条约不断现代化。④《美加引渡条约》不仅将可被引渡的罪名增加到了30个,还将"未遂以及共谋"可被引渡的犯罪也列入可被引渡的犯罪之中。之后的修正案则更进一步规定引渡不需再局限于特定的犯罪,而是替代以"严重性"要件,即根据两国的刑法,判处刑罚在一年以上即可予以引渡。通过刑罚的严重性来取代罪名的方式促进了美加两国之间引渡制度的发展。

由此可见,在主体上,从最开始作为英国的殖民地,通过英国与美国之间签订的双边条约处理跨境的嫌犯或罪犯的移交事宜,到加拿大自己作为独立的英联邦国家与美国签署双边引渡条约;在内容上,从数量有限的可引渡罪名到一年以上刑罚即可引渡,加拿大与美国之间可引渡的罪名也是愈加广泛。加拿大与美国因为特殊的地理环境关系,两国之间二百多年以来引渡关系的发展为加拿大与其他国家引渡条约的签订提供了经验

---

① Donald R. Hickey, *The Monroe-Pinkney Treaty of* 1806: *A Reappraisal* (1987), 44 THE WILLIAM AND MARY QUARTERLY 65, 65 – 88 (1960).

② See Gerald Hallowell, THE OXFORD COMPANION TO CANADIAN HISTORY (2004).

③ *United States Treaties and International Agreements*: 1776 – 1949, https://www.loc.gov/law/help/us – treaties/bevans.php.

④ *Extradition Act*, S. C. 1999, c. 18.

基础。

除了《美加引渡条约》，美加两国之间的引渡同时也要遵守加拿大本国引渡法的规定。《美加引渡条约》仅就引渡规定了一些概括性条款，具体还应被请求国通过国内法的规定进行解释。① 在加拿大国内，旧引渡法是以英国《1870 年引渡法》为模型建立起来的，旧引渡法公布施行于 1877 年。② 加拿大政府认为过去的引渡法已经陈旧，尤其阻碍了加拿大与民法法系国家之间的引渡发展，就于 1999 年通过了新的引渡法。③ 新《引渡法》扩大了作为引渡前置条件的"条约"的范围，允许根据外交部与请求国就个案达成的"特定协议"开展引渡合作。④ 同时更是放宽了引渡听证会中的证据规则以促进加拿大将来与他国外交关系上的礼让互惠。在新引渡法通过以后，当时的加拿大司法部长安·麦克劳兰（Anne McLellan）提出"加拿大并不是包庇犯罪分子的天堂"。⑤ 据加拿大司法部的数据显示，从 2008 年到 2018 年，加拿大在收到引渡请求后，将 755 人逮捕，其中 681 人最终被成功引渡回请求国。⑥

（二）美加引渡程序

根据加拿大《引渡法》和《美加引渡条约》第 11 条的规定，加拿大司法部是引渡事务的主管机关，外国为引渡目的而做出的逮捕或临时逮捕的请求应向加拿大司法部长提出。司法部长通常会授权给司法部中的国际援助小组（International Assistance Group），代表其执行大部分职务。加方司法部长在收到美国的临时逮捕申请后，会授权总检察长向英属哥伦比亚

---

① *Murphy v. United States*, 369 U. S. 402（1962）.
② 加拿大曾为英国的殖民地，因此加拿大的引渡经验基本都建立在英国与美国之间引渡的基础之上。The Anne Warner La Forest, "Balance Between Liberty and Comity in the Evidentiary Requirements Applicable to Extradition Proceedings", 28 *QUEEN'S L. J.* 97（2002）.
③ 加拿大 1999 年《引渡法》最开始是 1998 年的 5 月的 C - 40 法案，1998 年 10 月经过了二次审议，1998 年 12 月被众议院通过时并没有引起热议，但在参议院通过时却进行了多次听证。并最终于 1999 年 6 月 17 日获得皇室的同意。
④ 张磊：《从高山案看中国境外追逃的法律问题》，《吉林大学社会科学学报》2014 年第 1 期。
⑤ *Canada won't be haven for criminals*, *Justice Minister says*, https://www.theglobeandmail.com/news/national/canada-wont-be-haven-for-criminals-justice-minister-says/article25432304/.
⑥ *Canada's high extradition rate spurs calls for reform*, https://www.cbc.ca/news/politics/extradition-arrest-canada-diab-1.4683289.

省高等法院法官申请临时逮捕。法官如果认为：（1）有必要为了公共利益逮捕该人，如预防其逃跑或再次实施犯罪行为；（2）该人是加拿大的常住居民、目前身处加拿大或正在前往加拿大境内；且（3）已存在（请求国的）逮捕令或该人已被（请求国）定罪①，便认为已具备足够证据，签发逮捕令，逮捕犯罪嫌疑人。

根据《美加引渡条约》第 11 条第 3 款的规定，在被请求引渡人被逮捕之后，请求国必须在 60 日之内正式提出引渡请求，否则被请求引渡人将被释放。在此之后，完整的引渡程序主要包括"签发受理申请书—举行引渡听证会—签发拘捕令—签发移交令"等步骤，后续还包括可能的上诉以及司法审查程序。

具体说来，首先，加拿大的司法部会对美国提出的引渡请求进行审查，并在收到正式引渡申请的 30 天内签发受理申请书（Authority to proceed，ATP，又称"继续进行权"），授权总检察长代表请求国申请法院签发拘押令（committal order）。②《引渡法》规定由司法部长（但现实中一般是国际援助小组的顾问）负责审核美方的引渡请求以及材料，同时确定在加拿大刑事司法体系中是否存在相对应的罪名。受理申请书在引渡中意义重大，申请书中所列的内容包括了司法部长决定的核心内容、对于法律的适用以及证据的选择，而这些对引渡程序来说都是具有基础性和关键性意义的。③ 当然，如果法官接到司法部长关于不签发"审理授权书"的通知，则应立即释放被临时逮捕者。

其次，法官在接到司法部长签发的"审理授权书"后，即开始进行引渡听审，以判断在引渡法的框架内，是否存在足够的证据引渡该犯罪嫌疑人，是否应签发拘押令。听证会中采取的证据规则与正常的审判程序不同，与《加拿大刑法典》第 XVIII 部分所规定的预审标准类似，按照《加拿

---

① *Extradition Act*，S. C. 1999，c. 18.

② 在 2006 年 12 月之前，加拿大联邦检察职能由隶属于司法部的联邦检察处行使，该处向司法部长（兼总检察长）负责。但在 2006 年之后，经历了时任总理哈珀的改革，在充分借鉴英国、澳大利亚、新西兰和魁北克等加拿大自治省的经验基础上，颁布了《检察长法》，建立了独立于司法部的联邦检察院。联邦检察院由检察长领导。检察机关不再是司法部的内设机构，但双方仍然保持合作关系。

③ *USA. v. Drysdale*，[2000] O. J. No. 214.（Ont. S. C.）.

大刑法典》第 XVIII 部分第 548 条的规定，只要预审法官认为"存在足够的标准让被告接受审判"即可。1976 年的 *USA. v. Sheppard* 一案作为先例，其所确认的 Sheppard test 为后续的预审程序确立了标准。Sheppard 案要求预审法官对证据进行"初步审查"，在 Sheppard 案以后，联邦最高法院在预审和引渡案中都反复沿用了该标准。① 在引渡案件中，毕竟请求引渡国的目的是想通过引渡程序，在自己境内进行管辖和审判；并且，很多情况下因为证据和证人的原因，在被请求国组织庭审在现实中也是不可行的，因此采取与预审程序类似的证据标准。加拿大联邦最高法院前大法官热拉尔·拉福雷斯（Gérard La Forest）也曾提出："引渡听证的目的在于保护个人被引渡到国外，除非有初步证据证明其确实构成犯罪"。② 并且，在采取预审标准的同时，加拿大新《引渡法》还承认"案件记录"（Record of case）的证据效力，并不要求证据在实质上到位，请求方提供相关记录并证实证据已搜集完毕可供审判所用即可。因此，引渡法官在引渡听证中对证据的审查标准是相对宽松的，只要案件表面看上去证据是可靠的，达到"合理确信被告有刑事责任"（又被称为"相当理由"），完全不需要"排除一切合理怀疑"，就认为符合引渡条件，准予引渡并签发拘押令。

　　法官在签发拘押令的同时，不仅应将拘押令、听证会中获取的证据，以及"其所认为任何合适的报告"等信息送交给加拿大司法部，还应告知被请求引渡人在 30 天内不会被引渡，并且被请求引渡人有权就该拘押令提出上诉。③ 同时，"针对主管法官因不同意引渡而签发释放被请求引渡人的命令或者停止有关程序的命令，引渡请求方也可以通过加拿大总检察长向省的上诉法院提出上诉。"④ 被请求引渡人和总检察长针对法律和事实问题，均可以上诉。上诉由省上诉法院按照听证会的程序进行，上诉法院的法官如果认为：（1）拘押令并不合理或缺乏证据支持；（2）适用法律错误；或（3）存在审判不公的情况，则会选择将该人释放、要求重新召开引渡听证会、或修改原拘押令中的某些决定（主要适用于存在多重犯罪的

---

① *United States of America v. Shephard*，[1977] 2 S. C. R. 1067.
② *Canada v. Schmidt*，[1987] 1 S. C. R. 500.
③ *Extradition Act*，S. C. 1999，c. 18.
④ 黄风：《加拿大引渡制度简介》，《中国司法》2006 年第 8 期。

情况下)。① 上诉法院裁定之后，还可再上诉至最高法院。

再次，司法部长在收到引渡法官同意引渡的报告后，将进一步对美国的引渡请求进行行政审查，决定是否签发移交令，同意或拒绝交出该犯罪人。根据《引渡法》第44、第46和第47条规定，如果司法部长认为：(1) 因过去的无罪或有罪判决此人应依照加拿大法律被无罪释放；(2) 请求国做出的有罪判决属于缺席审判；(3) 该人在实施犯罪时未年满18周岁；(4) 加拿大按照本国法将对被请求引渡人实施管辖；(5) 被指控的犯罪属于军事犯罪；(6) 被指控的犯罪属于政治犯或具有相似性质的犯罪②等多种原因，可以拒绝移交。司法部长的最后决定应在90天内做出，并必须说明被引渡人的犯罪行为、请求国认定其所犯的具体罪名，以及加国认定的罪名等。③ 不过尽管司法部长拥有自由裁量权，仍要受到加拿大《引渡法》、《美加引渡条约》和《加拿大权利和自由宪章》的约束。在移交执行之前的任何时间，司法部长都有权修改移交令。可如果司法部长最后拒绝引渡该犯罪嫌疑人，那么该被请求引渡人就必须被无条件释放。

不过，对于司法部长的决定，被引渡人在30天内还可向省上诉法院申请司法审查。加拿大宪章在引渡过程享有最高地位，双边引渡条约的签订、引渡听证会的进行以及引渡令的签订都应符合宪章规定。根据《加拿大权利和自由宪章》第24部分的规定，任何人如果权利或自由受到损害都可以向有管辖权的法院提出申请，并获得法院认为合适且公正的判决。上诉法院进行司法审查的目的主要在于确认三点：(1) 司法部长是否侵犯了被引渡人的宪法性权利；(2) 司法部长是否侵犯了被引渡人的程序性权利；(3) 司法部长的决定是否是明显不合理的。④ 如果通过了司法审查，最后的移交将会在两国约定的地点进行。可如果司法部长在法定的期限内未签发移交令，或该人在移交令签发后的45天内未被移交，或在上诉或司法审查最终结果做出的45天内未被移交，被请求引渡人将会被该省最

---

① *Extradition Act*, S. C. 1999, c. 18.
② *Extradition Act*, S. C. 1999, c. 18.
③ *Extradition Act*, S. C. 1999, c. 18.
④ *Extradition Act*, S. C. 1999, c. 18.

高法院法官予以释放。

从以上的程序性规定可以看出，加拿大《引渡法》对引渡请求的处理主要体现出以下基本特征。

第一，加拿大的引渡程序体现出对"保护被引渡人权利"和"促进加拿大与他国友好互惠关系"之间的平衡。热拉尔·拉福雷斯（Gérard La Forest）曾明确指出引渡制度体现出的是自由（liberty）与礼让（comity）的平衡。① 一方面在《引渡法》以及《美加引渡条约》中，加拿大如其他国家一样，确认了双重犯罪性原则、政治犯不引渡原则、罪行特定原则、超出诉讼时效不引渡原则等，保障被引渡人的基本权利。还通过对法院拘押令的上诉和对司法部长移交令的司法审查程序等司法救济程序，确保引渡程序符合宪章对正当程序的基本要求。一方面在新引渡法中积极履行加拿大的国际义务，如简化引渡听证会中证据充分性的审查标准，认可"案件记录"的可采信性；强化司法部长的权力，司法部长不仅决定是否启动引渡程序，还最终决定是否引渡该被引渡人，目的都在于使得引渡的进行更加便捷、维护加拿大与他国之间的礼让关系，体现了加拿大对通过增进国际合作打击严重犯罪的决心。

第二，引渡结果受到司法和行政机关的双重影响，体现出司法与行政机关的配合和协作。"政治性和司法性是现代引渡制度的两大属性，引渡制度中的一切问题，归根结底是由如何看待两者的关系决定的"。② 在加拿大《引渡法》规定的制度框架下，司法和行政机关都在引渡中发挥了重要作用。行政机关的作用在于对加拿大与他国之间的国际关系进行评估、对是否引渡做出最后决策，如司法部长负责签发授权申请书、签发移交令等。法官与司法部长之间的职责并不相互重复，司法部长更多的是对其中政策因素的考量。③ 而被请求引渡人所在的省高级法院法官主要负责举行引渡听证会，省上诉法院负责上诉案件的审理和司法审查。法院是从司法

---

① See Anne Warner La Forest, "The Balance Between Liberty and Comity in the Evidentiary Requirements Applicable to Extradition Proceedings", 28 QUEEN'S L. J. 95 (2002).
② 黄炎：《中国与加拿大跨境追逃法律机制研究》，《大连海事大学学报》（社会科学版）2016年第5期；转引自贾宇《国际刑法学》，中国政法大学出版社2004年版，第408页。
③ United States v. Burns [2001] 1 S. C. R. 283, 2001 SCC 7.

的角度判断该人是否构成加拿大刑法典中的罪名、证据是否达到了起诉标准、引渡该人是否符合双边条约和加拿大引渡法的规定。正因为存在司法保护，引渡程序才能符合加拿大宪法对人权保护的需要。

第三，加拿大的引渡制度同时也体现出自身的特性。加拿大的引渡制度是以英国的引渡法律体系为基础建立起来的，与加拿大的其他国内法类似，引渡程序中类似预审程序的听证会以及司法审查制度，都具有普通法系的基本特征。但是在听证会采取的证据规则上，新《引渡法》所采取的案件记录标准是对证据可采性的宽松处理，案件记录制度允许在引渡听证会上适用传闻证据和未被宣誓的证据[1]，凸显出加拿大的独创性，这样即使民法法系国家以及国际刑事法院在证据的递送上与加拿大本国刑事司法程序不同，也不再会影响引渡的成功。

二 孟晚舟案的影响因素分析

在对孟晚舟的引渡过程中，美方在引渡听证会中所提供的证据会对案件起到直接作用。美方司法部以23项罪名起诉华为公司和其首席财务官孟晚舟，罪名的选择以及证据的准备必然会影响法官的审查结果。其次，孟晚舟目前所在的英属哥伦比亚省高等法院也会对引渡的最后结果起到较大作用，法院将认定银行欺诈等罪名是否构成。最后，加方司法部长对引渡结果的影响也很大，从是否接受引渡到最后移交令的签发，司法部长会对政治与法律等因素进行综合的权衡。

（一）美方的证据准备

根据《美加引渡条约》第9条的规定，美方提供的引渡申请应当包括被请求引渡人的姓名、案情陈述、适用的法律、罪名、可能判处的刑罚以及关于法律程序局限性的陈述。如果该被请求引渡人未被审判，材料还需包括美方签发的逮捕令以及相关证据等。"引渡请求国提出请求中的建议

---

[1] Anne Warner La Forest, "The Balance between Liberty and Comity in the Evidentiary Requirements Applicable to Extradition Proceedings", 28 *QUEEN'S L. J.* 95–176 (2002).

应保证足够的准确性。"① 根据现在的情况看，美方对孟晚舟本人的指控主要是孟对美国银行的欺诈行为，并且美方声称其行为已经长达 10 年。另外，美方还指控华为和其下属公司涉嫌盗窃商业机密、违反美国对伊朗制裁以及妨害司法等行为。美方提交的引渡申请启动了正式的引渡程序，明确了孟晚舟以及华为公司在美国可能实施的犯罪行为和法律适用情况，为加方司法部的审查和法院的引渡听证会奠定了基础。

但是，虽然《美加引渡条约》和加拿大的《引渡法》都要求美方提供的证据应当充足，在引渡听证会采取的证据标准问题上，加拿大继续坚持"表面证据"标准。尤其是现行引渡法允许采用"案件记录"作为证据：加拿大《引渡法》第 32 条和第 33 条规定，如果请求方提供的文件总结了其将来用以起诉的相关证据，并且有请求方的司法系统人员证明案件记录中的证据已经具备，且证据均按照请求方的法律规定被合法获取足以证明将来的起诉，就可以突破加拿大刑事法律对证据的基本要求，具有了可采性。并且，加拿大联邦最高法院并不认为案件记录标准是违宪的，而是在 Ferras 案中肯定了该标准的可靠性。② 在该案中，上诉人向联邦最高法院上诉，认为法官允许美国提供案件记录作为引渡请求的材料，违反了加拿大宪章的规定，但是联邦最高法院认为法官所拒绝的应当是尚未为审判准备好的、或明显不可采信的证据，允许案件记录的适用并不违反宪章规定。

因此在孟晚舟一案中，美方的引渡请求虽然关键，但证据只要求在形式上实现充足即可，在实质上是否充分对最后的引渡结果影响并不是很大。并且，美方针对孟晚舟提出了数项引渡请求，只要其中有一项符合引渡标准，孟晚舟就将被引渡成功。

（二）法庭的考量因素

孟晚舟所在的英属哥伦比亚省高等法院和上诉法院在本案中的作用也不容小觑。首先，英属哥伦比亚省高等法院正在举行引渡听证会，目的在于根据美方提供的证据，判断孟晚舟被指控的行为在加拿大的法律体系中，是否

---

① *Gervasoni v. Canada*,（1996），72 B. C. A. C. 141（CA）.

② *United States of America v. Ferras*; *United States of America v. Latty*,［2006］2 S. C. R. 77, 2006 SCC 33.

应当被审判。引渡听证会中对证据是否充足的判断基本是按照加拿大刑法中预审程序的标准来认定的，同时也结合了引渡的特征，如较大程度放宽了对证据的认定，承认案件记录的可采性，目的在于维护国家之间的信任关系，以促进有效的刑事司法合作，目前的引渡构成对孟晚舟并不十分有利。

其次，对于高等法院听证会后签发的拘押令，孟晚舟可以提起上诉；对于司法部长最后审核后作出的移交令，省上诉法院还可以进行司法审查。无论是上诉审查还是司法审查都由英属哥伦比亚省上诉法院管辖。在引渡中，司法部长与法院法官各司其职，互相并不受约束，只是他们的决定会受到上诉法院的审核。[①] 上诉审查是对高等法院认定事实或适用法律问题进行重新审理，判断拘押令的作出是否是"不合理的或不能被证据所支持"。[②] 而实际上，只有原法官的决定造成了"严重的错误或司法不公"，上诉才能成功。上诉法院对司法部长的司法审查时，一般只有在"从根本上冲击了加拿大人的良知"时，才会直接宣布司法部长的决定不合法、或要求司法部长修改其决定。[③] "引渡程序是建立在互惠、礼让和尊重其他管辖区具有不同的观念这个基础之上的，目的在于促进刑事司法更多的国际合作和强化国内法的实施。"[④] 因此对上诉和司法审查的审核都是非常谨慎的，法官的作用相对有限。如在 Diab 案中，渥太华大学社会学教授哈桑·迪亚布（Hassan Diab）被法国警方怀疑参加了 1980 年针对法国犹太教堂的恐怖袭击事件，法国于 2011 年向加拿大提出了引渡请求。尽管加方法官认为证据存疑，且迪亚布将来有可能受到不公正的待遇，但仍同意将其引渡。安大略省上诉法院驳回其上诉，联邦最高法院也拒绝审理该案，导致迪亚布于 2014 年被引渡回法国。尽管哈桑·迪亚布于 2018 年 1 月最终被法国法院认定无罪，并返回加拿大。[⑤]

（三）加方司法部的考量因素

在引渡听证会可能会出现不利的情况下，加拿大司法部的作用将至关重

[①] *United States of America v. Earles*，[2003] B. C. J. No. 46，171C. C. C (3d) 116 (B. C. C. A).
[②] *Extradition Act*，S. C. 1999，c. 18.
[③] *Doyle Fowler v. Canada*，[2013] Q. J. No. 5929. *Hanson v. Canada*，[2015] B. C. J. No. 268.
[④] 王世洲主编：《现代国际刑法学原理》，中国人民公安大学出版社 2009 年版，第 172 页。
[⑤] Jim Bronskill, *Court's Refusal to hear appeal brings Diab Closer to Extradion to France*，https：//www.theglobeandmail.com/news/national/hassan-diab-appeal/article21570146/.

要,其考量因素对案件结果具有关键性影响。司法部长的作用主要体现在对审理授权书和最后移交令的签发上。司法部长签发审理授权书是加方作为被请求方正式引渡审查机制的开始,起到了承上启下的作用,法官也必须在存在司法部长签发授权申请书后,才可以召开引渡听证会。目前,加拿大司法部长早已签发了审理授权书,因此在本案中,加方司法部长的关键作用是在引渡听证会后,最后决定是否引渡。与法院不同,司法部长在最后决定是否移交被请求引渡人时,会在事实基础上进行综合评判,尤其会格外重视政治因素的影响。如1989年的 *United States v Cotroni* 案提出了12个因素,其中包括犯罪行为的社会影响、哪一方警察在案件中作用更大、哪一方管辖已经提出指控、证据最多、证据所在地、被请求引渡人的国际和住所地等。但是司法部长有权决定哪一因素在本案中更为重要。① "引渡这一过程中存在着说不清的政治与外交因素,远远不是单纯一个人是否应予以引渡的司法问题。"② 引渡法专家及律师加里·博廷（Gary Botting）也指出,随着1999年引渡法的通过,在引渡中行政权与司法权相比更具有优势,体现出加拿大对国际合作与礼让的关注比保护人权更为重要。③

不过目前国人最关心的也许是孟晚舟能否会被美国引渡成功,孟晚舟一方应采取怎样的辩护策略才是有效的？中国又应如何应对？在"一带一路"背景下,中国企业在海外投资的数量增多、领域也更加多元化,如果再出现类似的案件,如何保障中国国民和企业的合法权益同样是当务之急。结合本文第二部分对加拿大向美国引渡过程中的影响因素分析,本文第三部分将对孟晚舟一方的辩护策略进行进一步研究,同时针对中国的应对提出建议。

三 中方的抗辩策略和应对

（一）孟晚舟一方的抗辩策略

虽然在2020年5月的听证会中,法官已经认定本案满足了双重犯罪

---

① *United States v. Cotroni*,［1989］1 S. C. R. 1469.
② *Ganis v. Canada*（*Minister of Justice*）,（2006）233 B. A. C. 243（CA）.
③ *See* Gary Botting, CANADIAN EXTRADITION LAW PRACTICE（2011）.

性原则的基本要求,孟晚舟一方还可以从其他方面进行突破。只是相对不利的是,2021年7月,法庭驳回了孟晚舟团队的申请,拒绝引入有利于孟晚舟的新证据,该证据证明了汇丰银行之前明确知晓华为与伊朗的非直接业务往来,本将对案件结果起到关键影响,法庭对新证据的排斥导致孟晚舟被引渡的可能性进一步增大。在现阶段,除了在听证会上继续与美方分庭抗争,孟晚舟还应从拒绝引渡的理由中寻找突破口。

在司法部长做出最后决定之前,会收到孟晚舟及其律师提交的意见书。加拿大现行《引渡法》的第44、45、46和47条规定了司法部长可以拒绝引渡的原因。《美加引渡条约》第4—6条也规定了比如超过诉讼时效、案件具有政治性质、实施犯罪时不满十八周岁以及死刑犯不引渡等理由。其中,第4条规定如果该人涉嫌的为政治犯罪,或引渡请求目的在于判处相似的罪名,司法部长可以拒绝引渡。孟晚舟事件是以中美之间的技术竞争为背景发生的,中美早就进入了经济与技术的全面竞争阶段,虽然孟晚舟事件是一个法律问题,并且美国声称其与中美贸易摩擦并不相关,但若能证明美方目的在于打压中国特定的公司,存在动用行政资源来影响司法办案的倾向,背后存在强烈的政治动机,按照加拿大《引渡法》第44条和《美加引渡条约》第4条的规定,是可能构成拒绝引渡的理由的。引渡的基础在于假定请求国的行为是善意的,并且逃亡者在请求国将会获得公平审判。所以即使"引渡的主要目的是让加拿大履行其国际义务,是一种行政性行为"①,但是被引渡的个人的自由应受到保护。如果美国单纯是将政治问题法律化,加拿大应为孟晚舟提供保护,以防止孟晚舟遭受来自美国的司法不公。个人在国际法中并不存在独立的法律地位,并且在多数情况下,公民个人并不具备独立于国家的外在的权利保护机制。因此一定意义上讲,引渡程序实际是保护被引渡人的最后一道屏障。

(二) 中国的应对措施

对于中国而言,中国政府应积极与美国和加拿大进行外交斡旋,并对加拿大政府施压,促使美国司法部做出撤销起诉决定,推动加方司法部做

---

① *United States of America v. Davis* [1999] B. C. J No. 209, 132 C. C. C. [3d] 442 (B. C. S. C)。

出拒绝引渡决定。中国外交部就孟晚舟事件已多次做出回应，不仅向美方表示强烈不满和坚决反对，同时敦促加方认真对待中方严正立场，立即释放孟晚舟并切实保障她的合法、正当权益。① 这是中国政府应采取的正确态度。在国际法上，所有主权国家都是平等的，彼此之间没有管辖权，《美加引渡条约》只是美国与加拿大之间的双边条约，加拿大在引渡过程中所遵循的也是本国的国内法，虽然孟晚舟是中国公民，但其被逮捕是在加拿大境内，中国较难干涉，只能通过外交途径和政治手段，敦促加拿大尽快释放孟晚舟。

但是，一国的国内法，并不会对另一国政府产生法律约束力。任何主权国家都没有义务接受其所不认可的法律规则和相关司法机构的管辖权。《美加引渡条约》、加拿大的《引渡法》和美国的法律对中国并没有拘束力。在保护中国国民利益的基础上，中国可以选择是"出于礼让和互惠"，承认、接受加拿大及美国之间的条约和国内法，并及时向孟晚舟提供领事保护；或是根据主权平等的基本原则，坚持孟晚舟和华为公司是无辜的，拒绝接受加拿大对孟晚舟的引渡和美国的判决。承认或拒绝承认外国的管辖权既是司法决定，也是一种政治判断。

另外，本次孟晚舟以及华为公司遭到美国起诉更是为中国企业的海外投资敲响了警钟。中国政府应进一步规范中资企业的境外投资活动，推动企业进行合规、合法经营，避免在国外的诉讼中陷入被动。随着中国企业的国际化水平的提高，越来越多的企业到海外进行投资运营，也面临着诸多刑事风险。中兴通讯、中国农业银行等几家大型中国企业都曾在美国卷入刑事调查，并被裁定巨额罚款。美国、澳大利亚等国还以技术安全、国家安全为由，针对中国的高科技企业进行制裁。就如孟晚舟案件一般，看似普通的刑事案件，是否立案、如何引渡、如何判决，都可能受到国家战略的左右、受到政治目的的影响。任何跨国企业都应遵守所在国或地区的法律管辖，进行合规合法经营，从根本上预防刑事风险。中国政府也应提供更多法律和政策上的支持，帮助企业顺利"走出去"。

---

① 人民网：《加驻美大使称美将引渡孟晚舟 外交部：敦促加美立即纠正错误》，http：//world.people.com.cn/n1/2019/0122/c1002-30585585.html。

四 结语

二十多年来，在引渡问题上，加拿大一直在维系"法律与秩序"、促进国际刑事司法合作、与维护被请求引渡人的自由之间寻找平衡。但是在1999年《引渡法》颁布之后，加拿大的司法和行政系统总体上是向着促进引渡合作的方向推进，只是在不同的案件中，司法与行政系统所起的作用各不相同。孟晚舟能否被引渡成功，将是法律和外交关系等各种因素综合影响的结果。中国应有所准备，以有效通过政治和法律手段维护中国国民利益、捍卫司法公正。

（作者为对外经济贸易大学法学院讲师、法学博士。本文原载《经贸法律评论》2019年第2期，收入本书时略有修改。）

死刑问题的立体观察

焦旭鹏

2020年年初，新冠肺炎疫情突然来袭，很快蔓延全球，举世不安。中华大邦，上下一心，集数月之功，总算疫情初定。回首思量，疫情的寒意固然令人惊疑难安，而死刑所致的另一种寒意也别样冷峻，发人深思。

2020年2月7日，国家卫生健康委、最高人民法院、最高人民检察院、公安部联合发布《关于做好新型冠状病毒肺炎疫情防控期间保障医务人员安全维护良好医疗秩序的通知》，要求对七类涉医违法犯罪严厉打击，并明确提出"对犯罪动机卑劣、情节恶劣、手段残忍、主观恶性深、人身危险性大，或者所犯罪行严重危害公共安全、社会影响恶劣的被告人，予以从严惩处，符合判处重刑至死刑条件的，坚决依法判处"。2月18日，安徽宣城中级人民法院对2018年3月故意杀害医生的卫敏执行死刑。4月3日，北京市第三中级人民法院对2019年12月故意杀害医生的孙文斌执行死刑。尽管两案案发并非疫情期间，但在疫情防控的关键时段执行死刑，似也包含对暴力伤医行为起到震慑作用的期待。3月1日，云南省红河州中级人民法院又对无视疫情防控秩序，杀害两名疫情防控卡点工作人员的马建国公开宣判死刑。至于未见诸报端的死刑判决或执行还有多少，不得而知。

疫情期间对死刑的这种倚重不仅表现于刑事司法，很快又见之于刑事立法。7月3日，全国人大常委会就《刑法修正案（十一）》（草案）公开向社会征求意见，该草案共计31条，却没有一条涉及减少死刑罪名；12月26日，该修正案正式通过，内容增至48条，但最终没有减少任何死刑罪名。这与近年来刑法立法大幅削减死刑的发展趋势迥然不同。2011年，

《刑法修正案（八）》首次从立法上取消13种非暴力犯罪的死刑罪名；2015年，《刑法修正案（九）》又取消了9个死刑罪名，刑法典上还剩46个死刑罪名。需稍作说明的是，2017年出台的《刑法修正案（十）》仅有一个条文，增设侮辱国歌罪，无须涉及死刑问题。

必须指出，对杀医及杀害疫情防控工作人员的行为人判处死刑，在中国当下的立法条件和司法环境下并无不妥之处。然而，倘若换个视角从长远角度来看，又似别有况味。也许这会令人产生另外一种担忧：我们并不确切知道疫情将持续多久，在疫情防控常态下的背景下，对死刑的日渐倚重是否也将常态化呢？即使在疫情结束之后，对死刑的倚重是否已增添了新的惯性而更加难以改变呢？需特别强调的是，从世界范围来看，今天的中国仍然处在推动废除死刑的历史轨道上。为推动减少死刑而继续努力，还是听凭死刑在实践中再受宠任？这是时代提到我们面前的冷峻一问。在这样的背景下，品读刘仁文教授《死刑的温度》（生活·读书·新知三联书店2019年增订版，以下简称为《死刑》）一书，似乎具有格外不同寻常的意味。

《死刑的温度》一书的作者刘仁文教授是研习刑法的知名学者。他供职于享有盛誉的国家级学术研究机构中国社会科学院，十几年间一直致力于推动死刑废除，勤于笔耕，擅于言说，呼号于市井坊间，建言于巍巍庙堂，立足中国问题，秉持国际视野，在死刑研究和制度推进上多有斩获。《死刑的温度》一书正是作者十多年来各类学术随笔、访谈、演讲的精华总成，全书数十篇文字大致按主题分为六编，依次为理想与现实、他山之石、中国之路、生杀大权、执行的风度、死刑的温度，对死刑问题作出了全方位的立体观察。该书初版于2014年，荣获数个奖项，由于受到读者欢迎，于2019年又推出增订版，既有高雅的学术质地，又难得文笔清新自然，颇具可读性，是一本阐释人道理念，助益人们死刑观念的好书。

一 考问死刑：人道检视

为什么要废除死刑？对于这样一个学理上论争百年的根本问题，《死刑的温度》一书追溯至意大利刑法学家切萨雷·贝卡里亚的刑法思想，并结合第二次世界大战后人道主义及其所蕴含的人权发展来展开论述。《人道主义背景下的死刑改革》一文中指出，废除死刑是世界大势，截至 2012 年，在联合国 193 个会员国中，已有 150 多个国家在法律上或事实上废除了死刑。近年来，尽管存在个别国家恢复死刑执行的现象，但也有新的国家宣布废除或暂停执行死刑，国际上废除死刑的总趋势并没改变。

贝卡里亚在 1764 年发表的杰作《论犯罪与刑罚》一书中，揭露和抨击了封建刑法的混乱、残酷和刑事诉讼程序的不规范，提出"如果我要证明死刑既不是必要的也不是有益的，我就首先要为人道打赢官司"①。所谓"人道"，核心的意思是把人当人看，重视人的价值、人的尊严和自由。而"人权"，正是人之为人所应有的一切权利。可以说，"人道"内在地包含着"人权"要求。我国《宪法》第 33 条明文规定："国家尊重和保障人权。"死刑通过剥夺人的生命来预防犯罪，本质上是把受刑者的生命当作预防犯罪的工具，视人为物，亵渎人的尊严，因而与人道的要求是相悖的。《死刑的温度》从人权视角结合国际上理念和实践，详细论证了废除死刑的理由（《死刑》，第 56 页以下），不仅把联合国及其有关机构在死刑上的态度明确地进行阐明，还把欧洲一些区域性组织在废除死刑方面的活跃表现予以介绍，并指出许多废除死刑国家都以人权作为其政策根据和合法性根据。

然而，人道的价值即使在应然层面是可欲的，具体到特定的语境，其实现形式也可能各不相同。中国当下采取的态度是保留死刑但慎用死刑，在立法上逐步减少死刑罪名，在司法上严格控制死刑适用。在暂不能全面废除死刑时，这似乎是不得已而为之的权宜之策。这并非是说人道的理由在中国语境下就不再成立，而是说使之转化为现实需具备一定条件，这样才能避免重大的负面社会反应。这里至少涉及两个值得探讨的问题。

一是民意对死刑的态度。在中国，"杀人偿命"的观念源远流长，废除暴力犯罪特别是杀人罪的死刑短期内可能很难让人们接受。如果绝大多数民众都对废除死刑持反对态度，那么坚持废除死刑必然不得民心，损坏人们对政府的认同。但是，民意是可以引导和改变的，政府也可担

---

① ［意］切萨雷·贝卡里亚：《论犯罪与刑罚》（增编本），黄风译，北京大学出版社 2014 年版，第 76 页。

负起这一责任。"大多数国家废除死刑时多数民意都反对"（《死刑》，第189页）。

二是腐败对死刑的影响。人们之所以不愿意接受废除死刑的观念，就因为担心司法腐败等因素放纵犯罪人，只有判处死刑才觉得安心。（《死刑》，第168页）而另一个问题是，如果腐败现象较为普遍和严重，取消贪污贿赂犯罪的死刑就不太可能。"必须采取切实措施把贪腐犯罪的规模降下来，那时刑法才管得过来。"（《死刑》，第254页）

废除死刑的理由还有很多，比如废除死刑并不会引发犯罪率上升、死刑并不比终身监禁更具威慑力、死刑冤案中的错杀无法纠正、死刑不利于国际刑事司法协助追逃追赃等，这在书中都有讨论。在努力推动废除死刑的旨趣下，该书提供了一份在立法上逐步减少死刑罪名的带有妥协务实色彩的路线图："先把非暴力犯罪的死刑罪拿掉，可以先动'集资诈骗'这类经济犯罪，再考虑'贪污贿赂'等腐败犯罪，最后再考虑暴力犯罪。"（《死刑》，第198页）这个路线图公开于2011年《刑法修正案（八）》出台之后，而在2015年出台的《刑法修正案（九）》之中，包括集资诈骗罪在内的9个罪名被取消了死刑。对此，学界普遍持欢迎态度。由于取消死刑的罪名基本上都是实践中很少适用死刑的罪名，这样的立法社会效果也不错。

既然有了废除死刑的路线图，读者似乎还可期待一份时间表。著名国际人权法专家沙巴斯教授基于1965年以来全球废除死刑的国家和地区增长趋势判断，25年内死刑将从地球上消失。（《死刑》，第247页）2011年，刘仁文教授在杭州见到沙巴斯教授时称注意到了他的观点，沙巴斯教授回应说，对不起，现在应该是"20年后"，因为这话是他五年前说的。（《死刑》，第218页）沙巴斯教授也许太乐观了，但他推动死刑废除的热忱令人尊敬。中国学者的观点则显得有些悲观。有人在1994年提出中国完全废除死刑是一个"百年梦想"，还有人认为"百年梦想"超出通常生命长度遥不可及，不如"70年预期"更有助于保持压力增强动力，保持冷静以免冒进（《死刑》，第176页）。刘仁文教授对此提出反思，认为如果从理论上击垮了死刑的存在基础，在实践中如何废除死刑要好办得多。他驳斥了基于中国国情所讲的犯罪形势、物质文明程度、

"杀人偿命"观念,提出了自己带有理想主义色彩的观点:除严重的谋杀罪,其他所有犯罪都应当立刻废除死刑(《死刑》,第179页)。如何使废除死刑的路线图付诸实际而更快地接近这一理想,至今仍是一个十分困难而有价值的中国问题。应注意的是,沙巴斯教授所观察到的全球废除死刑趋势乃是基于20世纪中叶至21世纪初的判断,那么最近十多年间全球废除死刑的趋势,特别是个别国家恢复死刑执行的原因还值得深入检讨。

二 控制死刑:步步设防

在一个暂不能废除死刑的国家,如何做到更好地控制死刑?读了《死刑的温度》一书后得到的基本结论是:步步设防。在立法上,努力推动减少死刑罪名;在司法上,通过各种程序手段避免形成死刑判决或实际执行死刑;在社会层面,则注重培育好的死刑文化,引领民众死刑观念向支持废除死刑方面变化。

从立法上控制死刑,是一道最具刚性的制度防线,应当持续推进。立法上如果没有给哪个罪名配置死刑,那么依据罪刑法定原则,无论如何都不可能以该罪判处被告人死刑。《刑法修正案(八)》《刑法修正案(九)》接连大幅削减死刑罪名,受到国际社会的肯定,而与此同时,中国的社会治安形势并未因此受到影响。然而,《刑法修正案(十一)》没有就废除死刑作出新的规定。究其原因或许有二:一是疫情具有不确定性,社会秩序稳定存在风险,不是继续废除死刑的好时机;二是前面两个修正案削减了22个死刑罪名,有把握的都已取消死刑,剩下的都是目前把握不大或有顾虑的。

但是,中国当下的疫情控制秩序井然,近来几波局部疫情很快就得到控制,官方消息称疫苗也有望年底前上市,那么社会走出疫情期不会太久。刑法典上剩下的46个死刑罪名,大都与疫情防控没有直接关系,废除个别罪名死刑不会给当下疫情防控增加混乱。如果这次刑法修正不继续减少死刑罪名,下次刑法立法机会就不知是何时了。这还可能在国际上造成负面影响,以为中国在立法上减少死刑的脚步停了下来。

其实，对剩下的46个死刑罪名，打消顾虑再适当做些削减完全可能。比如刘仁文教授曾主张废除运输毒品罪的死刑，因为判了这么多年死刑，毒品形势仍然严峻，说明死刑对犯罪并没有特殊威慑作用；况且运输毒品罪抓到的都是小马仔，大毒枭躲在幕后很难抓获，这种局面似乎也不公平。(《死刑》，第80页)确实，刑罚只是抗制犯罪的手段，却并不消除犯罪发生的原因。犯罪的发生有着人类学的、社会的、自然的多方面原因，不能对症下药调整一个国家的公共政策而过于依赖死刑，只反映出对死刑威慑力的迷信，并非应对犯罪的治本之道。废除运输毒品罪的死刑，该罪仍配置有无期徒刑，没有实证依据会降低刑罚的威慑力，更不会影响当下疫情防控秩序，但可彰显国家治理上的信心，对外有利于提升中国国际形象，对内有利于释放宽和信号，安抚民众疫情中的恐惧情绪。

还应注意的是，贪污受贿犯罪的死刑即使这次修法不能考虑进去，也应密切关注相关罪名废除死刑所依赖的政治、法律条件的发展。2012年以来，中国政府对腐败问题宣战，旋即又提出"老虎苍蝇一起打"的反腐败政策，力度空前，成效显著，通过科学的制度反腐广受瞩目。值得一提的是，《刑法修正案（九）》增加了对重大特大贪污受贿犯罪行为人在死缓考验期满减为无期徒刑时可判处不得减刑、假释的终身监禁。在将来中国政府取得反腐败斗争压倒性胜利的背景下，可以期待适时废除贪污受贿犯罪的死刑。

从司法上控制死刑，是一道更具运用空间的关键防线。一个国家虽然法律上仍有死刑罪名，但如果超过10年不再适用死刑，就可成为国际上所认可的"事实上废除死刑"的国家。通过司法控制死刑，是实现人道要求的重要方式。在这一层面，《死刑的温度》一书讨论了诸多办法，最具"步步设防"之气象，不妨择其要者略以述之。

在侦查取证阶段，要严禁刑讯逼供，保障律师在场权（《死刑》，第88页）。在审判阶段，不能证据上达不到"办成铁案"标准就"留有余地"改判死缓，而应坚持"疑罪从无"（《死刑》，第282页）。支持死刑核准权收回最高人民法院（《死刑》，第267页），死刑核准权收回最高人民法院后，则建议死刑复核不应设立期限，应让律师和检察机关参与进来

(《死刑》，第274、276页）；死刑复核结果出来后，要直接通知律师（《死刑》，第301页）。到了死刑执行阶段，建议死刑执行权从法院剥离转给司法行政机关，因为死刑判决是司法权，而死刑执行是行政权（《死刑》，第325页）；即使下达了死刑执行命令，也不能到交付执行只给7天时间，而至少不能少于1年，足以提供受刑人寻求其他程序救济的机会（《死刑》，第308页）；建议在死刑案件中增设特别赦免程序，赋予被判处死刑者申请赦免或者减刑的权利（《死刑》，第377页）……如此种种，不胜枚举；运思之繁，令人赞叹，而每一个精心设计的方案，都包含了对生命的谨慎和尊重。当然，被害人或其家属的感受和利益也必须充分考虑，作者又主张死刑案件不应排除刑事和解（《死刑》，第374页），建议国家建立对刑事被害人的补偿制度（《死刑》，第411页）。

自2007年死刑核准权收回最高人民法院以后，死刑执行的数字急剧下降，2012年初刑法学界即公认当时这个数字比过去减少了一半，这是了不起的进步。（《死刑》，第214页）刘仁文教授强调，数字他不敢说，但要说"了不起"的进步。8年过去了，前述"步步设防"的刑事司法设想有的已成现实，有的仍归于理想，相信这些设想自有其价值所在。

在社会层面考虑控制死刑，最为根本者应是致力于经济增长和社会结构优化，使人们都能更好地生存发展，但培育有利于废除死刑的死刑文化，引导人们树立更好的死刑观念仍有非常重要的意义。

执行更多死刑，会让人们对死刑威慑的感觉钝化，并引发对受刑人的怜悯；而少用死刑并秘密执行死刑，有助于减少社会的暴戾之气。死刑的文化良善程度更与怎样对待死刑犯息息相关。书中所倡导的允许死刑犯临刑前见家属、承认死刑犯的生育权等，都具有重大意义。这意味着死刑犯也是人，他的同类在以对待自己同类的方式来对待他。这并不是我们对死刑犯的恩赐，而是我们自身的精神志趣和文化心理所能达到的文明高度。

通过典型个案来引导民众的死刑观念是一个行之有效的做法，《死刑的温度》在这方面颇为注重。李昌奎案、药家鑫案、聂树斌案、吴英案等曾经举国关注的大案、冤案、疑案，都在书中予以讨论，用来说明相关理论问题时更加通俗易懂，更易为人接受。不过，最为精彩者或许要数德国人普方被害案和河北宋晓明因债杀人案，因为这两个案件回答了中国反对废除死刑的人时常提出的灵魂一问："如果你的亲人被杀了，你还会坚持废除死刑吗？"在这两个案件中，一位德国母亲和一位中国母亲做了同样的事情：向法官为杀害自己孩子的凶手求情。这不由让人扪心自问："如果是我处于那种境地，在仇恨和宽恕间，到底会选择什么？"生命中最困难、最必要的部分，就在于尊重生命——或许这就是《宽恕》一文被用为全书首篇的深意。

三 探究死刑：立体分析

《死刑的温度》对死刑的探究相当丰富和深入，这在很大程度上受益于其颇具特色的研究方法：对死刑进行立体分析。死刑是一个重要刑种，但该书对死刑的探究远远超出了刑法的视界，涉及国际公约、宪法、刑事诉讼法、刑事执行法等重要观察维度。对这一研究方法的最好阐释者，毋宁说还是作者本人。刘仁文教授于2003年发表文章《提倡"立体刑法学"》（《法商研究》2003年第3期）阐述了对刑法进行立体分析的研究方法，并在后来的研究中一以贯之。立体刑法学的核心内涵是，提倡刑法学研究要前瞻后望、左看右盼、上下兼顾、内外结合；具体而言，刑法学研究应前瞻犯罪学、后望行刑学，左看刑事诉讼法、右盼其他部门法，上对宪法和国际公约、下对治安处罚法，对内加强刑法解释、对外重视刑法运作环境[①]。这一研究方法受到北京大学储槐植先生刑事一体化思想的影响，但也有自己的特色和拓展。《死刑的温度》一书中的各篇文字，大都发表于2003年以后，自觉地运用了立法刑法学的分析方法，对死刑的研究颇有值得称道之处。

令人印象深刻的首先是从国际公约角度对死刑的探讨。1966年联合国通过的《公民权利和政治权利国际公约》具有重要地位，尽管中国只是签署尚未批准这一公约，但该公约关于反对和限制死刑的规定反映了当代世界多数国家的共识。公约强调人人享有固有的生命权，应受法律保护，不

[①] 刘仁文等：《立体刑法学》，中国社会科学出版社2018年版，目录页。

得任意剥夺；在未废除死刑的国家须把死刑罪名的范围限制在最严重的罪行；给予被判处死刑的人以获得大赦、特赦、减刑的机会。该公约的相关规定反映着人道价值和人权发展的要求，为废除死刑的理由以及限制死刑的论证提供了重要支持。试想一下，死刑存废的理由人类已历经百年论争针锋相对，可有什么能比这样的国际公约更能反映当代文明社会的共识呢？中国刑法修正案（八）、（九）接连大幅削减死刑罪名，无疑是向着公约要求的重大进步。诚如书中所言："社会主义本来应当是最讲人权的，但如果世界上相当一部分死刑发生在我国，就很难使人信服。"（《死刑》，第60页）如果一个社会不借助死刑就能够治理得很好，那一定是一个更加文明的社会。希望社会主义中国能比某资本主义超级大国率先做到这一点。

书中关于死刑执行的探讨也颇为引人瞩目，彰显了刑法研究中"后望行刑学"的方法论旨趣。在刑法学研究中，刑法解释论和立法论的研究受到更多专业人士关注，一些重大疑难的案件、重要刑法立法修改也很容易成为公众舆论中的热点话题，而刑罚执行的问题，无论是在学界还是公众舆论中，总体来说相对较为边缘化。然而，死刑的执行似乎是一个颇具典型性的例外，历来受到学界和社会的共同关注。

需着重说明的是，死刑的执行方式从"广场化"到"剧场化"的历史变迁，不仅反映了国家权力运作策略的变化，同时也鲜明展示了人道观念的深刻影响。在法国著名思想家米歇尔·福柯《规训与惩罚》一书的开篇，非常细致地描述了1757年3月2日在巴黎格列夫广场执行谋刺国王的达米安死刑的血腥场景，随后又提供了一份八十年后列昂·福歇制定的"巴黎少年犯监管所规章"，而后者是一份非常详细的囚犯作息时间表。[①]在福柯那里，观察到18世纪后期到19世纪前期欧洲社会刑罚执行方式的改变：作为一种公共景观的刑罚逐渐消失了，取而代之的是在密闭空间中对人进行规训的监禁刑的勃兴。权力运作的策略不再是戏剧化地折磨人的肉体，而是试图理性化地改造人的灵魂。

---

① 参见［法］米歇尔·福柯《规训与惩罚——监狱的诞生》，刘北成、杨远婴译，生活·读书·新知三联书店2003年版，第1页以下。

在某种程度上,这似与国家治理能力的提高有关。在科技水平低的时代,国家管控社会的手段有限,不得不通过"广场化"的刑罚运作以轰动性的公共景观制造国家权力强大的印象,从而形成威慑式的管控模式。随着科技水平提高,医院、学校、工厂、户籍等各种档案功能的发掘,政府治理社会的手段日益多样化,对社会可进行全方位的监控,这就失去了以公共景观方式展示权力形成威慑符号的必要。刑罚作为一种权力运作技术,由此得以更加缓和、隐蔽的方式来展开,主要依靠监禁刑即可完全实现社会治理目标,政府也将转向发展关于监禁的权力知识。职是之故,死刑的执行完全应以隐蔽、缓和的方式来展开——当然,也可完全废除死刑。

福柯所观察到的欧洲社会刑罚策略改变所在的历史时段,与启蒙运动影响下人道观念的传播时段是一致的。前文已述及,贝卡里亚《论犯罪与刑罚》一书发表于1764年,该书秉承了人道主义思想对刑法的观念进行了全面革新,教育了欧洲,影响了世界,至今广受推崇,贝卡里亚也被后人称为"现代刑法学之父"。

在《死刑的温度》一书中,收录了9篇文字讨论死刑的执行问题,废除"死刑立即执行"的提法、死刑执行的权限归属、死刑执行方式从枪决改为注射等问题都有讨论。死刑执行从"广场化"到"剧场化",从枪决到注射,反映了中国在死刑执行上的人道化历程。刘仁文教授结合自己当年在基层法院挂职锻炼时的亲身经历,描述了20世纪八九十年代对死刑犯进行公判大会后押赴露天刑场执行枪决的场面和个人感受,虽不敢具体而微,但足以震撼人心。而今公捕公判大会几近绝迹,死刑执行更是秘不示人,变化不可谓不大。

在题为《刑法的人道化历程》一文中,作者引用联合国相关决定的要求,指出对于那些尚未废除死刑的国家,执行死刑应以尽量减轻痛苦的方式执行。(《死刑》,第341页)中国刑法1979年规定了死刑用枪决方式执行,1996年刑事诉讼法修改把枪决注射等执行方式一并加以规定,随后实践中以注射方式执行死刑越来越多。注射方式相较枪决方式而言,一般说来要更为缓和,不仅使受刑人减少痛苦,也不再有暴烈血腥的场面,尊重了人与生俱来的怜悯之心。

中国死刑执行方式上的发展变化，与中国社会的发展、国家治理能力的提高不无关系。当下中国已进入一个前所未有的科技发展的新时代，互联网、大数据、人工智能等高科技的发展深刻改变了人们的生产生活面貌，GDP稳居世界第二位并持续增长，严重暴力案件连年降低，2017年官方即宣布中国成为世界上命案发案率最低的国家之一。在这样的背景下，中国的社会治理显然越来越不必依赖死刑。政府治理能力提高，也有更好条件去考虑控制死刑，更人道地执行死刑。在中国推进注射执行死刑的过程中，有一个细节颇值得玩味。注射所用的药品须由负责执行的法院从最高人民法院领取，一次执行所用药品的价格起初是600元，后来降为300元，到了2007年就改为免费提供。（《死刑》，第358页）这难道不是国家治理能力提高，实际执行死刑人数大为减少的一个生动注脚吗？既然从死刑执行的趋势看，国家治理实际上更少依赖死刑，那么在刑法立法上减少死刑就有了实践中的理由。从立体刑法学的角度来说，"后望行刑学"的所见，理应反馈为刑法立法的参考。

该书从刑事诉讼法、宪法等角度对死刑等探讨也很精彩，《一个死刑案件的跟踪》《建立对刑事被害人补偿制度》等文章，则使人对刑法的运作环境有深刻体察。尽管在死刑研究上并无必要贯彻立体刑法学核心内涵的每一个方面，但这一方法论的运用使其论述视野大为开阔，见解更为全面，读之受益良多。

刘仁文教授十几年间在各类期刊报章上撰文、四处发表演讲、接受访谈，孜孜不倦为推动废除死刑鼓与呼。在疫情的长夜里读罢此书，我深为其坚韧所感染，也从其见解中受益。不过，倘若试图一口气读完，可能未必是该书的正确打开方式，因为作者的相同观点和相近论述散见于不同时间不同场合不同体裁的篇章中，遽而读之，未免略有重复之感，读者虽可"宽恕"编排时剪裁协调上的困难，但不如置于案头床端，时而拿起读上几篇更为惬意。但这丝毫不影响此书的厚重，因为每一篇文字都有其特别的意义。

死刑是寒冷的，而人道是温情的。废除和限制死刑的每一分创思，善待死刑犯的每一种关怀，乃至为推动死刑废除所做的每一丝努力，都是为死刑增加人道的温度。现在所见的《死刑的温度》是一个增订版，我衷心期待该书继续修订推出第三版。因为每修订一次，就会让人们知道死刑又可以增加几分人道的温度，直到死刑被温暖融化，不复存在。希望这本《死刑的温度》，伴你我穿越大疫之年的萧杀之秋，清冷之冬，早日迎来疫去人安佳讯，得享春之生机，夏之绚烂。

（作者为中国社会科学院法学研究所副研究员、硕士生导师。本文部分内容以《为死刑增加人道的温度》为题发表于《检察日报》2020年11月3日学术版，收入本书时作了修改扩展。）

附 录

"社会治理中的刑事法治新课题"学术研讨会综述

李振民

由中国社会科学院法学研究所主办、刑法研究室承办的中国社会科学院刑法学重点学科暨创新工程论坛于2020年10月24—25日在北京举行。本次会议的主题是"社会治理中的刑事法治新课题"。来自全国各地30余所高校、科研院所的专家学者和全国人大常委会法工委、最高人民法院、最高人民检察院、公安部、司法部等实务界的领导和专家近百人参加了此次研讨会。

与会专家学者在回顾我国刑法发展的基础上,深入讨论了《刑法修正案(十一)》(草案)(以下简称"草案")、疫情防控背景下的刑事治理、疫情防控与刑法适用、新型网络犯罪的刑法规制、大数据人工智能与刑法、刑民及刑行交叉问题、刑事一体化等议题。

一 《刑法修正案(十一)》(草案)的探讨

(一) 关于刑法修订的宏观层面

最高人民法院姜伟副院长指出,随着我国经济社会的快速发展,刑事法治领域遇到很多新情况、新问题,迫切需要从理论上加以研究,司法上积极应对,立法上及时调整。草案对涉及安全生产、食品药品安全、金融市场秩序和企业产权保护等内容的条款作了较大程度的修改。这些条款规定是否科学合理,需要全社会集思广益,需要刑事法学家贡献智慧。这些条款通过后如何准确适用,需要专家学者加以阐述,为法官裁判案件提供理论上的指引。最高人民检察院陈国庆副检察长认为,草案对人民群众高度关切的、具有重大社会影响的热点事件进行积极回应的做法,不仅体现了刑法打击犯罪、维护社会治安的功能,也彰显了我国刑事立法与时俱进的特点。如今,草案已经经过二次审议,但草案的部分内容仍需进一步论证,希望理论界与实务界携手努力,共同促进立法前瞻性和谦抑性的统一、理论和实践的统一、打击犯罪和保障人权的统一以及民主性和科学性的统一。北京大学法学院储槐植教授提出,目前我国刑法当中仍留存着大量的死刑罪名和剥夺自由刑的罪名,这些罪名的存在,使得我国刑法仍然面临较为严重的重刑结构问题。就草案的内容来看,刑法加重刑罚的趋势还是比较明显,有必要进一步贯彻宽严相济的刑事政策,避免立法的重刑攀比趋势。本次刑法修正,减少死刑的规模可以小于《刑法修正案(八)》和《刑法修正案(九)》,但死刑改革的基本立场应有所体现。基于我国既往类推制度适用和死刑案件数量控制的经验,中国社会科学院国际法研究所陈泽宪研究员指出,在限制犯罪圈过度扩张方面,除了实体性规定以外,要特别重视程序的力量,发挥程序法在限制犯罪数量方面的应有作用。这对于推动刑事法治发展、正确处理公民权益和社会秩序的关系有十分重要的意义。清华大学法学院黎宏教授指出,随着风险社会观的兴起和公民法治观念的增强,人们逐渐开始认同以一般人为预防对象,将可能犯罪消灭在萌芽状态的一般预防观。但预防总是和无节制相关,这种不确定性威胁和改变着法治国的核心价值,有必要按照"以行为规范的宗旨立法、以裁判规范的理念司法"的原则,对草案的条文进行必要的修正。清华大学法学院劳东燕教授指出,草案几乎每个条文背后都隐藏着重大的舆情事件,在风险社会的背景之下,这种回应性立法不可避免。但这种立法模式过于注重打击控制,却缺乏系统观。例如,我们一方面强调对国有企业和民营企业平等对待,另一方面却对民营企业的融资渠道实施各种限制,甚至通过集资类犯罪将其纳入刑法的规制范围。有必要通过系统性思考对其进行约束。

(二)关于具体条文的微观设计

上海社会科学院法学研究所姚建龙研究员指出,未成年人是教育的对象，不是惩罚的对象。恶意补足年龄规则适用的前提是存在独立的少年司法体系，我国在欠缺此类制度的前提下，对刑事责任年龄进行降低，系对恶意补足年龄规则的误读。此外，草案在降低刑事责任年龄的同时，却提高了性承诺年龄，说明立法者在对未成年人的认识方面存在逻辑上的矛盾。九江学院刘立慧副教授则认为，刑事责任年龄是行为人对自己行为负刑事责任的年龄，根基是辨认和控制自己行为的能力，而性承诺年龄是行为人承诺有效而排除他人行为违法的年龄，年龄高低取决于刑法保护（惩罚的）力度，二者的基础和功能并无不同。刑事责任年龄有条件的降低和性承诺年龄在个罪中的提高并不相悖。北京大学法学院王新教授指出，基于加强保护金融秩序的考虑，证券类犯罪的修订要遵循严密刑事法网、加大处罚力度、提高违法成本的基本思路。对内幕交易行为的处罚应将其罚金从限额罚金制改为无限额罚金制。此外，新《证券法》对利用未公开信息交易行为和操纵证券市场行为进行了调整，刑法在修订时应予以联动考虑。中央民族大学法学院韩轶教授指出，草案加强了对企业产权的平等保护，扩大了对药品违规行为的规制范围，提升了对金融安全的保护强度，对此应予以肯定。但草案未能对故意模糊食品和药品的行为予以回应，在提升金融安全保护强度时，也未能结合民营企业的融资现状予以区别考虑。天津大学法学院刘霜教授指出，虽然非法基因编辑胚胎的行为已经被纳入刑法的视野，但该罪所保护的法益仍不清楚。刑法是否还要继续增设罪名来适应生物科技的不断发展，以及如何在科技发展与法律规制之间寻找一个的平衡点有待进一步论证。苏州大学王健法学院庄绪龙博士认为，胚胎既不能说它是物，也不能说它是人，它是介于人和物之间的一种过渡存在。对于非法编辑胚胎的行为，可将其认定为对这种过渡存在的侵害。西南政法大学法学院梅传强教授指出，非法基因编辑、克隆胚胎条款中"违反国家有关规定"在理解上有不明确之处，可将其中的"有关"二字去掉。北京师范大学刑事法律科学研究院王志祥教授指出，"三对六种"腐败犯罪分立的依据是行为主体的不同身份，与公有制、非公有制的区分保护并不搭界。草案将"三对六种"腐败犯罪法定刑保持一致的做法不仅抹杀了公务腐败犯罪和非公务腐败犯罪之间的区别，也违背了联合国反腐败公约的区别对待精神。在未来的刑法修正中，应在维持罪名分立且刑罚配置轻重有别的基础上，取消犯罪主体所依附的单位须为"国有公司、企业、事业单位"的限定。北京师范大学刑事法律科学研究院周振杰教授指出，对于单位犯罪的成立，我国采取的是在刑法分则中逐条规定的立法模式。这意味着我们无法根据草案中新增的条款对单位实施非法开垦、开发的行为进行处罚。但在实际生活中，单位完全可以构成此类犯罪的实行犯。因此，有必要将《刑法》总则中第30条里面的"法律规定为单位犯罪的"限制性内容删掉。该限制性规定非但没有必要，而且造成了理论及实践中的一些困惑。对此，浙江省人民检察院贾宇检察长指出，对单位犯罪立法规定的修改应慎之又慎。因为企业一旦被定罪，不仅影响企业自身的存亡，也影响企业职工的就业问题，甚至可能会引发社会不稳定。如果决定修订，有必要在修订的同时借鉴企业合规理念构建相应的企业合规相对不起诉制度。此外，侮辱诽谤英雄烈士行为首先损害了英雄烈士本人的名誉权，同时又侵犯到了社会公共利益。其是否应当规定于妨害社会管理秩序罪中，应根据该行为所侵犯的主要客体来认定。北京师范大学刑事法律科学研究院王秀梅教授认为，刑事立法通过扩张犯罪圈、法益保护早期化强化了对自然资源的保护。这种做法并不违背刑法谦抑原则，而是具有相应的宪法基础、现实基础和生态伦理基础。但污染环境犯罪和破坏自然资源犯罪所保护的主要法益并不相同，刑法将其同章规定不具合理性，有必要将污染环境犯罪调整至危害公共安全罪内。上海社会科学院法学研究所魏昌东研究员认为，中国环境犯罪立法的完善不应局限于单纯的增加罪名、调整个别犯罪的构成要件以及刑格与刑度，而应当以调整其法益定位为核心进行系统性完善，目标是实现我国环境刑法从"外延扩张式"完善向"内涵修复式"完善的转型。

二 疫情防控背景下的刑事治理与刑法适用

（一）疫情防控背景下的刑事治理

中国人民大学法学院时延安教授指出，在提到"治理"这样的概念时，就要考虑多方利益相关者的参与和多学科的配合。对于刑事治理，我们首先要明白刑事法学科在整个治理体系中的角色和定位，然后根据刑事法学自身特点制定相应的应对措施，否则难以达到理想的效果。中国人民公安大学法学院陈志军教授指出，对于可能对人类生存构成重大威胁的紧急状况，世界各国普遍都在常态法治之外构建了紧急状态法。我国对此尚缺乏整体的规划，有必要在刑法总则中规定相应的条款或者构建专门的紧急状态法。西南政法大学法学院石经海教授指出，我国现有涉公共卫生突发事件的立法属于"管理型"模式，这一模式虽然能够实现对涉疫情犯罪的应急打击，却也存在着法益保护单一、体系编排零散、规定设置模糊及衔接协调欠佳等问题。基于涉公共卫生突发事件治理的需要，该领域的立法模式应从"管理型"转为"治理型"的范式转换。大连海事大学法学院敦宁教授指出，我国《刑法》中"危害公共卫生罪"的设置采取了抽象危险犯、准抽象危险犯与具体危险犯三种分类。其中，抽象危险犯和准抽象危险犯基本可以实现早期预防效果，而具体危险犯则存在明显的滞后性，且存在规制范围过窄、罪过形式模糊、法定刑配置失衡等问题，有必要予以全面完善。《关于全面禁止非法野生动物交易、革除滥食野生动物陋习、切实保障人民群众生命健康安全的决定》（以下简称"决定"）是在新冠肺炎疫情防控的关键时刻颁布的一个特别法律，具有紧急状态法的特点。浙江大学光华法学院叶良芳教授认为，对于《决定》第1条第2款"加重处罚"的规定，其适用对象应仅限于《决定》第1条第1款所列举的四种，且不能突破法定最高刑、处罚种类、处罚限度和防控时效的限制。对于《决定》第2条第2款的"全面禁食"的规定，应将禁食范围理解为畜禽遗传资源目录之外的动物，并对受到经济损失的养殖户进行补偿。对于《决定》第2条第3款"参照适用"的规定，在具体适用时应援引最相类似条款进行部分性参照。北京联合大学法律系邵彦铭副教授指出，涉疫情犯罪的治理要注重精准化。在刑事立法方面，要严密刑事法网、精准犯罪成立条件；在刑事司法方面，要注意分时段、分区域地适用从重处罚原则。

（二）疫情防控背景下的刑法适用

在公共卫生突发事件背景下，谣言具有较大的社会危害性，有必要对其进行规制以维护正常的社会秩序。对此，东南大学法学院欧阳本祺教授指出，谣言是就事实陈述而言的，与意见表达无涉。煽动型谣言犯罪的重点不在于谣言的虚假性，而在于行为人是否利用了谣言的迷惑性和真假难辨性。编造传播型谣言犯罪虽然需确认谣言的真假属性，但应采用"主观真实"标准。中国社会科学院法学研究所屈学武研究员则提出，意见表述必须建立在对事实相对正确的认识基础上，否则，任意发表评论依然存在入罪的风险。针对《关于依法惩治妨害新型冠状病毒感染肺炎疫情防控违法犯罪的意见》《关于进一步加强国境卫生检疫工作依法惩治妨害国境卫生检疫违法犯罪的意见》和《关于办理妨害预防、控制突发传染病疫情等灾害的刑事案件具体应用法律若干问题的解释》在涉疫情罪名适用过程中存在的罪名竞合难题，苏州大学王健法学院李晓明教授运用法教义学的基本原理，在原有包容关系或交叉关系的"形式标准"基础上，又提出了"法益被侵害的同一性和不法行为的包容性"的"实质标准"，并系统地阐述了两种标准的适用方法。宁波大学法学院赵微教授认为，过于频繁的司法解释冲击了立法全整性，并造成司法的越权。有必要从更为宏观和多维的角度来平衡立法全整性与司法能动性之间的关系。

南京师范大学法学院姜涛教授认为，在疫情防控期间，涉疫情犯罪不仅侵犯了个罪所保护的法益，也附带性地侵害到了疫情防控秩序这一新生法益，法益的叠加构成从严从重的基础。具体来说，在罪与非罪的临界点时适当强调入罪的倾向，而在重罪与轻罪的临界点时适当强调适用重罪，但要避免双严。刑法的正当性离不开民众报应情感的宣泄。在疫情防控期间，适当的从严从重，是公共意志的体现。关键是要从解释学的角度去回答如何避免刑法过度的干预。对于上述观点，复旦大学法学院杜宇教授指出，如果认为涉疫情犯罪在侵害原来个罪保护法益的同时，必然附随性地侵害疫情防控秩序这种新生法益，疫情防控的秩序就成了个罪保护法益的某种反射性效果而已，不能将其称为一种新生的独立类型的法益。此外，在罪轻罪重的临界点上从重进行处罚的目标相对而言比较容易实现，因为法益的叠加增加了法益的重要性，对此进行从重处罚合情合理。但在罪与非罪的临界点上进行入罪解释的目标则可能会事与愿违。因为法益的叠加意味着在解释时必须考虑对新增法益的侵害，这实际上提高了特定犯罪的入罪门槛。浙江工商大学法学院汪恭政博士认为突发事件防控期间，司法解释和司法解释性文件对相关犯罪行为规定的从重处罚，属于酌定的从重处罚。对于从重处罚，要在犯罪行为与防控秩序受妨害之间既有时空联系，也有因果关系时才可适用。厦门大学法学院李兰英教授点评时指出，对涉疫情犯罪从严或者从重的正当性，应结合刑法的目的予以考虑。

三　网络、大数据与人工智能犯罪问题

（一）关于网络犯罪问题

中国政法大学刑事司法学院耿佳宁讲师指出，面对新型网络犯罪，意大利在预备行为实行化和帮助行为正犯化方面表现的相对克制，主要原因在于意大利立法的内生动力来自罪刑法定原则而不是积极的一般预防。其立法模式的一元化是为了防止刑法规范在位置上的离散使得规范与基本原则之间出现实质性的背离。以意大利刑法为鉴，我国刑法在支配犯领域可适度介入，但需警惕过度介入导致向义务犯异化。实体上的理性收缩仍须依靠一元化的立法技术，故我国现阶段尚不宜设立独立的"网络刑法"。对此，国家检察官学院沈海平教授指出，我国网络技术应用比意大利要发达的多，相应带来的是网络犯罪一直处于高位运行状态。因此，我国在网络犯罪领域进行一定程度的预防性立法是恰当的，但应结合社会实际情况划定其应有的边界。中国计量大学应家赟博士指出，域名具有财产和精神创造物的双重属性，这种特性决定了域名所有人对其域名所拥有的权利是一种新型的知识产权——域名权。对于侵犯域名权的行为，无论是将其按照财产犯罪处理还是将其按照计算机犯罪处理，均存在保护不周延的问题，有必要通过增设侵犯域名权罪予以应对。

浙江理工大学法律系郑旭江博士指出，第四方支付是聚合多种支付渠道的一种在线支付方式，具有广泛的兼容性、显著的便利性和集中的流量性。网络黑灰产人员利用第四方支付产生了跑分平台类、企业商户类和虚假交易类三种牟利模式，并涉及侵犯公民个人信息罪、洗钱犯罪等多种犯罪类型。基于事前、事中和事后各个阶段的监管难点，有必要通过立法、司法和社会等多个层面予以应对。西南政法大学法学院胡江副教授指出，毒品犯罪网络化使得毒品犯罪在行为性质、既遂标准、共犯关系、毒品属

性的认定和追诉程序的适用等方面存在较大困难，需要从立法、司法、社会治理等多个层面予以应对，以增强毒品犯罪的治理实效。国家检察官学院沈海平教授则认为，毒品犯罪网络化以后，确实带来了很多新问题。但对毒品犯罪而言，我们现有的立法和司法解释已相当完备，现阶段最重要的任务是加强对现有的规则的解释和适用。阿里巴巴集团安全部高级专家谢虹燕女士指出，毒品犯罪网络化呈现出来的一些特点，在传统犯罪进入网络时代后都存在。随着犯罪人员反侦查意识的加强，相关证据的搜集变得越发困难，需要我们重新思考网络犯罪链条中的打击重点和相关犯罪的证据标准，在网络犯罪帮助行为下游犯罪顺利实施的贡献度和取证现实度之间实现平衡。中国人民大学法学院蔡桂生副教授认为，网络语境下的很多新问题，传统刑法理论依然具有较强的解释力，在解释不足时才涉及立法问题。以侵犯域名权为例，在将侵犯域名权的行为纳入知识产权犯罪之前，我们似可用盗窃罪来对相关行为进行规制。因为行为人取消了权利人对于域名的管理，而自己又创设了一个新的管理，这种行为实际上侵犯了他人的财产性利益。

（二）关于大数据和人工智能犯罪问题

中南财经政法大学刑事司法学院王安异教授指出，我国当前刑事立法对网络数据的规制存在着概念不清、可罚行为类型不明确以及"违反国家规定"参照对象无章可循等问题，有必要通过参照相关保护规范拓展刑法的适用范围。但在参照时应遵循缓和的法律保留原则，并警惕单纯的司法评价和实质的司法评价思维。最高人民法院中国应用法学研究所李玉萍研究员补充到，网络数据是仅指计算机信息系统中存储、加工的数据，还是包括计算机应用程序本身，一直是司法实践中争议较大的问题，有待进一步讨论。法官在参照相关规范进行评价时的思维方式并非固定不变，而是根据犯罪场景和数据类型的不同采用不同的思维方式。

华东政法大学刑事法学研究院刘宪权教授指出，随着人类社会逐渐步入人工智能时代，智能机器人也逐渐地从替代人的手足向替代人的大脑方向演进。这个过程一定会牵扯到是追究人还是追究机器人本身刑事责任的问题，刑法立法与理论研究要具备前瞻性，因应时代向前发展。中南财经政法大学刑事司法学院郭泽强教授指出，人工智能不仅包括模仿人类智能的机器还包括相应的技术和程序。在未来的权利与责任归属上，我国应当正确区分人工智能与低级自动化，并坚持适度积极主义的立场。上海政法学院刑事司法学院彭文华教授指出，神经科学的发展以及人工智能技术的进步，为人工智能具有自由意志和道德理性奠定了基础，也使人工智能取得犯罪主体资格成为可能。我们对此应采取防患于未然的态度。吉林大学法学院王充教授认为，自然人承担刑事责任的基础是自由意志，但自由意志无法通过实验得出确定结论，而更多的是一种信仰。我们不能将对自然人的这种认知直接转移到人工智能身上。就当下来说，人工智能尚处于弱人工智能阶段，其主要是作为人类手脚的延伸而存在，将来是否能够进入强人工智能阶段，则有赖于技术的进一步发展。在讨论人工智能刑事责任承担的时候，我们需要搞清楚刑法要保护的利益是什么，然后通过可操作性的标准将行为类型化，并通过责任以及责任实现的方式关联起来。庄绪龙博士指出，远程视频办案模式在疫情防控期间被有效"激活"，这不仅体现了法治建设与科技发展相融合的特点，也彰显了司法经济和司法便民精神。在远程视频办案的过程中，法官可以通过视频对诉讼参与人员进行察言观色，也可通过看守所提审与犯罪嫌疑人进行近距离接触，因而并不违背司法亲历性要求。北京航空航天大学法学院孙运梁教授指出，作为行为规范，刑法具有为适用对象提供指引的功能，但该功能有效实现的前提是适用对象具有相应的自由意志。就当下而言，人工智能尚处于初级阶段，其设计和应用均受人类意志的支配，因而不能成为刑法上的责任主体。对人工智能司法也不要过于深化，案件的审判一方面需要司法人员进行大量的价值判断，集国法、天理、人情于一身，另一方面要求司法人员对参与人员的情绪和态度有所感知，这些只能依靠人类本身，依赖司法者的具体参与。

四　刑事一体化问题

（一）刑法与犯罪学、刑事诉讼法学和国际刑法学

北京师范大学刑事法律科学研究院吴宗宪教授指出，刑法学研究要有

犯罪学的视角,否则容易造成立法的盲目。就刑事责任年龄降低来说,虽然未成年人恶性犯罪案件近年来频频见诸报端,但未成年人恶性犯罪案件发生的诱因及其在全部犯罪中所占的比例并不清楚,贸然进行刑法修订不见得有利于对未成年人的保护。北京师范大学刑事法律科学研究院张远煌教授指出,刑事立法要合乎客观规律,否则难以取得预期的效果。以非法吸收公众存款罪为例,民营企业欠缺相应的融资渠道,法定刑再高也不能阻止犯罪的发生。此外,单位犯罪的发生机理与自然人不同,现行刑法套用惩罚自然人的思路对单位犯罪进行规制的做法存在较大不足,有必要借鉴刑事合规的理念,事前预防与事后惩罚并举,提高单位犯罪的治理能力。

中国政法大学刑事司法学院王志远教授认为,以事实为依据,以法律为准绳的理念导致公检法机关将刑法的适用看作纯粹的形式逻辑判断,并拒绝司法者做过多的实质判断。于是,在刑事诉讼中公检法三机关均将任务重心放在案件事实的查明上,后续机关对前面机关的工作不过是一种事实确认。法院任务重心设定上的"事实确证偏向"是刑事诉讼中审判形式化的直接诱因。要想实现以审判为中心的刑事诉讼制度改革,就需要改变传统的思维模式,将法院的任务重心和公检的任务重心相分离,从"事实确证"转移到"法律评价"上来。中南财经政法大学刑事司法学院童德华教授在认同上述看法的同时指出,法律活动目的的实现需要各方的通力合作,但在司法实践中,公检法错误地配置了自己的工作重心,导致了庭审的形式化。该问题的解决需要我们转换既有的思维方式,最大限度减少并消除对司法规律的错误认识。新的思维方式是否合理,需要结合当前互动性的社会现实和交互式的法律关系加以具体把握。中国政法大学刑事司法学院曾文科博士认为,为突破完全监所服刑与假释在预防犯罪人再犯方面的困境,我国有必要引入部分缓刑制度,通过强化监所服刑与社区矫正的联结,促进犯罪人改过自新,重新融入社会。在引入部分缓刑时,我们不必拘泥于日本的规定,可结合我国实际情况进行大胆改革和创新。一方面可将其作为全部实刑的亚类型,在适用条件上区别于全部缓刑。另一方面,在部分缓刑的适用对象上不必拘泥于毒品犯罪,而是进行一定程度的扩展。北方工业大学法律系王海桥副教授认为部分缓刑着眼于促使犯罪人顺利回归社会、减少其再犯可能性，但在我国司法实践中，法官在决定是否对行为人适用缓刑和社区矫正时，会特别注意考虑该决定所引起的社会效果，尤其是当案件有被害人时。因此，在构建部分缓刑制度时，要特别注意将被害人和社区居民的感受考虑进来。对外经济贸易大学法学院助理教授冀莹博士指出，从加拿大将犯罪嫌疑人引渡至美国需要经过司法和行政的双重审查。在司法层面上主要是确认犯罪嫌疑人是否符合双重犯罪原则和是否具备足够可靠的证据，而在行政层面上则主要由司法行政部门根据《引渡法》进行审查。《引渡法》对司法行政部门最终是否决定予以引渡给予了较大程度的自由裁量权，因而其更容易受到外交因素和政治因素的影响。对于孟晚舟案，中国政府一方面应通过法律途径加强司法层面的说理，另一方面应积极与美加两国展开外交斡旋，通过政治手段对司法行政部门施加影响，以保障我国公民的合法权益。

（二）关于民刑交叉和行刑衔接问题

贵州大学法学院曹波副教授认为，民刑交叉或行刑交叉具有必然性，这种必然性来源于部门法所调整法律关系的差别。民刑交叉关注的重点是其他部门法对刑法评价的影响。这种影响在显性维度主要表现为通过空白罪状的设置直接在刑法里面引入民法或者是行政法的规范，而在隐性维度则体现在适用时引入民法或行政法的法律评价。

对于民间高利贷和职业高利贷的规制问题，中国政法大学刑事司法学院时方副教授指出，民间高利贷具有偶发性、非公开性以及牵扯资金规模较小等特征，而职业高利贷则具有经营性和涉众性等特征。因而，从本质上来说，民间高利贷是一种民间借贷活动，其本身不涉及金融安全问题，约定利率超过禁止性规定时法律只是不予保护而已。而职业高利贷是一种类似于银行发放贷款的金融活动，具有法益侵害可能性，如果其约定利率超过禁止性规定，则牵扯到是通过行政法进行规制，还是通过刑法进行处罚的问题。对于两者的规范适用而言，不论是针对行为构造还是针对法定利率，民法的司法解释只能适用于民法，刑法的司法解释只能适用于刑法。对于两者监管而言，存在行政机关执法缺位的现象，有待进一步补强。南京审计大学法学院徐彰副教授认为，股权众筹与P2P网贷在基础法律关系、投资人获得回报的方式等方面存在较大不同，因此，股权众筹的监管方式不可以复制P2P网贷。从本质上来讲，P2P网贷属于民间金融，金融监管部门不应当介入，而股权众筹是正规金融，金融监管部门应当介入。在现有的非法集资犯罪治理模式下，股权众筹具有构成犯罪的必然性。这一方面是因为，股权众筹尚未得到证券法的确认或者豁免，具有天然的行政违法性；另一方面是因为，在我国司法实践中，对于行政犯的入罪往往过于强调构成要件的该当性，而忽视对行为实质违法性的判断。股权众筹虽然满足了集资犯罪的形式要件，但这种融资模式实际上克服了传统证券发行中信息不对称的难题，并未侵犯投资人的资金安全，因而不具有刑事违法性。清华大学法学院王钢副教授认为，在认定高利贷行为是否属于犯罪的时候，要注意我国法律与外国法律规定的差异。德国刑法规定高利贷犯罪的主要目的是对借款人的财产权利进行保护，防止借款人在窘迫之下向他人高利贷款，从而导致自己财产遭受严重损失。但我国刑法对于高利贷款行为进行规制，并不是出于保护借款人财产利益的目的，更多是在维护金融的秩序的安全。在解释一种行为是否构成高利贷犯罪时，这点需要特别考虑。同理，我国刑法规定非法集资犯罪的主要目的也不是保护投资人的资金安全，而主要是为了保护金融秩序。徐彰副教授认为股权众筹虽有行政违法性，但却不具备刑事违法性的观点可能存在一定疏漏之处。

中国社会科学院法学研究所刘仁文研究员指出，剥夺人身自由的处罚要经过司法裁决，不仅是国际人权公约的基本要求，也是当今国际社会的通行做法。对于我国《行政处罚法》中的治安拘留措施，应通过将其纳入刑法体系的方式来进行司法化改造，并通过短期自由刑易科制度、刑事案件分流制度和前科消灭制度等来保障其适用。东南大学法学院梁云宝副教授指出，修复生态环境措施存在着民事与刑事责任衔接不畅、金钱化修复过度扩张、修复方式违背刑法责任原理等问题。这些问题的解决有赖于修复生态环境措施在刑法上的准确定位。现有的量刑情节说、刑罚种类说、非刑罚处罚措施说等都存在一定的缺陷，为将修复生态环境的刑事附带民事判决真正成为"节约资源、保护生态环境"的利器，应通过将其定位为刑罚宽缓化事由，并纳入社区矫正方案解决。贵州大学法学院曹波副教授回应到，将修复生态环境作为刑罚轻缓化事由仍然是在量刑根据说和量刑情节说的基础上展开的。但修复生态环境着眼于未来，其是否履行仍存在较大的不确定性，这与量刑情节应基于现有情况的原理相矛盾。中国政法大学刑事司法学院王平教授指出，恢复性司法原本强调的是犯罪人与被害人之间社会关系的修复，我国在继受该理论后，将其用于处理环境犯罪问题，存在理论泛化的倾向。但该理论较好地解决了我国司法执行中的困境，且推动了我国刑事治理措施的进步，因而可将其看作是一种"歪打正着"。

（作者为中国社会科学院大学法学院博士研究生。本文原载《人民检察》2020年第23期，发表时有删节，此为完整版。）